鬼と天皇

大和岩雄

白水社

鬼と天皇・目次

第一章　斉明天皇を殺した鬼

斉明天皇の葬儀を朝倉山の上から見ていた鬼

天智・天武両天皇の実母の斉明天皇は、百済救援のため、七年（六六一）五月九日、筑紫の朝倉宮（福岡県朝倉郡朝倉町）に移り、七月二十四日に急死している。八月一日に天皇の葬儀がおこなわれたが、その日の夕方、朝倉山の上に

鬼有《あ》りて、大笠を着《き》て、喪《も》の儀《ぎ》を臨《のぞ》み視《み》る。衆《ひとびと》、皆嗟怪《みなおかし》ぶ

と『日本書紀』は書く。

一般に「鬼《おに》有りて」と訓むが、「鬼」は、奈良時代までは「もの」または「しこ」と訓まれており、「おに」という訓み方は平安時代以降のものだから（くわしくは第二章で述べる）、私は「鬼《もの》有りて」と訓む。

この記事について松本清張は、「奇怪な斉明紀」という文章で、「歴史家はあまり気にかけてないようだが、『斉明紀』に見られる女帝の記事ほど奇怪なものはない。斉明は皇極女帝の重祚だが、その

即位の年の五月、空中を竜に乗って飛ぶ者がある。その顔は唐人に似ていた。青い油《あぶらぎぬ》の笠をつけて（唐風の装束か）葛城山から生駒山を越え、住吉の上を通過して西へ走り去った、とある。また斉明が死ぬと、その夕に朝倉山の上に大笠を着た鬼があらわれ、喪の儀式をのぞみ見たとある。大笠と唐人の着た青き油の笠とは同一だろうから、斉明の即位とその葬儀とは首尾対応している」と書き、この記述は、対馬の前線基地で唐の水軍の襲撃を受け戦傷死した斉明天皇の、異常死の「予兆」と「結果」を暗示する記事だと、推測する(1)。

だが、対馬まで斉明天皇が行ったというのも、対馬を唐の水軍が襲ったというのも、松本清張の作家的推測であって、それを立証する資料はない。したがって、推測を架上した斉明天皇戦傷死説に立ち、戦傷死の予兆と結果を記述したのが前述の二つの記事だとみるのは、小説としては面白いが、歴史的事実とみるのは無理である。

松本があげる即位の年の五月の条に載る『日本書紀』の記事には、次のように書かれている。

空中《そらのなか》にして竜に乗れる者あり。貌《かたち》、唐人《もろこしびと》に似たり。青き油《あぶらぎぬ》の笠を着て、葛城嶺《かつらきのたけ》より、馳《は》せて膽駒《いこま》山に隠《かく》れぬ。午《うま》の時に及《い》至《た》りて、住吉の松嶺《まつのみね》の上より、西に向ひて馳せ去《い》ぬ

慈円は『愚管抄』（承久二年〔一二二〇〕成立）の斉明紀で、この即位のときあらわれた竜に乗った人物を、蘇我蝦夷《えみし》の怨霊《おんりょう》として凶兆とみている。松本が異常死の予兆とみるのと同じである。だが、竜は祥瑞《しょうずい》を示す想像上の動物で、凶兆より吉兆を示すから、私はこうした凶兆説は採らない。

竜は、天子に関する物事についていう語で、「竜顔」は天子の顔、「竜衣」は天子の衣裳、「竜位」は天子の位、「竜騎」は天子の馬、「竜座」は天子の御座、「竜姿」は天子の姿、「竜車」は天子の車、

「竜潜」は天子となるべき人が位につかないでいることをいう。このように、竜=天子である。また、「竜駕《が》」は天子の馬車のことをいい、「竜馭《ぎょ》」は、この馬車を走らせること、または天子が民を治めることをいう。「竜飛」は天子が位につくことをいうから、即位の年に竜が飛んだという記事は、「竜飛（即位）」によって「竜馭（治政）」がよくおこなわれるようにという意味の、祥瑞記事である。

飛竜に唐人風の人が乗っていたと書くのは、仙術の一種「乗 驕《じょうきょう》の術」の三法に竜駕の法があり、この術をおこなう仙人を「駕竜仙人」というところから、飛竜に乗る唐人を「駕竜仙人」とみて、この仙人が斉明天皇の即位を賀したという意であり、葬儀のときの鬼と「駕竜仙人」を、松本のように同一視することはできない。まして、斉明天皇の急死が戦病死ではない以上、鬼が朝倉山の山頂にあらわれ、天皇の葬儀を見ていたというのは、もっと別の理由からであろう。

斉明天皇は鬼に殺されたとみる『日本書紀』の編者

柳田国男は、斉明紀の大笠をかぶって朝倉山の山頂で天皇の葬儀を見ていた鬼を、「山人の類《たぐい》であろうか」と、「山島民譚集（二）」で述べている[2]。

知切光歳は「山人の類」とする柳田国男の見方を発展させて、朝倉山の大笠をかぶった鬼は、「風俗がどうも唐人服のようだから、中国か朝鮮の移民族のアウトローの山民か、あるいは古くから往復繁かった朝鮮人の移民部落が山中にあったかも知れない。また日本人は昔から見慣れぬ異邦人を、鬼と呼ぶ慣習があったようである。それとも退治られた多くの土蜘蛛のように、王化に浴することを潔しとしない、山の邪鬼の集団があった公算も強い。何の目的で、御大葬の行列を、見て歩いたのか解らないが、この有形の鬼の行動は、何もしないだけに今一つ、不気味なところがある」と書いている。(3)

私は「山民」を「中国か朝鮮の移民族のアウトロー」とみる知切の見解は採らない。柳田の「山人」は、「移民族」でなく、「王化に浴するのをいさぎよしとしない山の邪鬼の集団」をいっている。

『日本書紀』の斉明天皇七年五月二十四日条に、

朝倉社の木を斮《き》り除《はら》ひて、此の宮を作る故に、神忿《いか》りて殿《おほとの》を壊《こほ》つ。亦《また》、宮の中に鬼火《ものび》あらわれ、これに由《よ》りて、大舎人《おほとねり》及び諸《もろもろ》の近侍、病みて死せる者衆《おほ》し。

とある。

日本思想大系の『日本書紀(下)』(坂本太郎・家永三郎・井上光貞・大野晋校注)の頭注は、この記事の朝倉社の神と八月一日条の朝倉山の鬼を同じ雷神とみて、「陰暦五月は梅雨明けで雷の多い季節」だから、雷が落ちて朝倉宮をこわしたとする。この落雷説には私も賛成だが、頭注の筆者は、朝倉山の鬼についても、「山に立ち易い雷雲か」と書き、大笠を着た鬼を雷雲のかたちとみる。(4) 五月二十四日の記事を、自然現象としての雷雲の発生の時期と結びつけるのはよいが、八月一日の記事の朝倉山の鬼は、雷よりも鬼火のほうと結びつきやすい。それなのに、鬼火をまったく無視して大笠を雷雲と説明する見解には、納得できない。

後述するように、鬼が鬼であることを示すのは蓑笠と考えられていた。だから、鬼が「大笠を着て」あらわれたと書いているのであって、雷電のかたちを大笠といったのではない。

朝倉社の神木を、外から来た者たちが勝手に伐って、その木を用いて宮殿をつくった。だから「神忿《いか》りて殿《おほとの》を壊《こほ》つ。亦《また》、宮の中に鬼火《ものび》あらわれ」天皇の近侍が病死したと、『日本書紀』の編者は書く。この文章どおりに神の怒りと解釈すれば、落雷と鬼火は結びつく。『日本書紀』の編者は、五月に落雷となって宮殿を壊し、鬼火となって人々を殺した朝倉社の神が、八月一日には朝倉山の山頂に鬼となってあらわれたといっているのである。したがって、朝倉社の神は朝倉山の山の神であり、伐られた神木は朝倉山の木である。

『筑前国風土記』『筑前名所図会』などは、朝倉社を式内社（延喜五年（九〇五）から二十余年かかって完成した『延喜式』の神名帳に載る神社）の麻氐良布《まてらふ》神社とみる。日本古典文学大系『日本書紀（下）』の頭注も、麻氐良布神社を朝倉社とみて、この神社は「朝倉宮背後の麻氐良布山を神体としたらしい」と書いている。地元では「麻氐良《まてら》山」というが、二九五メートルの麻氐良山の山頂に麻氐良布神社があり、そこからは広大な筑紫平野が見渡せる。この山は朝倉の人々にとって、神の宿る神体山であった。だから、神木を伐られた山の神は雷となって朝倉宮を壊し、鬼火となって朝倉宮の人々を病死させたのである。

天皇は朝倉宮に五月九日に入り、二ヵ月後（七月二十四日）に急死した。『日本書紀』の編者は、「宮の中に鬼火《ものび》あらわれ、これに由《よ》りて、大舎人《とねり》及び諸《もろもろ》の近侍、病《や》みて死せる者衆《おほ》し」と書いているから、天皇の死も同じ原因の死と考えたにちがいない。だからこそ、鬼が天皇の葬儀を朝倉山の上で見ていたと書くのである。

この鬼は朝倉山の山の神だが、柳田の山人説を採るとすれば、勝手に山の木を伐られた朝倉山の山人たちが天皇の葬儀を眺めていたのを、宮の人々が『書紀』の記述のように噂したとも考えられよう。

人に祟り死なせる鬼火・蛍火

皇祖の高皇産霊尊《たかみむすびのみこと》が、高天原から皇孫の瓊々杵尊《ににぎ》を葦原中国《あしはらのなかつくに》へ天降りさせようとしたときのことを、『日本書紀』は、

彼《そ》の地《くに》に、多《さは》に蛍火《ほたるび》の光《かがや》く神、及び蠅声《さばへな》す邪《あ》しき神あり。復《また》、草木咸《ことごとく》に能《よ》く言語《ものいふこと》あり。故《かれ》、高皇産霊尊、八十《やそ》諸神《もろ》を召し集《つど》へて、問ひて曰《のたま》はく。「吾《われ》、葦原中国の邪《あ》しき鬼《もの》を撥《はら》ひ平《む》けしめむと欲《おも》ふ。当《まさ》に誰を遣《つかは》さばよけむ」

と書く。

「邪しき神」「邪しき鬼」（原文は「邪神」「邪鬼」）と記されているが、ほとんどの『日本書紀』注釈本は「邪《あ》しき鬼《もの》」と訓んでいる。斉明天皇を急死させた朝倉山の神が、「邪しき神」であり「邪しき鬼《もの》」である。この葦原中国の「邪しき神」のなかに、「蛍火の光《かがや》く神」が入っているのは無視できない。

「鬼火」について『和名類聚抄《わみょうるいじゅうしょう》』（略称「和名抄」承平年間（九三一〜九三七）成立）は、

燐火於《お》邇《に》火《び》。鬼火なり。人及び牛馬兵の死する者の血が化する所なり

と記し、白川静の『字訓』はこの文章を引き、「鬼火とは人だまや狐火をいう」と書く。[5]

知切光歳は『鬼の研究』で、「鬼火、火の玉の類は、鬼が口から吐いたり、あるいは鬼が自分の目

的を達するために発したり、使用したりする、鬼の武器の一種だと考えていたが、朝鮮では鬼火、火の玉自体が鬼であり、自体の意志で人を襲ったり、傷つけたりするような害意を持っている魔妖と考えられている」と書き、具体例をあげている。(6)

『和名抄』は鬼火を「燐火《りんか》」と書くが、諸橋轍次の『大漢和辞典（巻七）』は「燐」について、「一、おに火。二、蛍火」と書く。(7) だから、朝倉宮にあらわれた鬼火は、朝倉社の神が「蛍火の光く神」になってあらわれたものともいえる。

『説文解字《せつもんかいじ》』（略して「説文」。後漢の許慎〔五八〜一四七頃〕の著。中国最古の漢字解説書）には、「兵死及牛馬之血為レ燐、燐、鬼火也」とあり、『和名抄』の文章は同書からの引用である。血が燐・鬼火になるというのだが、『淮南子《えなんじ》』（前漢の劉安〔前一七九〜前一二二〕の編。諸家の思想・学説を紹介した書）には「久血為レ燐」とあり、注に「血精在レ地、暴露百日、則為レ燐」とある。血は百日かかって燐・鬼火になるというのである。

『論衡《ろんこう》』（後漢の王充〔二七〜九一〕による思想書）は、「世言其血為レ燐、血者生時之精気」と書く。したがって、鬼火が朝倉宮に出て天皇や天皇近侍の人たちが多数病死したのは、彼らの「精気」が鬼火によって燃えつきたことを示しており、中国の燐・鬼火の知識に拠《よ》っている。

『後拾遺集』（巻二十）に、和泉式部が夫の保昌に冷たくされ、貴船神社に詣ったとき、蛍の飛ぶのを見て、

物思へば　沢の蛍も　我が身より　あくがれ出づる　魂《たま》かとぞ見る

と詠んだのは、蛍火を「人魂《ひとたま》」とみたからである。

馬場あき子は『鬼の研究』で、この歌について、和泉式部は「蛍の光の青白い重みのない彷徨に、はかない怨みだけになってしまった女の魂のさすらいをみた」と書くが、[8] 謡曲「鉄輪《かなわ》」には、「われは貴船の川瀬の蛍火、頭に頂《いただ》く、鉄輪の足の、炎の赤き、鬼となりて」とあり、貴船の神に祈願して生きながら鬼になった女を、「川瀬の蛍火」と表現している。この女は、和泉式部の歌の延長上に作られた鬼女である。

馬場は和泉式部の歌を、謡曲『葵上』の、

人の恨みの深くして憂き音に泣かせ給ふとも生きてこの世にましませば、水暗き沢辺の蛍のかげより光る君とぞ契らむ

とある「沢辺の蛍のかげ」に関連づけている。[8] この「蛍のかげ」は、『源氏物語』の源氏の正室葵の上の枕辺に「ものの怪《け》」となってあらわれる六条御息所《みやすどころ》の「魂《たま》」である。『源氏物語』の葵の巻では、御息所が正室葵の上の懐妊を知り、その本身から抜け出た生霊（「いきすたま」という）が、殺意を抱いて葵の上の枕頭をおとずれている。この生霊が、謡曲『葵上』では般若の面をかぶった鬼女であらわされているように、六条御息所の「魂」が変じた蛍火は、生きながら鬼女になった鉄輪の女の「川瀬の蛍火」に通じる。蛍火＝鬼火である。中国では、死者の血が死霊となってあらわれたのを鬼火とみるが、それを受け入れたわが国では、生霊をも鬼火（蛍火）で表現している。

このように、生者（特に女性）の怨恨（怨魂）が鬼火（蛍火）になっているが、斉明紀の場合は、死霊・生霊でなく、神木を伐られた朝倉社の神の荒魂が、鬼火となって天皇とその近侍に祟《たた》っている。『扶桑略記』（寛治八年〔一〇九四〕から嘉承二年〔一一〇七〕の間に成立）は、斉明紀のこの記事につい

て、「豊浦大臣の霊魂の為す所なり」と書き（「豊浦大臣」は蘇我蝦夷のこと）、大笠を着て朝倉山の山頂にあらわれた鬼を、蘇我蝦夷の怨霊とみている。私は蘇我蝦夷の怨霊説には賛成できないが、鬼火や鬼を怨霊とみる『扶桑略記』の解釈には注目したい。というのは、朝倉宮造営に恨みをもつ朝倉山の神の荒魂は一種の怨霊で、その怨霊が朝倉山や朝倉宮に鬼や鬼火となってあらわれたと、『日本書紀』の編者はみているからである。

雷《いかづち》と鬼

鬼火は天皇とその近侍の者たちの生命を奪ったが、鬼火の祟り以外に、「神忿《いか》りて殿《おほとの》を壊《こほ》つ」という祟りがある。前述のように、この表現は落雷を意味していると考えられるが、『日本書紀』の編者も、雷を鬼とみている。

『日本書紀』の神代紀は、イザナキが、妻のイザナミの死体を安置してある殯《もがり》の部屋にはいり、妻が見るなといった闇のなかの死体を、明りをつけて見たときのことを、次のように書く。

> 時に伊奘冉尊《いざなみのみこと》、脹《は》満れ太高《たた》へり。上に八色《やくさ》の雷公《いかづち》有り。伊奘諾《いざなき》尊、驚きて走《に》げ還《かへ》りたまふ。是《こ》の時に、雷《いかづち》等皆起《た》ちて追ひ来《きた》る。時に、道の辺《ほとり》に大きなる桃の樹有り。故《かれ》、伊奘諾尊、其の樹の下に隠れて、因《よ》りて其の実を採りて、雷に擲《な》げしかば、雷等、皆退走《しりぞ》きぬ。此《これ》桃を用《も》て鬼を避《ふせ》く縁《ことのもと》なり。

この記述の鬼＝雷は死とかかわっているが、漢字の「鬼」には死のイメージがある。

諸橋轍次は、『大漢和辞典（十二）』の「解字」で、「鬼」について、

会意、儿と甶と厶との合字。本義は人の死後のよるべないたましひ。故に儿（人）と甶（怪物の頭の形に象る）と厶（私にして、陽に対する陰气にして人を害ふもの）とを合してその義をあらはす。説文通訓定声は厶を音符とす。後世陰气の義とし、又、獰悪なる想像上の怪物の義とす。

と書く(9)。

藤堂明保は『漢和大字典』で、「大きなまるい頭をして足もとの定かでない亡霊を描いた象形文字」と書き(10)、貝塚茂樹らの『漢和中辞典』は、「鬼字の下半分（儿）は人で、上は頭に大きな面、鬼頭（甶）をかぶっている形。昔、死人の顔に似せた面をかぶらせて、その人が生きているようにして祭った」と書く(11)。

永沢要二は『鬼神の原義とその演進』で、殷代の象形文字は「⿱甶儿」とあるが、「儿」の形にちがいがあるのは、仰臥伸直葬や屈膝葬の死体をかたどったからだと書き、「鬼」の字は、死体をかたどった「⿱甶儿」に後から「ム」が加わったものとみる(12)。

このように鬼の字についての解釈はいろいろあるが、いずれも鬼は死者・亡霊にかかわるとみている。『礼記《らいき》』には、

人死曰㆑鬼　此五代之所不変也　（祭法）

生必死　死必帰㆑土　此之謂㆑鬼　（祭儀）

とあり、『正字通』は、

人死魂魄為㆑鬼

と記している。

死者につく鬼を追い払ったのは桃の実であると『日本書紀』は書くが、鬼と桃の実について、思想大系本の頭注は、次のように書いている。

> 桃が邪鬼を払う呪力を持つという観念は中国に古くから広く行われている。荊楚歳時記に「桃者有二五行之精一厭二伏邪気一、制二百鬼一也」とある他、数多くの例がある。なお、日本でもその習俗がある。（中略）
> 桃が悪鬼をはらうという観念は、中国では山海経や淮南子にすでに現われ、これが日本にも入った。我が蛇聟入りの昔話でも、蛇の子を孕んだ娘は、三月の桃酒、五月の菖蒲酒、九月の菊酒を飲んで、腹の中の蛇の子を溶かしたといい、九月九日に桃の核を三角に削り、三月に縫った紅絹の袋に入れておくと、雷除けになるというのも、わが国における桃の呪力の観念が節句とともに中国起源であることを示している。(13)

このように、桃の実を投げた話に鬼が登場するのは、「鬼」は冥界にいるとみる中国思想による。鬼退治に桃太郎が登場するのも、桃に鬼を払う霊力があると考えられていたからである。

神代紀（一書の第九）は、「冥界＝雷＝鬼」とみている。この「雷《いかつち》」について、すべての『古語辞典』は「厳《いか》つ霊《ち》」の意とみるが（「つ」は連体助詞）、『古語大辞典』は特に神代紀のイザナギの死体のそばにいた雷をあげ、「たけく威力あるもの」「魔物」を「いかつち」とみて、「いなつるび（雷電）」と区別している。(14)

『万葉集』（巻二）に、

大君は　神にしませば　天雲《あまくも》の　雷《いかつち》の上に　廬《いほ》りせるかも

という柿本人麻呂の歌が載るが、冥界は地下（地底）だけではなく、天上も死者の行くところだから、天雲に雷（鬼）がいると詠んでいるのである。

『伊勢物語』の第六段に、「ゆくさき多く夜もふけにければ、鬼ある所とも知らで、神さへいといみじう鳴り、雨もいたう降りければ」とあり、この雷鳴・雷雨のさなかに鬼があらわれ、女を一口で食べてしまう。この話とおなじ話が、『今昔物語集』（巻二十七・第七）にも載り、「雷電霹靂《らいでんへきれき》」のなかに鬼があらわれたとある。

また『今昔物語集』（巻二十七・第一）は、「俄《にわか》に雷電霹靂」にあったため、「鬼殿」と呼ばれる屋敷跡の松の木の下に馬を降りて雨宿りした男に、「雷《いかづち》落ち懸《かか》り、其の男をも馬をも蹴割《くえさ》き殺しけり。然《しかし》て、其の男やがて霊《りやう》に成《なり》にけり」、とも書いている。「鬼殿」と呼ばれる屋敷跡で落雷にあって死に、「霊」になったというのだが、「霊鬼」の巻（巻二十七）の冒頭に、この話が掲載されていることからみても、霊は鬼と同義である。

謡曲「安達ヶ原」（観世流以外の宝生・金剛・喜多・金春では「黒塚」という）には、「野風山風吹き落ちて、鳴神稲妻天地に満ちて、空かき曇る雨の夜の、鬼一口に食はんとて、歩みよる足音、ふりあぐる鉄杖のいきほひ、あたりを払って恐ろしや」とあり、「鳴神稲妻」と共に鬼があらわれて人を食っている。

このように鬼と雷は重なっており、斉明紀の編者も、鬼火と同じく落雷を鬼神（朝倉山の神）の仕業とみたのであろう。

天皇と「まつろわぬ鬼《もの》」たち

雷を鬼とする以外の『日本書紀』の鬼関係の記事（「鬼神」「鬼魅」を含む）は、次のように三つに大別できる。

一、天皇の神話上の原郷「高天原」の神に討たれるべき、「葦原中国」の「邪《あ》しき鬼《もの》」と「諸《もろもろ》の順《まつろ》はぬ鬼神《かみ》」の記事。

二、天皇権力に反抗した蝦夷（景行紀）や、異人種の粛慎人《みしはせびと》（欽明紀）などを鬼（鬼魅）と書く記事。

三、神木を天皇権力に伐られた朝倉山の神が落雷・鬼火となって祟り、宮殿を壊し、天皇や近侍の者を急死させ、天皇の葬儀に鬼となってあらわれたという記事。

一の記事のうち、「葦原中国の邪《あ》しき鬼《もの》」を討つために誰を派遣すべきかと高皇産霊《たかみむすび》尊が神々に相談したことについては、すでに前述した。このあと、武甕槌神と経津主神を高天原から葦原中国へ派遣し、「諸《もろもろ》の順《まつろ》はぬ鬼神《かみ》を誅《つみな》ひし」と神代紀は述べているが、この「鬼神」は「邪しき鬼」のことであり、「鬼」と「鬼神」は同一とみられている。

高天原の「かみ」「もの」に対して、葦原中国の「かみ」「もの」を鬼神・鬼と書いているのだが、この発想は、葦原中国の天皇と鬼の関係にも用いられている。

景行紀（四十年七月十六日条）は、天皇が東国遠征に向かう日本武尊《やまとたけるのみこと》に対して、

山に邪《あ》しき神あり、郊《のら》に姦《かだま》しき鬼《もの》あり。衢《ちまた》に遮《さいぎ》り径《みち》を塞《ふさ》ぐ。多《さは》に人を苦《くるし》びしむ。其の東の夷《ひな》の中《うち》

に、蝦夷《えみし》は是《これ》はなはだ強《こわ》し。

といったと書く。「姦しき鬼」は蝦夷である。

欽明紀（五年十二月条）には、

越国言《こしのくにまう》さく。「佐渡嶋の北の御名部の碕岸《さき》に、粛慎人《みしはせのひと》ありて、一船舶《ふね》に乗りて淹留《とどま》る。春夏捕魚《すなどり》して食に充《あ》つ。彼《そ》の嶋の人、人に非《あら》ずと言《まう》す。亦《また》鬼魅《しこ》なりと言《まう》して、敢《あへ》て近づかず。

と記されている。思想大系本は「鬼魅《おに》」と訓むが、第二章で書くように「おに」は平安時代に入ってからの訓みだから、私はこの訓みは採らない。しかし「もの」なら「鬼」と書くべきなのに「鬼魅」とあるから、本居宣長は「しこめ（醜女）」と訓むが（『古事記伝』）、私は、『万葉集』が「鬼《き》」を「おに」「しこ」と訓んでいるから、「しこ」と訓む。もし宣長流に訓んだとしても、「しこめ（醜女）」でなく「しこを（醜男）」と訓むべきだろう（くわしくは後述二九頁）。

「粛慎人」については、蝦夷の一部、沿海州のツングース族などの説があるが、いずれであれ、景行紀の「姦《かだま》しき鬼《もの》」の蝦夷と同じイメージである。蝦夷らは葦原中国の「邪《あ》しき鬼《もの》」たちだが、三の朝倉山の神も、同じイメージの「順《まつろ》はぬ鬼神《かみ》」である。

朝倉山の神は、この地に来た大和朝廷の人々にとっては、辺境の人々の信仰する「邪しき神」であった。だから、宮殿造営の用材に大和国の三輪山の木（三輪の神の神木）は伐らない彼らも、朝倉山の木は勝手に伐って用材とした。そのため朝倉山の神は怒り、雷となって宮殿をこわし、鬼火となって祟り、天皇や天皇近侍の人たちを病死させた。だから、この神と、この神を信仰する人々は、共に鬼神であり鬼であった。

喜田貞吉は、大正十年二月刊の「民族と歴史」(第五巻第二号)に、「日本民族の成立(上)」を載せ、「農民がオホミタカラと呼ばれて、それのみが国家の公民と認められ、耕地を持たぬ山人や、海辺人や、其の他雑戸の民を区別する習慣が出来た」が、「其の公民たるオホミタカラと云へども、本来の民族的素性を洗って見たならば、筋が違ふとして疎外して居る山人や海辺人や其の他雑戸の人々などと、同じ流れに出て居るものが多数にあるのです。ただ彼らは早く其の流れから足を洗ったに対して、他のものはなほ久しく其の流れに止まって居て、つひに落伍者となったといふ区別があるのみです」と書き、この「落伍者」を、天皇の「オホミタカラ」と称する人々が「鬼」といったと書く。

柳田国男は、喜田貞吉ほど明解には書かないが、『山島民譚集』で朝倉山の鬼を「山人の類」とみている(一一頁参照)。これも喜田的発想によるものであろう。朝倉山の山頂にあらわれたから「山人の類」だと柳田は書くが、「まつろわぬもの」たちは山人だけにかぎらない。天皇の「オホミタカラ」にならない人々は各地にいた。その代表としての蝦夷たちを、正史の『日本書紀』は「鬼」と書いたのである。

ただし、二と三の例は天皇に討たれる存在として、一は天皇に祟る存在として書かれている。このようなちがいはあるものの、わが国最初の正史において、「鬼」が主に皇祖神・天皇との関係で記されていることは、無視できない。

第二章　鬼が「もの」と呼ばれたのはなぜか

鬼が「おに」と呼ばれるのは平安時代以降

『日本書紀』の「鬼」表記を、日本古典文学大系本は、「おに」あるいは「もの」と訓んでいる。同書の凡例には、「本文（原文・訓読本・校異）及び国語関係の注解は大野晋があたり」と書いてあるから、この訓みは大野によるとみてよい。ところが、大野晋と佐竹昭広・前田金五郎編の『岩波古語辞典』は、「オニということばが文献に現われるのは平安時代に入ってからで、奈良時代の万葉集では『鬼』の字をモノと読ませている」と書く(15)。

日本古典文学大系本『日本書紀』は昭和四十二年（一九六七）、『岩波古語辞典』は昭和四十八年（一九七四）の刊行だから、『古語辞典』の文章を大野が書いたとすれば、六年間のうちに「鬼」の訓みについての見解を改めたか、あるいは大野の執筆でないとすれば、大野も他の編者の見解に賛成したことを示している。

一方、『古語大辞典』（中田祝夫・和田利政・北原保雄編）は、「上代にも『鬼』の字は用いられているが、モノ、シコなどと訓まれ、オニとは訓まれていない」と書いている。(16)「上代」とは奈良時代をいう。

『日本書紀』の研究・考証家として著名な谷川士清《ことすが》は、寛延元年(一七四八)に『日本書紀通証』(全三五巻)という、わが国最初の『書紀』全巻の注釈書を完成させている。彼は、安永六年(一七七七)から文政十三年(一八三〇)の間に『倭訓栞《わくんかん》』前編をも刊行しているが、「おに」について、「古へはおにてふ言なし。皆ものとよめり。神代紀のおにも、ものとよむべし」と書いている。

『万葉集』の「鬼」表記は十五例あるが、「もの」と訓む例は十一例、「しこ」と訓む例は四例ある。「おに」という訓み方が一例もないことからも、『日本書紀』の「鬼」表記は、「もの」もしくは「しこ」と訓まねばならない。

『古事記』にはなぜ「鬼」表記がないか

『古事記』には、「鬼」表記はまったくない。『古事記』の「もの」の漢字表記は「物」である(『古事記』の「者」表記を「もの」と訓む人もいるが、平安朝初期までは「ひと」と訓んでいたから(三八頁参照)、『古事記』の「者」も「ひと」と訓むべきであろう)。なぜ「鬼」表記がないかについては、『古事記』と『日本書紀』の神名の漢字表記のしかたから推察できる。

とりあえず表の十例を比較してみても、『古事記』と『日本書紀』の表記は、はっきりちがう。『古事記』編者の方針からすれば、「もの」に「物」以外の漢字を用いる必要はなかったのである。「母《も》

神　　名	『古　事　記』	『日本書紀』
ウマシアシカビヒコヂ	宇麻志阿斯訶備比古遅	可美葦牙彦舅
アヤカシコネ	阿夜訶志古泥	吾屋惶根
カヤノヒメ	鹿屋野比売	草野姫
ミツハノメ	弥都波能売	罔象女
イツノヲハハリ	伊都之尾羽張	稜威雄走
ワヅラヒノウシ	和豆良比能宇斯	煩
アキクヒノウシ	飽咋之宇斯	開　囓
ワタツミ	綿津見	少　童
スサノヲ	須佐之男	素戔嗚
イシコリドメ	伊斯許理度売	石凝戸辺

能《の》」という表記を用いていることからみても、「鬼」という漢字はあえて除外したのだろう。

　小杉一雄は、「日本最古の『鬼』字は、現存遺品に関する限りでは法隆寺金堂釈迦三尊像光背銘の中の『鬼前大后』とある鬼《き》字である」と書いているから[17]、「鬼」の字が飛鳥時代から用いられていたことは、はっきりしている。

　この「鬼」を「もの」と訓んだ例のうち、はっきり年代がわかる最古の例は、『万葉集』の笠金村の神亀二年（七二五）の歌で、聖武朝である。それ以前の作歌にはみられないから、元正朝の養老四年（七二〇）に成立した『日本書紀』が「鬼」表記を用いていても、それは同書の最終編纂期の頃にはじめて用いられた新しい表記であろう（たぶん和銅〜養老年間〔七〇八〜七二四〕にはじまった表記）。

第一章で述べた「桃を用《も》て鬼《もの》を避《ふせ》く縁なり」は、『日本書紀』の神代紀の一書（第九）に載るが、似た記事が『古事記』にもあり、比較すると、次のような共通性と差異がある。

	『古事記』	『日本書紀』
イザナキが行った所	黄泉国《よもつくに》	殯斂《もがり》の処《ところ》
イザナミが言った言葉	死体を見るな	死体を見るな
イザナキの行動	火燭《ひとも》して見る	火挙《ひとも》して見る
死体のそばに居たもの	八《やくさ》の雷神《いかつち》	八《やくさ》の雷《いかつち》
イザナミを追ったもの	最初は予母都志許売《よもつしこめ》、あとは雷神と黄泉軍	雷ら
逃げたときの行動	黄泉比良《よもつひら》坂の坂本で桃の実を三つ投げると、追手は退散した	桃の樹のもとにかくれ、桃の実をとって雷らに投げ、退散させた
追記	なし	「此桃を用《も》て鬼を避《ふせ》く縁なり」

この記・紀の記述で、紀が「鬼」表記を用いているのは追記であることからみても、「鬼」表記そのものが新しいことがわかる。

この追記がある一書（第九）以外に、別の一書（第六）にも同じ話が載るが、追記のような記述はなく、『古事記』と共通性が強い。ただし、桃の実を投げた話はない。

　このような記述のちがいからみて、三つのイザナキの黄泉からの逃亡譚のうち、もっとも古いのが『日本書紀』の一書の第六、次が『古事記』、もっとも新しいのが一書の第九である。一書の第六は、わが国固有の神話であり、『古事記』はこの固有神話に、桃が邪を払う呪力をもつとする中国思想を加えたのである。一書の第九は、『古事記』よりさらに徹底し、「よもつしこめ」がイザナキを追う話を削り、イザナキが「桃を用《も》て鬼《もの》を避《ふせ》く」という、中国思想に立った神話に改作している。だからこそ、この記事にのみ「鬼」表記があらわれるのであり。このことからも、「もの」に「鬼」表記を用いた時期は『書紀』の最終編纂時期と推測できる（このイザナキ神話の「鬼」を、平安時代の『私記』乙本は「於尓《おに》」と訓むが、『万葉集』の例からも、「もの」「しこ」と読むべきであろう）。

　私は、『古事記』成立に関する拙著で、「原古事記」がすでに天武・持統朝に書かれていたと推測した[18]。「原古事記」にもとづいて現存『古事記』を編纂した人物は、こうした新しい表記があることを承知していたが、『古事記』の神名表記にみられる編集方針にもとづいて、「原古事記」の表記をそのまま使ったのであろう。

鬼が「しこ」と呼ばれたのはなぜか

　平安時代に宮廷でおこなわれた『日本書紀』の講義を記録した『私記』は、一書の第六の「黄泉醜《よもつしこ》女《め》」について、「或説黄泉之鬼也」と書いている。これにもとづいて本居宣長は、『古事記』の「予母《よも》都志許売《つしこめ》」を「鬼女」とみる（『古事記伝』）が、それは『万葉集』の「鬼《しこ》」の訓みをヒントにして、醜女＝鬼女と考えたからである。そしてこの視点から、宣長は欽明紀の「魅鬼」を「しこめ」と訓む。

欽明紀は、第一章で引用したように（二二頁）粛慎人を「鬼魅」と書き、つづいて、

嶋の東の禹武邑《うむのむら》の人、推子《しひ》を採拾《ひろ》ひて熟《こな》し喫《は》まむと為欲《おも》ふ。灰の裏《なか》に着《お》きて炮《い》りつ。其の皮甲《かは》、二《ふたり》の人に化成《な》りて、火の上に飛び騰《あが》ること一尺餘許《あまり》。時を経て相闘ふ。邑《むら》の人深く異《あか》しと以為《おも》ひて、庭に置く。亦《また》前の如く飛びて、相闘ふことやまず。人有りて占《うら》へて云はく、「この邑の人、必ず魅鬼の為に迷惑《まど》はされむ」といふ。久《ひさ》にあらずして言ふことの如く、それに抄掠《かす》められる。

とある。「鬼魅」「魅鬼」と書くが、これは「しこめ（醜女）」のイメージではなく、「しこを（醜男）」のイメージである。『万葉集』の「鬼《しこ》」も、舎人皇子（天武天皇の第三皇子、天平七年（七三五）没）の歌に「鬼《しこ》の益卜雄《ますらを》」と詠まれており、「しこを」のイメージである。

『万葉集』の「シコ」の用例には、他にもう一例、防人《さきもり》の今奉部与曽布《いままつりべのよそふ》の、

　今日よりは　かへりみなくて　大君の　之許《しこ》のみ楯と　出で立つわれは（四三七三）

という歌がある。この「しこ」も、「ますらを」「しこを」としての「しこ」の意である。「しこを」の意で「鬼《しこ》」と訓んでいるのだから、「鬼魅・魅鬼」を宣長流に訓むとすれば、女《め》・男《を》をはぶいて「しこ」と訓むのが無難である。

このように、「鬼」「魅鬼（鬼魅）」という漢字を、「しこを」の意味で「しこ」と訓ませているのは、中国の鬼に男性的イメージが強かったためと考えられる。だから、「鬼」表記のある『書紀』の一書

の第九では、「しこめ」を登場させなかったのであろう。

大国主神の別名を「あしはらしこを」といい、『古事記』は「葦原色許男」、『日本書紀』は「葦原醜男」と書く。西郷信綱は、この「しこを」について、『万葉集』の「鬼《しこ》」の用例から、「彼を鬼類・魔性のものと見なしていたためで、たんに醜い男ということではない」と述べている(19)。たしかに、「醜男」は「醜い」男の意ではない。「醜女」は黄泉の国・死の国に居る女性をいうが、それは「醜男」についてもいえる。

大国主神の別名は葦原色許(醜)男だが、大穴牟遅神《おほなむぢ》(大汝神)ともいうと記・紀は書く。『古事記』に登場する大穴牟遅神は、兄弟の八十神《やそ》たちにいじめられ、このままでは殺されてしまうと思ったので、父のスサノヲのいる「根の堅州国《かたす》」に行くことにする。「根の堅州国」は、語義では「地底の堅い州《す》の国」の意で、「根の国」ともいわれ、地下のイメージである。この国に行ったとたん、大穴牟遅の名は葦原色許男に変わっている。根の国には黄泉の国のイメージがあり、色許男も、蛇の洞穴などに寝かされて死と同居する。そして、この国から逃げて黄泉比良坂《よもつひらさか》(黄泉の国と葦原中国の境界にある生と死をわける坂)を抜け出ると、大国主神に名を変えている。

大国主神は、黄泉国にいるときにのみ「しこを」を名乗っており、「しこめ」は「黄泉《よも》」がつくように、黄泉国にいる「しこめ」である。いずれも「しこ」は死の国にかかわっている。

「しこの御楯」は防人の歌だが、「大君の辺にこそ死なめ」とうたう防人を「しこの御楯」といっているのであり、楯として死ぬこともおそれぬ防人の意で、この「しこ」も死とかかわる言葉である。

ところで、中国の鬼について、諸橋轍次は『大漢和辞典(巻十二)』で次のように書く。

㋑死人のたましひ。人が死ねば心鬼をつかさどる魂は天にのぼって神となり、形体は地に帰り、形体の主宰である魄は鬼となる。

㋺ひとがみ。人鬼。祭られた死人の幽魂。天神地祇の対。

㋩ひとがみの中、特に定められた神位を安置する場所のないもの。新死者が出来るごとに先祖の神位を、その安置してあった処から一代だけ上にくり上げて、安置する場所のなくなったものを鬼とする。鬼にくり入れる世代は身分によって異なる。天子は九代、諸侯は七代、大夫は五代、上士は三代、中士は二代以前のものが鬼となり、下士庶人は父から直ちに鬼とよぶ。

㋥冥冥の中にあって不可思議の力ありと信ぜられる人格。一に聖人の精気を神、賢人の精気を鬼といふ。

㋭人を賊害する陰気、又は現体。もののけ、ばけもの。

㋬姿が見えなくて禍難をもたらすものと信ぜられる人格。

㋣想像上の生物。人形で雙角あり、面貌獰悪、裸体で虎皮を褌とする。

諸橋は以上をあげて、それぞれを文献によって例証している[20]。

このように諸橋のあげる中国の鬼も、ほとんど死とかかわっている。「しこ」の漢字表記に「鬼」を用いたのも、「しこ」が死の国とかかわる言葉だったからであろう。

「もの」は「霊魂（精霊）」か「物象（物体）」か

『万葉集』を見ても、「しこ」より「もの」のほうが約三倍は多いから、「鬼」は主に「もの」と訓まれていたとみてよい。

折口信夫は、「怨霊はもののけと言ふ語で表はされてゐる。ものは霊魂を意味し（氏の名の物部は、霊魂を取り扱ふ職業集団の義）、けは胸のけ脚のけなどと言ふ様に、病気を意味するから、もののけとは、『霊魂の病気』と言ふ事である。しかし、後にはもののけと言へば、鬼であり、或は精霊である」と書き、また、「極めて古くは、悪霊及び悪霊の動揺によって、著しく邪悪の偏向を示すものを、『もの』と言った。万葉などは、端的に『鬼』即『もの』の宛て字にしてゐた位である」とも書いている。(21)

このような、「もの＝精霊＝鬼」とみる折口説について、大野晋は、一九七四年に折口信夫没後二十周年を記念して開かれた慶応大学国文学研究会主催の講演会で、「『もの』という言葉」と題した講演をおこない、「『もの』は『精霊』にあたる」といわれているが、「『もの』という言葉は、『精霊』という意味だけで使われていたのではない」と述べ、「『万葉集』を見ると、やはりどうしても動かしがたいと思われる例として、物体、品物というような意味をもった『もの』がある」と述べて、折口信夫の霊魂（精霊）説を批判している。(22)

そして、「『もの』という精霊みたいな存在を指す言葉があって、それがひろがって一般の物体を指すようになったのではなく、むしろ逆に、存在物、物体を指す『もの』という言葉があって、それが人間より価値が低いと見る存在に対して『もの』と使う、存在一般を指すときにも『もの』という。そして恐ろしいので個々にいってはならない存在も『もの』といった」とも述べている。(22)

この講演は一九七四年十月におこなわれているが、同年十一月刊の『日本語をさかのぼる』において大野は、恐ろしい存在を「もの」と呼んだ理由を、細かく説明している。

古代人の意識では、その名を傷つければその実体が傷つき、その名を言えば、その実体が現われる。それゆえ、恐しいもの、魔物について、それを明らかな名で言うことはできない。どうしてもそれを話題にしなければならないならば、それを遠いものとして扱う。あるいは、ごく一般的普遍的な存在として扱う。そこにモノが、魔物とか、鬼とかを指すに使われる理由があった。

四つの蛇《へみ》五つの鬼《もの》の集まれる汚《きたな》き身をば厭ひ捨つべし離れ捨つべし（仏足石歌）

人間の身体は物質から成っている。物質は地水火風の四つの蛇のごとき要素から成っている。また、五蘊《ごうん》という悪しき存在から成っている。その邪気に等しい暴悪な存在を、そのまま実名で呼ぶことは避けなければならない。そこに、「五つのもの」という表現の由来がある。「ものにおそはるる心地して」（源氏・帚木）、「ものの変化《へんげ》めきて」（源氏・空蟬）、などのモノは、邪鬼、妖怪であり、モノノケは怨霊《おんりよう》、生霊《いきりよう》、死霊《しりよう》の出現した形である。これらはそれに個別の名をつけて呼んではならない。そこでこれを、極めて一般的普遍的な存在をいう名称としてのモノで呼んだ。(23)

藤井貞和も、「物の語り――モノは『霊魂』か『物象』か」で、大野説に私見を加え、折口説に疑問を投げかけている。(24)

若林栄樹は「マナと法」で、大野・藤井の説は「表面的には、正しい。少なくとも間違いとはいえない。しかし、それで充分であるともまたいえない」とし、それは、両氏の「論の方向性が、『もの』の語が本来的に『魔物』『恐ろしいもの』の意味をもっているのではない、ということを証明することにある」からだと書く。そして、両氏の説を批判して、「大野氏や藤井氏が『恐ろしいもの、魔物』を直接名指すのを避けるのが古代人の意識であると言うとき、それはまさに彼らが共同体において、そのようなタブーの存在をそのまま承認していることを意味する」、つまり、「忌避、婉曲の語法において『もの』が用いられたのは、まさに『もの』こそがそのような恐れられているものだったからだ」と書き、「マナ」との関係を論じる(25)。

若林は、マナについて初めてまとまったかたちで記述したコドリントンの『メラネシア人』から、「マナ」に関する文章を引用して、「マナ」は「力《パワー》、超自然的な力」であるとし、この力を次のように三つに分類している。

1．力そのものであると同時にそのあらわれであり、力の実体であると同時に力としてあらわれる現象で、実体をもたず、常に対象から分離する可能性をもち、移動する性格をもっている。

2．常に両義的で、良い作用と同時に悪い作用をもち、この両面は分かちがたく結びついている。

3．精霊とりわけ死霊、とくに祖霊と深い関係をもっている。

そして、「『もの』は日本語のシステムにおいて、マナと全く同じ運動をしているように思われる。mono-mana. 村山七郎氏の言うように日本語の基層がアウストロネシア系であるとすれば、ここに単なる駄洒落を見るべきではないだろう」とも書いている(25)（「マナ」と「もの」については、第十章でくわしくふれる）。

折口説は厳密さに欠け、直観的に、もの＝霊魂（特に死霊・悪霊）とみている。だから藤井貞和は、『古事記』の「物」表記三四例をあげ（「物部」の例ははぶいている）、「物象一般つまり存在物・品物・

産物・食物・衣類・贈り物・賭け物・所有物などの例が大部分で、（中略）そのなかに交じって僅かに霊的存在を内容とする事例にぶつかるという程度である」から、「『モノ』という語に本来的な霊的存在を示す意味があったかどうかについて、強い疑問を抱かないわけにゆかなくなっている」と書き、折口説を批判している。しかし一方で藤井は、「『日本書紀』には、『蒲生河に物有り、其の形人の如し』（巻二二、推古天皇二七年四月条）、『物有りてあみに入る。其の形児の如し。魚にも非ず、人にも非ず。名づけむ所を知らず』（同、七月条）、『物有りて綿の如くして、難波《なには》に雰《ふ》れり。……時の人曰《い》はく、〝甘露なり〟といふ』（巻二九、天武天皇七年一〇月条）のような『物』の記事が散見されるが、これらは得体の知れない存在物を言う場合であった。仁徳紀に『物有り』とて使者に視させると氷室であったというのも（六二年是歳）、霊的存在ではないが、得体が知れなくて『物』としか言いようのないものである」[24]とも書いているから、若林のように、大野説と藤井説を同一とみて批判するわけにはいかない。

藤井は、「モノは『霊魂』か『物象』か」と問うている以上、どちらか一方にきめなくてはならないから、「霊的存在ではないが」という前提を付して、「得体の知れない存在物」だと結論しているのである。しかし、こうした「得体の知れない存在物」は霊魂に近い。「マナ」には良い作用と悪い作用の両義性があるのだから、藤井のようにどちらかにきめようとせず、物象と霊魂の両義性が「もの」にあるとみたらどうだろうか。そう見れば、「得体の知れない存在物」の説明もしやすくなるし、折口のような見解がうまれる理由も納得できる。

図1 『百鬼夜行絵巻』の笙(右)・扇(中)・匙(左)の妖怪

「物《もの》」と「鬼《もの》」と付喪神《つくもがみ》

ヨーロッパ人は、「物」と「霊」をはっきり区別している。だから、人工的に作られた「物」は妖怪にはならない。彼らは、生物に霊があるとみても、非生物には認めない。しかし日本では、人工物も生物と同じにみられている。

図1は、室町時代に書かれた「百鬼夜行絵巻」の一部だが、右は笙《しょう》、中が扇、左が匙《さじ》の妖怪で、「付喪神《つくもがみ》」という。器物なども、百年たつと霊魂（生命）が宿って生物《いきもの》（妖怪）になるという俗信による。「百年」というのは、兵士や牛馬の血が百年たって鬼火・蛍火（燐火）になるという中国の俗信の影響であろう。中国の場合は血の変化《へんげ》であって、わが国のように、人工物が百年

たって変化するという発想ではない。

荒俣宏と小松和彦は、『妖怪草紙』で次のように語っている。

小松　器物が化けるという「付喪神」は古いところでは、土瓶の精が『今昔物語』に出てくる。

（中略）そういうものは、かなり昔からあったと思います。ものに対する日本人の感性が、相当前から育んできたイメージでしょう。

荒俣　過ぎゆくものや壊れゆくものに対しての、感性ですね。

（中略）

小松　そういう中世の器物妖怪のパターンは、近世まで延長していますね。破れ傘や提灯のお化けの類になる。みんな、器物そのものが化けるという考え方でしょう。それ以外の妖怪が、器物を動かしているという表現にはならない。ヨーロッパの場合は逆に、ポルターガイストで家具が動いても、器物が化けたことにはなりません。

荒俣　ポルターガイストは、別の霊体が動かしているというイメージですからね。ヨーロッパでは、もの自体が化けるというのは、ほとんどありません。

小松　付喪神に対応するものって、ほとんどヨーロッパにはないよね。ボッシュの絵の中に多少あるようですが。

荒俣　日本とちがって西洋では、道具を人間が作り出しているという意識が、非常に強い。だから人工物には霊は宿らないんです。霊は、自然のままのものに宿る。同じ木でも、切って器物にしてしまうと、もうだめ。自然木なら精力をもっている。日本でも、柳や巨木の伝説があるけど、そういうものに近い。その代わり、使い込んだ器物が、生命力をもってくるということはあまりないですね。『魔法使いの弟子』という有名な民話がありますが、話の中ではホウキが動いたりするけど、あれは魔法使いが動かしている。人工物はそれ自身で動き出すことはない。日本では、加工物でも生きている。(26)

このように、人が作り、人が使いこんだものに霊魂が宿るという発想は、物そのものが単なる存在物(物体)ではなかったことを示している。物は「魂《たま》」をもちうるから、前述した両義性がある。器物に「魂」が入り、器物が「付喪神」と呼ばれるようになるが、この「神」は、百鬼夜行絵巻に描かれているように、鬼神であり「鬼《もの》」である。

神・人・鬼

『古事記』が「まつろわぬ鬼《もの》」を「まつろわぬ人」と書くのに対し、『日本書紀』が「ひと」を「もの」といい、さらに「鬼」という字をあてるのはなぜか。

大野晋は、『日本語をさかのぼる』において、「平安時代初期の漢文訓読文」では『者』はヒトと訓んでモノとは訓じなかった」と書いている。(27) 大野の編の『岩波古語辞典』には、「人間をモノと表現するのは、対象となる人間をヒト(人)以下の一つの物体として蔑視した場合から始まっている」とあり、(28)『日本語をさかのぼる』では、「『源氏物語』などを見ても、痴《し》れもの、すきもの、ひがもの、古もの、わるもの、なまけものどもなど、片寄った人間、いい加減な人間、一人前でない人間などに

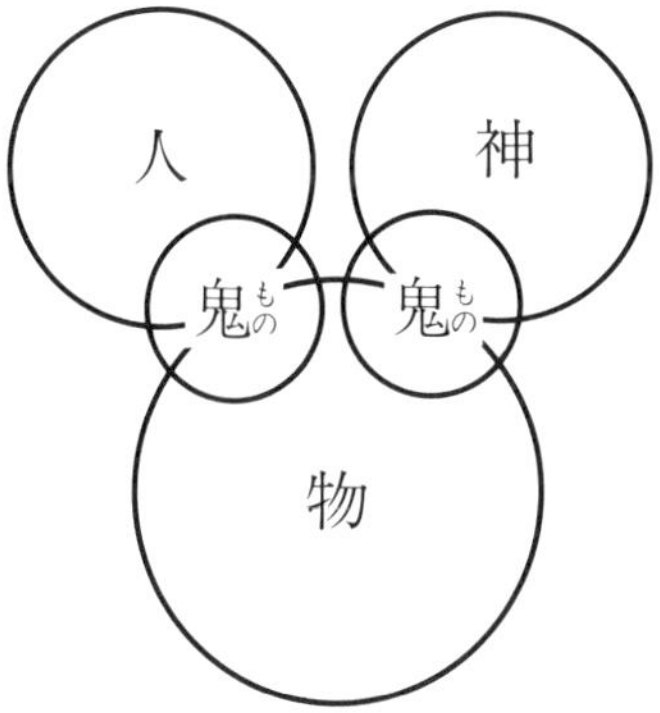

図2　神・人・鬼・物の関係図

ついて、……モノという複合語が使われ、痴れひと、悪《わる》ひと、ひがひとなどとはいわなかった。それは、モノがヒト以下の存在だという基本の観念が働いていた結果である」と書いている。[29]

正史の『日本書紀』が、「まつろわぬ人」を「鬼《もの》」と書いたのは、辺境の蝦夷らを正史の立場で蔑視したためである。その点が、記と紀の史観のちがいである。

正史の史観のほうが当然強調されるから、「ひと」と訓まれていた「者」は、平安時代初期には「もの」と訓まれるようになる。こうして「もの」表記は物・者・鬼の三つにわかれ、「鬼《もの》」はさらに「鬼《おに》」と訓まれるようになったのであろう（理由は第八章で詳述する）。

『日本書紀』の神・人・鬼・物の関係を図示すれば、図2のようになる。神・人で物に近いものが「鬼《もの》」だから、『日本書紀』の編者は、葦原中国の「蛍火の光《かがや》く神」や「蠅声《さばへな》す邪《あ》しき神」を「葦原中国の邪《あ》しき鬼《もの》」といい、蝦夷らのような異人を、「姦《かだま》しき鬼《もの》」としているのである。

このように、わが国の「鬼」表記は、正史『日本書紀』の編者の視点から生まれたものであることを、確認しておく必要がある。

第三章　まつろわぬ鬼神とヤマトタケルと天皇

——『古事記』にない「鬼」表記が『日本書紀』にあるのはなぜか——

大物主神は鬼神である

第二章で述べたように、『古事記』には「鬼」表記はまったくない。『日本書紀』にはあるが、『万葉集』では「鬼」は「もの」「しこ」と訓まれている。『日本書紀』は、葦原中国の国つ神の代表神大国主の別名を、大物主神または葦原色許(醜)男と書く。この神は「もの」と「しこ」の名を二つながらもっているのである。『播磨国風土記』(美囊《みなぎ》郡志深《しじみ》里)には、「大物主葦原志許」という神が登場しており、ここでも「もの」と「しこ」が一体になっている。この「もの」「しこ」に「鬼」の字があてられているのだから、「もの」「しこ」の名をもつ国つ神は「葦原中国の邪《あ》しき鬼《もの》」であり、「まつろわぬ鬼神《かみ》」である。

皇祖神は、「吾、葦原中国の邪《あ》しき鬼《もの》を撥《はら》ひ平《む》けしめむと欲《おも》ふ。当《まさ》に誰を遣《つかは》さばよけむ」といい、「邪しき鬼」を討つ二神(武甕槌神・経津主神)を選んでいる。選ばれた神は、高天原から葦原中国へ天降りして、「諸《もろもろ》の順《まつろ》はぬ鬼神《かみ》等《ども》を誅《つみな》ひ」、大国主神に「国譲り」を強要している。

国譲り神話では、国譲りに反対した建御名方《たけみなかた》神は、出雲で高天原の神と戦って破れ、信濃国の諏訪まで逃げ、諏訪大社の祭神になっている。

諏訪大社と大物主神を祭神とする大神《おおみわ》神社が密接であることは、拙著『神社と古代王権祭祀』や『神社と古代民間祭祀』で詳述したが、[30] 諏訪大社の大祝《おおはふり》の神《みわ》氏は大神氏と関係があり、大神神社でも建御名方神を祀っている（『和名抄』によれば、信濃国諏訪郡には「美和郷」がある）。

このような関係からみても、大物主神と建御名方神は同性格であり、「諸の順はぬ鬼神」の代表神を大物主神とみてよいであろう。

西宮一民は、「大物主」の名義について、「『偉大な、精霊《もの》の主』。神の観念における『物』とは、畏怖すべき対象（鬼・魔物・怨霊・精霊など）を一般的・抽象的に表現する語。それらの『物』の主たる神を讃えて『大』を冠する。『美和《みわ》の大物主の神』とあるから、奈良県桜井市三輪町の大神《おおみわ》神社の祭神である。『大神』を『おほみわ』と訓むのは、『神』と言えば三輪の神をさすほど、神のなかの神であったことに基づく」と書く。[31]「神のなかの神」であっても、天皇家にかかわる「天神」でなく、「地祇（国つ神）」の代表神である。

だから、この神は天皇に対して祟る神である。崇神紀によれば、天皇は、「今、朕《わ》が世に当りて、しばしば災害《わざはひ》有」る理由を「卜問《うらと》ふ」と、倭迹迹日百襲姫《やまとととびももそ》に神が憑《つ》いて、我を祭らぬからだという。そこで、「いづこの神」かと天皇が問うと、百襲姫に憑いた神は、

我は是《これ》、倭国の域《さかひ》の内《うち》に居《を》る神、名を大物主神といふ。

と答えた。

天皇は教えに従い、物忌《ものいみ》して祭るが、災害はなくならない。理由を問うと、天皇の夢に大物主神があらわれて、「吾が児大田田根子《たたねこ》」を祭主にしなければ、災害はおさまらないという。そこで大田田根子を探し出して祭主にした。すると、

是《ここ》に、疫病《えのやまひ》始めて息《や》みて、国内漸《ようや》くにしづまりぬ。五穀、既にみのりて、百姓、饒《にぎは》ひぬ。

という結果になったという。『古事記』も同じ話を載せている。

「ものぬし」が国という「もの」を作ったのだから、外からこの国に入ってきて権力を握った王権に対し、災害をもたらす「邪しき鬼《もの》」になるのは当然である。だから、王権にかかわる人が祀っても駄目で、「ものぬし」の子が指定されているのである。これは、鬼神を祀るのは鬼神の子でなければならないことを示している。

崇神天皇のような古い時代には、天皇はひたすら三輪山の神をおそれ、この神の子孫に祀らせているが、雄略天皇のころになると、この神を「捉えよ」と天皇が命令するほど、王権が強くなっている。

『日本書紀』の雄略天皇七年七月三日条には、次のような記事が載る。

天皇《すめらみこと》、少子部連蜾蠃《ちひさこべのむらじすがる》に詔《みことのり》して曰《のたま》はく、「朕《われ》、三諸《みもろ》山の神の形を見むと欲《おも》ふ。或いは云はく、此の山の神をば大物主神と為《い》ふといふ。或いは云はく、莵田《うだ》の墨坂神なりといふ。汝《いまし》、膂力《ちから》人に過ぎたり。自ら行きて捉《とらへゐ》て来《まうこ》」とのたまふ。蜾蠃、答えて曰《もう》さく。「試《こころみ》に往《まか》りて捉《とら》へむ」とまうす。乃《すなは》ち三諸岳に登り、大蛇を捉取《とら》へて、天皇に示《み》せ奉《たてまつ》る。

ところが、雄略天皇は、捕えた神（大蛇）を斎戒《ものいみ》をせずに見たので、

其の雷《いかつち》、虺虺《ひかりひろめ》きて、目精《まなこ》赫赫《かかや》く。天皇《すめらみこと》、畏《かしこ》みたまひて、目を蔽《おほ》ひて見たまはずして、殿《おほとの》の中に却《かく》入れたまひぬ。岳に放たしめたまふ。

という結果になる。

「大蛇」を「雷」と言いかえているが、神代紀では「雷」を「鬼」と言いかえていることからみて、大物主神は鬼神である。

一言主神と雄略天皇

「鬼」表記を用いない『古事記』は、大物主神の霊威を示す崇神紀の記事は載せるが、雄略紀の記事は載せていない。『日本書紀』のように、国つ神（地祇）に対して天皇の霊威を強調する書き方をしていないのである。そのことは、大和の葛城山の神一言主についての、記・紀の書き方のちがいからもいえる。

『古事記』は、雄略天皇と一言主神の出会いを、次のように書く。

天皇《すめらみこと》、葛城山に登り幸《い》でましし時、百司《もものつかさ》の人等《ひとども》、悉《ことごと》に紅《あか》き紐《ひも》着けたる青摺《あをずり》の衣《きぬ》を給はりて服《き》たりき。その時、その向へる山の尾より、山の上に登る人あり。すでに天皇の鹵簿《みゆきのつら》に等《ひと》しく、またその装束《よそひ》の状《さま》、また人衆《ひとども》、相似て傾《かたぶ》かざりき。しかして、天皇望《みさ》けまして、問はしめて曰《の》りたまひしく、「この倭国《やまとのくに》に、吾《われ》を除《お》きて亦王《きみ》はなきを、今誰人《たれ》ぞ如此《かく》て行く」とのりたまへば、答え曰《まを》せる状《さま》も天皇の命《みこと》のごとし。ここに、天皇いたく忿《いか》りて矢刺《やざ》したまひ、百官の人等も悉に矢刺しき。しかして、その人等もみな矢刺しき。故《かれ》、天皇、また問ひて曰《の》りたまひしく、「しからば、その名を告《の》れ。しかして、各《おのもおのも》名を告りて矢弾《はな》たむ」とのりたまひき。是《ここ》に答えて曰《まを》しけらく、「吾《あれ》、先づ問はえき。故、吾、先づ名告り為《せ》む。吾は、悪事《まがこと》も一言《ひとこと》、善事《よごと》も一言、言離《ことはな》つ神。葛城の一言主大神《ひとことぬしのおほかみ》ぞ」と。天皇、是《ここ》に惶畏《かしこ》みて白《まを》したまひしく。「恐《かしこ》し、我が大神、うつしおみ有らむとは、覚《さと》らざりき」と白して、大御刀《おほみたち》及《また》弓矢を始めて、百司《もものつかさ》の人等の服せる衣服《きぬ》を脱がしめて、拝《をろが》みて献《たてまつ》りき。しかして、其の一言主大神、手打ちて其の捧げ物を受けたまひき。故、天皇の還り幸《いでま》す時に、其の大神、山の末を満《み》てて、長谷《はつせ》の山の口に送り奉りき。故、この一言主大神は、その時に顕《あらは》れたまひしなり。

『日本書紀』は雄略天皇四年二月条に、似た話を載せている。

天皇、葛城山に射猟《かり》したまふ。忽《たちまち》に長《たきたか》き人を見る。来《きた》りて丹谷《たにかひ》に望めり。面貌容儀《かほすがた》、天皇に相似れり。天皇、是《これ》神なりと知《しろ》しめせれども、猶《なほ》、故《ことたへ》に問ひて曰《のたま》はく、「何処《いづこ》の公《きみ》ぞ」とのたまふ。

『古事記』では、天皇は神だと知らずに出会い、問うているのに、『日本書紀』は神だと承知していながら、あえて問うている。この点が第一の相違点である。

長《たきたか》き人、対《こた》へて曰《のたま》はく、「現人之神《あらひとのかみ》ぞ。先づ王《きみ》の諱《みな》を称《なの》れ。然《しかう》して後にいはむ」とのたまふ。天皇、答えて曰はく、「朕《われ》は是《これ》、幼武尊《わかたけのみこと》なり」とのたまふ。長き人、次《つぎて》に称《なの》りて曰はく、「僕《やつかれ》は是、一言主神なり」とのたまふ。

『古事記』は、神が「葛城の一言主大神ぞ」と名乗ったので、天皇は、神の「うつしおみ（「現人神」のこと）」であることを知らずに矢を放とうとしたことに恐縮し、刀や弓矢だけでなく、多くの官人の服まで脱がせて一言主大神に献じている。「拝《をろが》みて献《たてまつ》りき」という表現にも、葛城の神と天皇の関係がはっきりうかがえる。ところが『日本書紀』では、最初から神だとわかっていたのに、天皇は神にむかって「朕」といい、神は天皇に対して「僕」といっており、天皇が神より上位に立っている。これが第二の相違点である。

遂《つひ》に與《とも》に遊田《かり》を盤《たのし》びて、一《ひとつ》の鹿を駈逐《お》ひて、箭《や》発《はな》つことを相辞《こもごもゆづ》りて、轡《うまのくら》を並べて馳騁《は》す。言詞《ことことば》恭《ゐやゐや》しく恪《つつし》みて仙《ひじり》に逢ふ若《ごと》きこと有《ま》します。是《ここ》に、日晩《ひく》れて田罷《かりや》みぬ。神、天皇を侍送《おく》りたてまつりたまひて、来目水《くめかは》までに至る。是《こ》の時に、百姓《おほみたから》、ことごとく言《まう》さく、「徳《おむおむ》しく有《ま》します天皇なり」とまうす。

『古事記』では、刀・弓矢・衣服を天皇が一言主大神に献じたので、「捧げ物」をうけた礼として、神が天皇を「長谷の山の口」まで送っているのに対し、『日本書紀』では、共に猟をして友人になったので、神が天皇を来目水まで送っている。これが第三の相違点である。

さらに、『古事記』は話の結びで、「一言主大神、その時に顕《あら》はれたまひしなり」と、神に力点をおくのに対し、『日本書紀』は、天皇に徳があったから神と共に猟をしたと民衆が言っていたと書いて、天皇に力点をおく。右にあげた三つの相違も、『日本書紀』編者のこのような姿勢に起因している。

葛城の一言主神社（『延喜式』神名帳には「名神大社」とある。御所市大字角田に鎮座）の境内には、「蜘蛛塚」がある。神武紀に、葛城の地名起源説話として、

土蜘蛛《つちぐも》有り。其の為人《ひととなり》、身《むくろ》短《みじか》くして手足長し。侏儒《ひきひと》と相類《あいに》たり。皇軍《みいくさ》、葛《かづら》の網《あみ》を結《す》きて、掩襲《おそ》ひ殺しつ。因《よ》りて改めて其の邑《むら》を号《なづ》けて葛城《かづらき》と曰《い》ふ。

いるのである。

とある「土蜘蛛」にちなんだ塚である。

一言主神は、天皇権力から「土蜘蛛」と呼ばれる「順《まつろ》わぬ鬼《もの》」たちの信仰する「順わぬ鬼神《かみ》」なのである。そうした鬼神は天皇権力に「順う」べきだという視点から、正史の『日本書紀』は書かれているのである。

まつろわぬ神の化身の大猪と雄略天皇

『日本書紀』編者のこのような発想は、もう一つの話では、前例よりもっと露骨にあらわれている。この話は記・紀の両方に見られ、葛城山へ登った雄略天皇が「大猪《おほゐ》」に会ったと書かれている。ちなみに、ヤマトタケルが伊吹山に登ったとき、『古事記』では「白猪《しろゐ》」が山の神の使いとしてあらわれるが、『日本書紀』は「白猪」を「大蛇《をろち》」とし、「山の神が化した」と書く。このように、猪や蛇が山の神または神使とみられている以上、葛城山中にあらわれた猪も、山の神(一言主神)の化身か神使とみてよいであろう。

『古事記』は、天皇は大猪を鳴鏑《なりかぶら》(鏑に穴をあけ、飛ぶときそこから空気が入って響きを発する矢)で射ると、猪は怒ってうなりながら襲ったので、天皇はそのうなり声をおそれ、榛《はり》の木に登って次の歌をうたったと書く。

やすみしし　わが大君の　遊ばしし　猪《しし》の　病猪《やみしし》の　うたき恐《かしこ》み　わが逃げ登りし　在峰《ありを》の　榛《はり》の木の枝

「大君（天皇）が矢を射られた猪、手負いの猪の吼《うな》りの恐ろしさに、逃げ登った高い峰の榛の木よ」という意だが、この話は、天皇も山の神の化身の猪の前からは逃げるしかないことを示している。

ところが、この話を『日本書紀』はつくり変え、雄略天皇が葛城山で狩猟したとき、怒った猪をおそれて木に登って逃げたのを、天皇ではなく猟徒《かりびと》・舎人《とねり》らにし、天皇は逃げずに弓で猪を射ち、「脚を挙げて踏み殺したまひつ」と書いている。だから、『古事記』と同じ歌が、『日本書紀』では、逃げた舎人を天皇が斬ろうとしたとき、「舎人、刑《ころ》さるるに臨《のぞ》みて」作った歌になっている。

この歌を聞いた皇后は、斬ることをやめるよう天皇にいう。進言を聞いて天皇は、「皇后は天皇より舎人側に立っている」と文句をつける。この天皇の発言について皇后は、「猪のために舎人を斬るのでは、天皇は狼と同じだ」と忠告する。天皇はこの忠告で、斬ることをやめたとある。

日本古典文学大系本『日本書紀』の頭注は、この記述は『芸文類聚《げいぶんるいじゅう》』（唐の高祖の命で六二四年に完成した百科全書）に載る荘子・晏子の記述の引用だと指摘している。(32) たとえば、舎人を斬ることをやめて葛城山から帰る場面は、『日本書紀』の原文に、

天皇乃與㆓皇后㆒上㆑車帰。呼㆓萬歳㆒曰、楽哉。人皆猟㆓禽獣㆒。朕猟得㆓善言㆒而帰。

（天皇、乃《すなは》ち皇后と車《みくるま》に上《たてまつ》りて帰りたまふ。「萬歳」と呼《い》ひつつ曰《のたま》はく、「楽《たの》しきかな、人は皆禽《とり》獣《しし》を猟《か》る。朕《われ》は猟りて善言《よきこと》を得て帰る」）

とあるが、一方、『芸文類聚』（彦業部・田猟）の荘子は、

梁君乃與㆑龍上㆑車、呼㆓萬歳㆒曰、楽哉、人猟皆得㆓禽獣㆒。吾猟得㆓善言㆒而帰。

と書く。『日本書紀』は梁君を天皇、龍を皇后に変えているだけで、ほとんど同文である。

このように『日本書紀』編者は、漢籍の知識にもとづいて、伝承をすべて天皇讃美に変えている。こうした編集意図が、「まつろわぬもの」に「鬼」の字をあてる発想を生んだのである。

鬼征討のヤマトタケル伝説と記・紀

『日本書紀』が、天皇権力に従わない蝦夷を「まつろわぬ鬼《もの》」と書くのに対し、『古事記』は、天皇が倭建《やまとたける》命に、「東の方十二道の荒ぶる神とまつろわぬ人等《ども》を言向《ことむ》け和平《やは》せ」と詔したと書いている。

前章で述べたように、「ひと」を「もの」と表現するのは、「人間をヒト以下の一つの物体として蔑視した場合」である。正史の編者は、『古事記』の編者とちがって、蝦夷らを人以下とみて「もの」といい、この「もの」に「鬼」の字を用いたのである。

『古事記』は記さないが、『書紀』は、景行天皇が東国の平定に誰を派遣するかを群臣にはかったところ、日本武尊《やまとたけるのみこと》が「雄誥《をたけび》して」自分が行くといったと書き、討つべき「鬼《もの》」(蝦夷)について次のように書く。

> 其の東の夷《ひな》の中に、蝦夷《えみし》は是尤《これはなは》だ強《こは》し。男女交《まじ》り居りて、父子別無し。冬は穴に宿《ね》、夏は樔《す》に住む。毛を衣《まと》い血を飲み、兄弟相疑ふ。山に登ること飛ぶ禽《とり》の如く、草を行《はし》ること走《に》ぐる獣の如し。恩《めぐみ》を承《う》けては忘る。怨《あだ》を見ては必ず報ゆ。是を以て、箭《や》を頭髻《たきふさ》に蔵《かく》し、刀《たち》を衣の中に佩《は》く。或《ある》は党類《ともがら》を聚《あつ》めて、辺堺《ほとり》を犯す。或は農桑《なりはひのとき》を伺ひて人民《おほみたから》を略《かす》む。撃てば草に隠る。追へば山に入《い》る。故《かれ》、往古《いにしへ》より此来《このかた》、未《いま》だ王化《みおもぶけ》に染《したが》はず。

この記述は、酒呑童子などの鬼のイメージと同じであり、鬼のイメージの原点といえる。このあとに皇子の日本武尊を称讃した記述がつづき、最後に天皇が、

是《こ》の天下《あめがした》は汝の天下なり。是の位は汝の位なり。（中略）即ち、言《こと》を巧《たく》みて暴《あら》ぶる神を調《ととの》へ、武《たけきこと》を振《ふる》ゐて姦《かだま》しき鬼《もの》を攘《はら》へ

と詔《みことのり》している。

このように、『古事記』にまったく載らない記事を長々と記しているのは、天皇権力がヤマトタケルに東征を命じたと主張したいためである。

『日本書紀』は、天皇の権威で「鬼」を討つという意図で書いているから、中国の天子が征夷の将軍に斧鉞《ふえつ》を下賜する例を使って、天皇がヤマトタケルに斧鉞を下賜したとする。だが、斧鉞は実際に何の役にもたっていない。

役にたったのは、伊勢神宮の斎王《いつきのみこ》（斎宮《いつきのみや》）倭姫から賜わった「もの」だから、本来は伊勢神宮神威譚で霊力をもっていた「もの」を、『日本書紀』が天皇霊威譚の「もの」に改めたといえる。だから、『日本書紀』は天皇の命にタケルが「雄誥《をたけび》して」答えたと書くが、『古事記』はそのようなことは記さず、伊勢神宮に倭姫をたずねた話を、次のようにくわしく述べている（傍点引用者）。

命《みこと》を受けて罷《まか》り行《いでま》す時、伊勢の大御神の宮に参入《まゐい》りて、神の朝廷《みかど》を拝《をろか》みて、即ち其の姨倭比売命《をばやまとひめのみこと》に白《まを》したまひしく、「天皇、既に吾を死ねと思ほす所以《ゆえ》にか、何しかも西の方の悪しき人等《ひとども》を撃ちに遣はして、返り参上《まゐのぼ》り来し間、未《いま》だ幾時も経ぬに、軍衆《いくさびと》を賜はずて、今更に東の方十二道の悪しき人等を平らげに遣はすらむ。此《ここ》に因りて思惟《おも》はば、猶《なほ》、吾既に死ねと思ほしめすぞ」と、

恚《うれ》へ泣きて罷《まか》ります時に、倭比売命、草那芸剱《くさなぎのつるぎ》を賜ひ、亦《また》、御嚢《みふくろ》を賜ひて、「もし、急《にはか》なる事有らば、この嚢の口を解きたまへ」と詔《の》らしき。

ここで『古事記』は、「吾に死ねと思ほしめす」という言葉を二度も使っている。このように、ヤマトタケルは「恚へ泣きて」倭姫のところへ行き、「草那芸剱」と「御嚢」を賜わっているが、この二つの「もの」が、のちに彼の危難を救うのである。

『日本書紀』は、天皇がヤマトタケルに東国征討を命じるところでは、『古事記』の十倍弱のスペースをとっているにもかかわらず、倭姫については、

道を枉《よぎ》りて伊勢神宮を拝《おろが》む。仍《よ》りて倭姫命に辞《まかりまう》して曰はく、「今天皇が命《おほみこと》を被《うけたまは》りて、東に征きて諸《もろもろ》の叛《そむ》く者どもを誅《つみな》へむとす。故《かれ》、辞《いとまうまうし》す」とのたまふ。是《ここ》に、倭姫命、草薙剱を取りて、日本武尊に授けて曰はく、「慎《つつし》め。な怠《おこた》りそ」とのたまふ。

と書くだけである。

『書紀』は、ヤマトタケルが「草薙剱」だけを倭姫から賜わったとしているが、後段の焼津の話では、「燧《ひうち》」で難をのがれたと書いている。この「ひうち（火打）」について『古事記』は、倭姫が火急のときにあけなさいといって渡した袋のなかに入っていたと記している。このように重要な「ひうち（燧・火打）」の由来を欠落させていることからも、『書紀』編者の意図がわかる。

ヤマトタケルは伊吹山に登り、山の神の化身の「白猪《しろゐ》」にあい、その呪力によって病気になり死ぬが、それは倭姫から賜わった草薙剱を持っていなかったためである。このことからみても、この伝承は、天照大神に仕える巫女《みこ》（倭姫）の霊異譚である。天照大神は日神に仕える巫女が成り上がった神

だから、伊勢斎宮の倭姫霊異譚は伊勢神宮霊威譚でもある。

本来のヤマトタケル物語は、天照大神の霊威によって荒ぶる神を討つという物語であったのだろう。その話に天皇の霊威を追加して、天皇権力を底上げしたのが、正史『日本書紀』が語るヤマトタケル物語である。こうした編集意図によって、『古事記』には「まつろわぬ人」とある蝦夷が、『書紀』では「姦《かだま》しき鬼」となったのである。

このように、鬼の視点から見ると、「正史」のもつ「差別意識」「うさんくささ」が、はっきり見えてくる。

第四章　人を食う「目一つの鬼《もの》」と生贄

人を食う「目一つの鬼《もの》」

『出雲国風土記』の大原郡阿用《あよ》郷の条に、

昔、或人、此処《ここ》に山田を佃《つく》りて守りき。その時、目一つの鬼《もの》来りて、佃《たつく》る人の男を食《くら》ひき。その時、男の父母、竹原の中に隠りて居りし時に、竹の葉動《あよ》げり。その時、食はるる男、「動動《あよあよ》」といひき。故、阿欲《あよ》といふ。

とある。この『風土記』は、和銅六年（七一三）、中央政府の官命によって地方の国庁が筆録編述したもので、奈良時代の文献だから、この「目一つ」の「鬼」も「もの」と訓む。

「目一つの鬼《もの》」は、蝦夷などの「まつろわぬ鬼《もの》」よりも、「大笠を着て」朝倉山の上にあらわれた「鬼《もの》」にイメージが近い。朝倉山の鬼は朝倉山の山神や山人にかかわるが、山神や山人は「目一つ」とみられている。

柳田国男は、「山に住む神の目一つであったことだけならば、挙げ切れぬ程の記録がある」と「目一つ五郎考」で書き、「川童《かはわらは》は常に眼が二つであるのに、山童《やまわらは》になると一つに描いてをり、阿波土佐その他の山中に於いて、山人または山父と称し、よく人の意中を知るなどゝいふ霊物も、一眼にしてまた一足であるといってゐた。何故に独り山に住む異形のみが、そのやうな特徴を以てひろく知られてゐたかは、必ずしも気まぐれなる小さい問題でない」と書く。(33)

人を食う「目一つの鬼《もの》」は、「山田」にあらわれていることからみても山人・山神といえる。

柳田国男は、「妖怪談義」の一つ目小僧の項で、「越中の旧事を録した肯構泉達録巻十五に、婦負郡蘇夫嶽の山霊は一眼隻脚の妖怪にして、曽て炭を焼く者二人これに殺され、少し水ある芦茅に投げ棄てゝあり、又麓の桂原と謂ふ里の者夫妻薪を採り登りて殺さる。脳を吸ふと見え頂きに大なる穴が明いて居た」と書いている。(34)「目一つの鬼《もの》」が人を食う話と、一眼隻脚の山霊が人を殺して脳を吸ふ話は似ている。

図3 『大昔化物双紙』の一つ目小僧

大護八郎は、『山の神の像と祭り』で、青森県弘前市新和大字種一では山の神祭は旧十二月十二日におこなわれると書き、「この日は吹雪が烈しい日で、野原に出ると山の神に捕えられるといふので、特に半日休む風習がある。山の神は吹雪を幸ひに、背には大きな叺《かます》を負ひ、人間を捕へに里に出てくるといふ。特に小児が好きだといふ。この神の姿を見た人はないが一眼隻脚だといふ」と書いている。(35)食われたり、殺されて脳を吸われた話ではなく、捕える話だが、捕えることは食うためとみられるから、山の神が一眼隻脚であることからみて、根は同じであろう。

関東と伊豆地方には、二月と十二月八日に片目の大目玉の妖怪（図3）があらわれるという伝承があり、この日を「大眼《だいまなこ》」（訛って「デエマナク」）という。伊豆地方では「目一つ小僧」、南多摩から神奈川県北部では一つ目の「メカリ婆さん」（「メカリ」は「メカチ（片目）」の転であろう）、神奈川県津久郡では「ヒトツマナコ」があらわれるといわれている。この日は、目籠《めかご》・笊《ざる》・篩《ふるい》などを竿《さお》の先に付けて屋外に立てる。理由は、人間の家にはこのような目の数の多いものがいるのかと、一つ目の妖怪が思いこみ、驚いて退散するからだという。また、目籠《めかご》の竿に柊《ひいらぎ》などをつけて出す風習も広くおこなわれており、葱《にんにく》や韮《にら》・蕃椒《とうがらし》を焼き、悪臭を出す所もある。これも片目の妖怪を追い払うためだが、この妖怪も「目一つの鬼」である。

こうした妖怪（鬼）も、山から来るとみられていた。

『稲生物怪録』と天目一箇神《あまのまひとつのかみ》

図4のように、江戸時代後期の『百鬼夜行絵巻』（詞書に、制作年は「天保壬辰」の年（一八三二年）とある）の山童《やまわらわ》は、一眼である。柏正甫が稲生平太郎（のちに「武太郎」と称す）の武勇談をまとめた『稲生《いのう》物怪録《もののけろく》』（天明三年（一七八三年））の内容を絵巻にしたのが『稲生物怪録絵巻』だが、平太郎の

図5 『稲生物怪録』の一つ目の妖怪

図4 『百鬼夜行絵巻』の山童

図6 『稲生物怪録』の一つ目の童子

家にあらわれたのは、図5のような一つ目の妖怪（鬼）で、隣家の権八の家には、図6のような一つ目の童子があらわれている。

『日本書紀』の天孫降臨の条は、

天目一箇神《あまのまひとつのかみ》を作金者《かねたくみ》とす

と記しているが、この神は「目一つの神」である。山童のみが一つ目なのは、「作金者」が山とかかわるからであろう。金工と一つ目と鬼については、若尾五雄の『鬼伝説の研究——金工史の視点から』『金属・鬼・人柱その他』にくわしい。(36)『稲生物怪録』の舞台は広島県三次市だが、倉本四郎は、三次の「市役所に確かめてみると、ここらの山中にタタラのあとが多く残っているという」と、『鬼の宇宙誌』で書いている。(37)

タタラは製鉄用の大きなふいごで、製錬場もタタラという。こうしたタタラは、木炭を多量に使うので、山中にある。タタラから風を送り、強い火力で鉱石・砂鉄を溶解するとき、炉の火力を穴から片目でみるから、長い年月に片方の目をやられる人が多い。こうしたことから作金者が天目一箇神といわれたのだろうが、『出雲国風土記』の一つ目の鬼も、そのような山の鬼であろう。

阿用郷（島根県大原郡大東町東阿用・西阿用・上阿用・下阿用）は鉱産地で、阿用の水鉛（モリブデン）はわが国の生産額の九〇パーセントを占めていた。『出雲国風土記』大原郡の項にみえる阿用社は、現在の剣神社（大東町東阿用字宮内）だが、水鉛鋼は刀剣の硬度を強くするのに欠かせないから、それにちなんで剣神社に社名が変わったのである。剣神社は標高三〇八メートルの磨石山の麓にあるが、この山名も鋼鉱石を出す水鉛鉱と無縁ではないだろう。金成《かねなし》という小字名がある下阿用には、佐世鉱山があった。

この大東町から西南へ行き、タタラ製鉄で有名な中国山地を越して平地に出たところに、『稲生物怪録』の三次《みすぎ》市があり、大東町から東南して中国山地を越すと、鳥取県日野郡日南町に至る。日南町宮内の楽々《ささ》福《ふく》神社の祭神は一つ目の神である。このあたり一帯は、印賀鋼で有名な地であり、日南町下岩見の大倉山には銀山があった。この地には、孝霊天皇が鬼を退治した伝説がつたわっている。

柳田国男は「一目小僧」で、日南町印賀にある楽々福神社の神は、「竹で眼を突いて一眼を失はれたといふ言ひ伝へ」があると述べているが、(38)『出雲国風土記』の「阿用《あよ》」の地名伝承では、鬼に食われた男の父母が竹原のなかに隠れたとき、竹の葉が「動《あよ》」いだので、食われる男が「動動《あよあよ》」といったとある。竹・一つ目・鬼が、阿用と印賀の両方で語られている。

このように、タタラ製鉄の中国山地の北と南に、それぞれ共通した一つ目の鬼（神）の話があり、伝承地が非農耕民の作金者とかかわっていることからみて、一つ目の鬼（神）は天目一箇神といえるだろう。

『出雲国風土記』の大原郡阿用郷の人を食う一つ目の鬼は、山田の佃《たつく》る人を食う山の神と考えられるが、天目一箇神も、金山彦神と同一視されるなど、山の神のイメージをもっている。

「正月事」と山の神

『琉球国由来記』にも、十二月八日に作る鬼餅に関連して、人を食う鬼の話が載る。

昔、琉球本島の金城嶽に鬼の兄妹が居り、兄の鬼が人を食うので、村人の願いで妹の鬼が兄を懲《こ》らしめることになった。妹は同じ餅だといって、自分は米餅を食べ、兄には鉄を入れた餅を食べさせ、裾《すそ》を開いて女陰をあらわしたので、兄の鬼は、「血を吐くその口は何か」と聞いた。妹は「下の口は鬼を食う口、上の口は餅を食う口」といったので、兄の鬼は驚いて崖下に落ちてしまった。それ以来、毎年十二月には、家々で鬼を祭り、鬼餅を食べるようになった、という伝承である。

この話には一つ目伝承はないが、人を食う鬼に鉄入りの餅を食わせていること、金城嶽という山に鬼が住むことなど、人を捕えて食う一つ目の山の妖怪や、『出雲国風土記』の人を食う「目一つの鬼《もの》」と共通点がある。

沖縄の鬼の話は十二月八日だが、中部・関東地方で、「大眼《だいまなこ》」「目一つ小僧」「ひとつまなこ」と呼ばれる片目の妖怪があらわれる日も、十二月八日である。この十二月と二月の八日を「事八日」という。

江戸時代から、十二月と二月の八日を「事《こと》始《はじめ》」「事《こと》納《おさめ》」といって区別しているが、どちらを「始」というかは一定していない。「事」を「正月事」とみる場合は、十二月八日を「事始」といい、二月八日を「事納」という。一年の「事」とみる場合は、二月八日を「事始」、十二月八日を「事納」という。

しかし、「事」は祭事《まつりごと》の「事」で、歳神を祭る「正月事」の「事八日」だから、本来は十二月八日が「事始」で、「正月事」のおわる二月八日が「事納」であった。その「事」を一年の「事」とみるようになったため、「事始」が十二月、「事納」が二月になったのである。

「正月事」は、かつては十二月中旬からおこなわれていた。それが十二月八日になったのは、「正月事」が神仏習合でおこなわれるようになったからで、歳神《としがみ》が山から里へおりてくるのと、釈迦が雪山《せっさん》で苦行し悟りを開き山からおりてきた十二月八日とを、重ねたのである。この日、寺では「臘八会《ろうはちえ》（「臘」は十二月の意）」という行事をおこなっている。

「事始」の十二月八日に出る妖怪が一つ目なのも、山から来るからである。沖縄の人を食う鬼の話も十二月八日にちなんだ話で、餅が登場するのは、この日を「事始」とみていたからだが、鬼は金城嶽に住むといわれており、やはり山とかかわっている。

前述（五三頁）した弘前市の山の神祭に、一つ目一本足の山の神が人間を捕えるという話は、十二月十二日のこととなっているが、釈迦の出山に合わせて八日になる前は、十二月が山の神の年越祭とされていた。『遠野風土記』によれば、岩手県遠野地方では、十二月十二日は山の神の年越祝の日で、山の神が木の本数を数えているから、この日に山へ入ると木の本数に加えられ、山から出ることができなくなる。だから山へ入るなといわれていたという。弘前市の話も十二日だから、遠野の話と同じに、山へ入ったり近寄ったりするなと警告するための伝承であろう。

遠野の話では、十二日は山の神の年越祭りだから山へ入ってはならないが、十三日は年越祭りがおわった新年の「事始」だから、この日に山へ入って年木《としき》を伐るという。十三日を「正月事始」といって年木を伐りに山へ入る例は各地にある。それを節木伐り（宮城）、立初め（福島）、木伐祝（鹿児島）、小柴刈り（大阪）、柴立節句（長崎）などという。門松も広い意味の年木である。

十二月十三日の「正月事始」の日に、門松その他の飾り松を山へとりに行くことを、「松迎え」という。佐渡では「もの迎え」という。鈴木棠三は、「松を神霊の宿る木とする信仰からモノと呼んだ」と書くが(39)、門松などの年木を、中部・関東地方では「鬼木」という。山からとってきた木を、一つ目の山の神の霊がこもった「もの」とみて、山の神＝鬼《もの》という発想で「鬼木」といったのであろう。

このように、「正月事」にかかわって一つ目の妖怪が出るのだから、『出雲国風土記』の「目一つの鬼《もの》」も、「正月事」にかかわる伝承であろう。

生贄としての「佃《たつく》る人」

『出雲国風土記』の「目一つの鬼《もの》」だけでなく、越中（富山県）の蘇《そ》夫《ふ》嶽《たけ》の「一眼隻脚」の「山霊」も、人を殺し脳を吸う。青森県弘前市の「一眼隻脚」の山の神も食うために人を捕え、沖縄本島の金城嶽の鬼も人を食う。山の神とみられるこうした妖怪・鬼が「正月事」にあらわれることから、それを追い払うため目籠などを屋外に立てる風習が生まれたのであるが、本来この山の神は歳神である。『古語拾遺』（大同二年〈八〇七〉に成立した斎部広成編纂の書）は、この歳神（御歳神）について次のように書く。

一昔在《むかし》、神代に大地主神《おほところぬし》、田を営《つく》る日、牛宍《うしのしし》を以て田人《たひと》に食《く》はしむ。時に御歳神の子、其の田に至りて饗《あへ》に唾《つばきはいかけ》て還りて以て、状《そのかた》を父に告《まを》す。御歳神怒を発して、蝗《いなご》を以て其の田に放つ。苗葉忽《たちまち》に枯損《うせ》て篠竹に似れり。是に於て大地主神、片巫《かたかうなぎ》・肱巫《ひぢかうなぎ》をして其の由《ゆへ》を占ひ求めしむるに、御歳神祟《たたり》を為す。宜《よろ》しく白猪・白馬・白鶏を献りて、以て其の怒を解くべし。教に依りて謝《のみ》り奉《いの》る。

歳神が怒ったのは、獣肉は「山人」や山の神（歳神）が食うべきものなのに、大地主神が「田人」に牛宍（牛肉）を食わせたからである。だから、怒って祟った歳神に猪などを献じている。

山の神が要求しているのは動物（猪・馬）と鶏であり、「田人」も牛肉を食べており、「田を営《つく》る日」の祭儀なのに稲や米や餅などが登場していない。『古語拾遺』のこうした歳神への動物供儀から推察すると、『出雲国風土記』の「佃《たつく》る人」が「目一つの鬼《もの》」に食われたのは、供儀の生贄《いけにえ》とみられる。

折口信夫は、山の神は「春二月八日頃から秋の刈り上げにかけて、田の神となって、ずっと田につめてゐると考へてゐる。刈り上げ後は、田の神は山の神になる」と書き(40)（二月八日を正月事の「事納」「事始」というのは、山の神が田の神になる日だからとも考えられる）、「更に古い信仰では」、田の神は春田打ちの旧暦二月に田におりたあと、いったん山へ戻り、「田植の時に、も一度来る」と考えられていたと述べている。

『古語拾遺』の「田を営《つく》る日」は、たぶん春田打ちのときだろうが、この行事も「正月事」といえる。そのとき山の神に生贄を出したことは、『播磨国風土記』の二つの記述から推測できる。讃容《さよ》郡の条に、

玉津日女命、生ける鹿を捕《と》り臥《ふ》せて、その腹を割《さ》き、其の血に稲種《ま》きき。仍《よ》りて、一夜《ひとよ》の間に苗生ひき。

とあり、加毛《かも》郡の条には、太水《おおみず》の神が、

吾《あ》は、宍《しし》の血を以《も》ちて佃《たつく》る。故、河の水を欲《ほり》せず。

とある。鹿などの宍《しし》（動物の肉）の血が稲作に必要だったから、生贄を求めたのであろう。

長野県の諏訪大社の御頭《みかしら》祭（旧三月酉《とり》の日）は「千鹿頭《ちかとう》祭り」ともいうが、そのとき供えられる鹿の頭について『官国弊社特殊神事調』は、「当日社頭に持来るものの中には、生血の滴るものもあるのも其の侭《まま》を奉るなり」と書いている。「千鹿頭」は「血方」とも書くから、「ち」は数の多さを示す「千」の意味だけでなく、「血」の意味もあったのだろう。

ところで、玉津日女命や太水の神が田作りに血を用いても、大地主神のように歳神から怒られないのは、歳神と同じ山の神だったからであろう。

玉津日女命は、前述の血の儀礼をおこなったあと賛《さ》（佐）用都比売《よつひめ》命と名乗るが、この女神が鹿を放ち鹿を捕った山を「鹿庭《かには》山」というと、『播磨国風土記』は書く。女神は鹿庭山の神なのである。

この山について、

　山の四面《よも》に十二の谷あり。皆、鉄を出す。

と書かれているのも無視できない。

また、水分《みくまり》神社がすべて山中にあるように、水源は山だから、太水神も山とかかわっている。山の神の生贄の「宍《しし》」の血を管掌する水の神が、太水神なのである。

これらの記述からみると、古代人は生血を、生命の源泉とみていたことがわかる。食われて血を流すことは、田の豊饒を約束することだから、「目一つの鬼《もの》」は山の神・歳神でもあり、「佃《たつく》る人」は生贄の鹿・猪にあたり、食われたとき流れる血は、玉津日女命や太水命の説話の鹿の血・宍《しし》の血と同じである。

これらの山の神と天目一箇神が無縁ではないことは、鹿庭山から鉄が出ることからもいえるが、井上通泰は、鹿庭山が現在の大撫《おおなで》山であることを『播磨国風土記新考』で論じて、

佐用都比売神社の西方十町許に大撫《オホナデ》山あり。佐用・幕山・江川の三村に跨れり。此山にあまたの谷あり。就中東麓長尾の字本谷の奥をカナクソ谷といひて今も砂鉄と鉄滓とを見る。又此谷に神場《カンバ》神社といふ無格社あり。棟札には神羽大明神と記せり。俗に鞴の神と称し又「カンバ様は目が一つ」と云伝へたり。

カンバはカニハの訛にて所謂カンバ様は鍛冶の祖天目一箇神《アマノマヒトツノ》を祭れるなり

と書いている(41)。

なお、『日本書記』の神代紀には、

天の真名《まなか》鹿の皮を全剝《うつはぎ》にはぎて天の羽鞴《はぶき》(鞴《ふいご》)に作る。

とあるが、腹を割いて殺した鹿庭山の鹿の皮も、製鉄用の鞴にしたのだろう。そして、鹿の血は稲作の豊饒祈願の呪術に用いられたのであろう。

動物供儀の諸例

田作りのための生贄とはちがうが、『今昔物語集』や『宇治拾遺物語』にみられる三河国の風祭では、猪が生贄となり、生きながら料理され、祭に参加した人々によって共食されている。また、中山

太郎は「動物犠牲考」で、獣・鳥・魚の供儀について述べている(42)。獣については、次のような例を示す。

丹波国氷上郡本郷村大字本郷の阿知観神社の祭日には、山狩りして鹿を捕り、社に懸けて贄にする。後年鹿が捕れぬやうになり、三歳の牛の子を射て供へたが、これが為に、村内の牛は、三歳になると悉く死ぬので、馬を飼ふやうになった。(『丹波志』巻十一)

美作国苫田郡一宮村中山神社では、毎年正月十五日に、大菅山で鹿狩りをなし、二頭を獲て社頭に供へる。これを十六日牲《にへ》として祭典を挙げる。(『美作国神社資料』)

讃岐国仲多度郡吉田村の、九頭龍神社の祭事には、鹿を薦めるが、片骨も余さず食べてしまふ。その嚙む音が、外に漏れ聞えると云ふことである。(『全讃史』巻六)

土佐国香美郡の川上神社の例祭には、往古は猪を供へ、これを「かけじし」と云った。若し猪が捕れぬときは祭典を延引した。何時の頃か、猪が捕れぬので、同郡暁霞村大字五百蔵の牛の子を殺して代供したが、神慮にかなはぬとて祟りがあった。(土佐群書類従本御子神記事)

日向国諸県郡田之浦村山宮明神では、陰暦二月、九月の初卯の日に、牲狩の神事がある。その時に得た鹿と猪を携へて、社殿を三度廻るを故事とする。そして神社の左方を流れる、安楽川に浸して置いて、祭日に神社に供へる。(『三国名勝図絵』巻六十)

同国西臼杵郡椎葉村の狩猟の慣習によると、山中で猪を捕ると、直ちに腹を割き、コウサキ(心臓)を取り出し、その尖端を切り山の神に献ずる。(『後狩詞記』)

大隅国囎唹郡重久村の、止上神社の近傍に、隼人塚と云ふがある。景行帝が討伐した隼人の首塚だと伝へてゐる。毎年正月十四日に贄祭りを行ふが、その時には、村民贄狩りをして猪を捕り、その肉を三十三本の串に挿して地に立てる。(『三国神社伝記』巻中)

肥後国宮地町阿蘇神社では、毎年二月卯の日に、下野狩場で、白木の弓・白羽の箭を以て、鹿・猪を射取り、神前に供へた。阿蘇の贄狩りとて、有名なものである。(『増補肥後国志』巻下)

諏訪大社の御頭祭では、鹿の頭を七十五個供物として献じる。この祭は、諏訪大社が建御名方神を祭神にする前から祭っていた山の神、狩猟神である千鹿頭《ちかとう》神の祭である。たぶん、鹿の頭が供献されるようになる前には、殺されたばかりの鹿そのものが供物だったのであろう。

これらの動物供儀は、主に山の神への生贄であるから、『出雲国風土記』の山田を作る人が食われる話も、山の神としての「目一つの鬼」への生贄とみられる。

尾張大国魂神社の「神男《しんおとこ》」

問題は、生贄として動物供儀はあったとしても、はたして人間を生贄にしたか否かである。一般には、人間を生贄にするのをやめたあと、動物が生贄になったとみられているが、西郷信綱は、そうではなくて、「獣類のイケニへのことが核となり、それが説話的に人身御供の話へと転化していったのではないだろうか」とみている(43)。

この西郷説を赤坂憲雄は批判し、「供儀のイケニエは本来、共同体の内部の人間であった」と書く(44)。私も人間の生贄はあったとみる。

堀一郎は、加藤玄智が一九三一年に英文で発表した「尾張国府宮の『なおえ』祭、鬼やらいの神道儀礼——わが国における人身供儀と悪魔ばらいの古代宗教的慣習に関する研究」を、『民間信仰史の諸問題』で紹介している。(45)

尾張の国府宮《こうのみや》は、愛知県稲沢市国府宮町にある尾張大国魂神社のことで、祭は旧暦一月十三日におこなわれる追儺祭《ついなさい》である。昼祭は、有名な裸祭からはじまる。裸祭がクライマックスになったころ、儺負人《なおいびと》の神男《しんおとこ》（心男とも書く）が直会舎《なおえしゃ》（一種の精進の仮屋）からあらわれ、定められた場所へ突進する。それを見た何百人という裸の男たちは、神男に殺到し、彼らのわざわいを儺負人の神男にふりつけるべく、身体をこすりつける。そのため神男の皮膚は破れ、肉が裂けることもあるという。神男はまもなく直会舎に戻って昼祭はおわる。

夜祭は翌朝午前三時ごろからおこなわれる。神男は、何本かの蠟燭《ろうそく》を立て、土餅という灰と土をまぜた大きな鏡餅に一個の人形を添えたものを背負ってあらわれ、蠟燭に火が点じられると神社から逃げ出す。それを鉄鉾《てつぼこ》を持った者を先頭に神主や参詣人が追いかける。参詣人は、神社からくばられた礫《つぶて》（柳と桃の枝の皮をむいて、二センチほどの管に切り、紙でつつんだもの）を神男めがけて投げつける。これは節分の夜に、仮装の鬼に豆を投げて追い払う行事と同じである。神男は神社の周囲を三回まわったあと、富士塚という土壇のそばに土餅を埋めて家に帰る。

昔は、神男が追われ、力つきて倒れたところに土餅を埋めたが、その場所は災難や罪穢《けが》れの埋まった場所として、タブー視されていたという。

堀一郎によれば、加藤玄智はこの行事を「人身供儀の痕跡」とし、神男を「命あがない人」といっ

図7 『尾張名所図会』の儺追神事

ている。ということは、土餅を埋めただけでなく、力つきて倒れた神男を埋めたこともあったのだろう。

加藤玄智が資料に用いたとみられる『神道名目類聚抄』(『国府神記』所収)には、

土ニテ餅ノ如キノカタチヲ造テ、彼人ノ背ニ負セ、青銅一貫文ヲ以首ニカケ、追逐テ走リテ必例絶入ス、暫クアリテ正気出テ元ノ如シ、則走退ク、其倒シ処ニ塚ヲ築キ土ノ餅ヲ納ム、此神事社家ニ伝テ深秘ス

とある(傍点引用者)。江戸時代のこの「儺《な》負《おい》神事」については、津田豊彦も『日本の神々10・東海』の「尾張大国霊神社」の項でくわしく書いているが、「神主・社人は抜刀して社外一里の外まで儺負人を追い立てる。儺負人は最後に息も絶え絶えになって路傍に倒れ、そのひょうしに土餅と大形代が地上に投げ出されると。追って来た社人はただちにそこの土を深く掘って土餅を埋める」

と書く[46]。そこで儺負神事はおわっている。

『神道名目類聚抄』が、「社家ニ伝テ深秘ス」という「此神事」は、「其倒シ処ニ塚ヲ築キ土ノ餅ヲ納ム」神事だが、なぜ「深秘」なのか。「必倒絶入ス」のあと、「暫クアリテ正気出テ元ノ如シ、則走退ク」人もあったろうが、「必例（必ず倒す）」し「絶入ス（絶え入らす）」ことによって、死ぬ人もあったのだろう（「絶入ス」には死なすの意もある）。土餅と共に神男（儺負人）も埋めたので、「深秘」にしたと考えられる。『責而者艸』（初編・三）は、「土餅ヲ作ラセテ其ノ牲《にへ》ヲ替ヘラル」とあるから、本来の「イケニヘ」は神男で、神男が埋められる代りに土餅が埋められるようになったのであろう。「塚」と書くのも、そのことを暗示している。

このような役だから、『尾張名所図会』『神道名目類聚抄』などによれば、江戸時代までは、社家が若者に武器を持たせて通行人や旅人を捕えさせ、今の直会舎、昔の大日堂に拘禁し、精進を強い、神男にしたという。近村の人々は、祭が近づくと外出を避けたから、かなり遠方まで出かけなければ神男を仕立てることができなかったが、ときには領主の飛脚などを捉えてトラブルをおこしたという。

「殺される王」とスケープゴート

堀一郎は神男について「中部クィンスランドの悪霊モロンガに扮する男が、赤土と羽毛で扮装し、羽毛をつけた槍をもって見物のなかに飛出してくるという伝承」や、「チベットの新年のラサの都で行なわれたという」スケープゴートになる「年の王」の習俗と似ていると書くが[47]、未開社会では共同体の首長がスケープゴートになることは、フレイザーが『金枝篇』で詳述している。
宮田登は、「神男」を『魏志』倭人伝に載る持衰《じさい》と重ねている。(48) 持衰について倭人伝は、

其の行来《こうらい》、渡海して中国に詣《いた》るには、恒《つね》に一人を使《し》て、頭を梳《くしけず》らず、蟣蝨《きしつ》を去らず、衣服は垢汚《こうお》し、肉を食さず、婦人を近づけず、喪人《そうじん》の如くせしむ。之《これ》を名づけて持衰《じさい》と為《な》す。若《も》し行く者、吉善《きちぜん》なれば、共に其の生口《せいこう》・財物を顧《こ》す。若し疾病有《あ》り、暴害に遭《あ》へば、すなわち之《これ》を殺さんと欲す。其の持衰、つつしまずと謂《い》へばなり。

と書いている。
松本清張は、持衰の「ほんらいの意味は、他人の喪をひきうける人という。そういう専門家である。巫者に近い性格であったろう」と書いて、持衰を『魏志夫余《ふよ》伝』の王と重ねている。(49) 倭人伝も夫余伝も、『魏志』の「東夷伝」に載るが、夫余の項に、

旧《もと》、夫余の俗、水旱調《すいかんととの》わず、五穀熟《みの》らざれば、輒《すなわ》ち咎《とが》を王に帰し、或は当《まさ》に易《か》うべしと言い、或は当に殺すべしと言う。(よって) 王麻余は死し、その子依慮、年六歳を立てて王となす。

とある。「水旱」の「水」は洪水、「旱」は旱魃《かんばつ》のことだが、この記事の麻余王を、持衰と同じだと松本清張はみる。そのうえで松本は、倭人伝の「卑弥呼以て死す」の「以て」を「もって」と読まず、「よって」と読み、「卑弥呼は鬼道の祭司である」が、「皆から共に立てられた『一時的』な『祭司的王』であった」から、狗奴《くな》国との戦いでの「敗戦の責により」、「諸部族長たちに殺された」と推測する。そして、この推論を裏づけるために、フレーザーの『金枝篇』(主に上・中巻) に載る「一時的な祭祀王」が殺される例をいくつか記す。(49)

佐伯有清も、未開社会の「王殺し」の例をあげて、松本清張の卑弥呼殺しを認めている。(50)卑弥呼が殺されたとする説の賛否は保留するが、持衰と麻余王が殺されたことには、同じ意味があるだろう。

これらの例では、巫祝・巫覡王が力を失ったために殺されているが、フレーザーのあげる「一時的な祭祀王」は、供儀の生贄として殺されている。持衰や麻余王が殺されるのも、生贄の意味をもったスケープゴートとしてであろう。

スケープゴートは、王そのものがなるのが本来の型だが、のちにはチベットの「年の王」のように、一時的な王・偽王をたてて、それをスケープゴートにした。スケープゴートには、いくつかの理由があるが、要は、すべての災厄・罪・穢《けが》れを背負うことである。持衰や麻余王の殺害も、司祭者が防げないほど強い災厄を麻余王や持衰に背負わせて追放し（死んでもらい）、再び同じひどい災厄にあわないようにするための供儀ともいえる。

西郷信綱はスサノヲを、天津罪を一身に背負って高天原から根の国・底の国に追放されたスケープゴートとして肉づけされた神格だとみているが、(51)宮田登はスサノヲを「王の身替りの生贄」とみて、「司祭者であり呪術師である王が、毎年蓄積される災厄を祓浄《ふつじょう》するのは、当然の義務とされた。王みずからが、生贄になることによって、次代の王位継承が約束される。そこで偽王をたてて、偽王を追放することによって、真の王位が成立するという王権継承の原理もある。スサノオノ命の追放は、そうした意味で真王アマテラスの王位を保証した儀式とも解されるのである」と書く。(48)

スサノヲについて水野祐は、朝鮮語の巫を意味する「ススング・スサング」と同系の「次次雄」が新羅の王号にあり、この言葉が日本へ入ってくると語尾が変化して「ススウ・スサウ」となるから、『スサ』ノ『男《ヲ》』」という神名は「呪術師的・巫覡的性格による命名であった」と述べている。[52]

「次次雄」は、新羅の第二代国王だが、朝鮮の『三国史記』は、「次次雄は、国の言葉で巫を言う」とはっきり書いて、「世間の人は巫が鬼神に事《つか》え、祭祀を尚《とうと》ぶので、巫を畏敬した。だから『尊長の人（王）』をいう言葉になった」という、金大問（新羅三十三代聖徳王の時代の学者）の言葉を記している。金大問のころには新羅王の巫覡王的性格が薄れていたから、このような説明がなされているが、本来は王が巫覡であったから、巫覡の意味の名が国王についたのであろう。新羅王も夫余王と同じ巫覡王なのである。そのことは、わが国の君主についてもいえる。邪馬台国の女王が代表例である。

宮田登は、天皇には「司祭者としての神聖王の性格が濃厚に残されていた」とみて、例として、『隋書』倭人伝の記事で、『倭王は天を以て兄と為し、日を以て弟と為す。天未だ明けざる時、出でて政を聴き跏趺《かふ》して坐し、日出づれば便《すなは》ち理務を停《と》め云ふ、我が弟に委ねん』とあるのは、夜中に忌籠りをして神事に仕える王があり、白昼は、俗事にたずさわる王が想定されている。具体的には、大化前代の推古女帝と聖徳太子の関係である。ここで注目されるのは、夜忌籠りする必然性である。予想されることは、俗界に生ずる穢れや災厄を祓浄する役割を、夜つとめる王が持っていたのではないかということだ」と書いている。

そして、例として、「大地震が起こると、年号を改定したりする。また大火災が京都に起こったりすると天皇は、自分の身代りの神主を縛《ばく》につかせて閉門させたことが江戸時代にみられた。流行病がはやると、天皇が病いを軽くさせるために、比叡山の猿が病気になったという言い伝えもある。天皇

の身代り、形代の機能が強ければ、王権の継承もより可能となった」とも述べている。(48)

「神男」は「年の王」と同じ、スケープゴートとしての一時《ひととき》の巫覡であり、『出雲国風土記』の「佃《たつく》る人」も「神男」や「殺される王」と同じスケープゴートなのである。

鬼に食われる話と死と再生

スケープゴートには、この世の罪・穢・災厄を背負って死んでいく生贄の面のほかに、生贄の流す血が五穀の生育・豊饒をもたらすという意味もある。そのことは『播磨国風土記』の記述で例示したが、**図8・図9**のマヤの生贄の絵も、そのことを例示している。

図8の絵を石田英一郎は、「切り裂かれたいけにえの胸から、みずみずしい植物の若芽の萌え出るさまを表わしたもの」と書いているが、(53)この絵は「生ける鹿を捕り臥せて、其の腹を割き、其の血に稲種《ま》きき。仍《よ》りて、一夜《ひとよ》の間に苗生ひき」という『播磨国風土記』の記述を、鹿と人のちがいはあるが、描いたものといえよう。

図9は、神官が神殿内の犠牲の祭壇で、生贄の胸を切っている絵である。神官は、胸を切り開くと生きた心臓をつかみ出し、皿に載せて別の神官に渡す。その神官は新鮮な血を神像の顔に塗る。こうした血の儀式は、死と再生の秘儀といえよう。

諏訪大社の御頭祭は千鹿頭《ちかとう》祭ともいうが、「血方祭」とも書き、血のしたたる鹿の頭をそのまま供えるのも、マヤの血の儀式と共通するものがある。殺された童男の血でなく、鹿の血である点がちが

図8　マヤの人身供犠
(ピエドラス・ネグラス　石碑)

図9　マヤの人身供犠
(チチェン・イッツァー“ジャガーの神殿”)

うだけである。

尾張大国魂神社の神男《しんおとこ》は倒れ、「絶入《たえいり》」し、神男が背負っていた土餅が埋められるが、土餅は神男の形代であることは前述した。土餅を埋めたところを「塚」といい、「塚」に埋められる土餅は「神男」の死を意味する。土餅を「塚」に埋めおわると、鉄鉾を鍬に見たてて田祭りをおこなう。鉄鉾は、神男を追って倒すまで、先頭に立って追う役が持つものである。この鉄鉾を用いていることは、殺された鹿の血から一夜にして稲が育つように、神男を殺した鉄鉾が再生の呪具であったからであろう。だから、この呪具を用いて田祭りがおこなわれたのである。この鉄鉾は鹿の血にあたる。

図9の供儀の場合も、心臓をとった生贄は、手足以外のすべての皮膚を剥ぎとられ、神官は自らの裸体に、剥ぎとった生贄の皮を着ける。そのことによって死者は再生するのである。だから、人々は生贄の皮を着た神官と共に踊る。石田は、この踊りが「この儀式の最も厳粛なクライマックスと考えられた」と書いているが、「神男」を殺した鉄鉾は生贄の皮にあたる。この鉄鉾を鍬に見立てた田祭りが、尾張大国魂神社の神事のもっとも厳粛なクライマックスであることからみても、同社の神事には死と再生の意味がこめられて

いる。

山城国鞍馬寺の生贄について、『本朝俗諺志』は次のように書く。

六月二十六日夜、毘沙門天（山州鞍馬）へ生贄を備ふ祭事あり。人ひとり中にとりこめ、十九坊よってこれを祈るなり。祈りころしたる時、面に水をそそぎて蘇生《よみがへ》らせ、やしろのうしろなる生贄の社に入れて、しばらく休ませぬれば、正気になるなり。

この記述からも、死と再生の儀礼がうかがえる。

『古事記』によれば、高天原から追放されたスサノヲは、出雲の肥の河上に降る途中、食物を大気都比売《おおげつひめ》神に乞い、この神を殺している。そのとき、
殺さえし神の身に生《な》れる物は、頭に蚕生《な》り、二つの目に稲種生り、二つの耳に粟生り、鼻に小豆《あづき》生り、陰《ほと》に麦生り、尻に大豆《まめ》生りき。故、是《ここ》に神産巣日御祖命《かみむすひのみおや》、これを取らしめて、種《たね》と成しき。

とある。

『日本書紀』神代紀（一書の十一）にも、月夜見尊《つきよみ》が保食神《うけもち》を殺したところ、頭に牛馬、額に粟、眉の上に蚕、眼に稗《ひえ》、腹に稲、陰《ほと》に麦と大小の豆がうまれたとある。

大気都比売神・保食神は穀神だが、スサノヲや月夜見尊は「目一つの鬼《もの》」にあたり、食われる「佃《たつく》る人」は穀神にあたる。

このような例からみても、『出雲国風土記』の話は、死と再生の死体化生神話が、鬼に食われる話に変わったものといえる。

「ひとつもの」と片目

宮田登は、尾張大国魂神社の神男と共に、伊勢国津の追儺《ついな》の鬼も『魏志』倭人伝の持衰《じさい》と同じだと述べている(48)。この追儺の鬼は、江戸時代に書かれた菊岡沾涼の『諸国里人談』に、次のように記されている。

勢州津の観音堂に、毎年二月朔日修法あって、鬼押えといふことあり。（中略）赤青の面つけたる者二人、異形の装束をきて、左右に手引とて究意の力者二人宛相従ひ、各手木をたずさへたり。後に又一人赭熊を被た者一人づつ帯にすがりて、両鬼前後に連り、堂の外を巡ること三遍なり。浦方浜方の者ども数百人樫の棒を手口に持て三度めぐるうちに、彼鬼を打事なり。左右の手引、尻付等はうつ事をいましめ、鬼ばかりをうつ掟なり（下略）

この行事は「鬼押え」といい、尾張大国魂神社の神男と同様、遠方にまで出かけて通行人や旅人を捕えてきて、鬼に仕立てたという（『伊勢参宮名所図会』）。

加藤玄智は神男を「鬼に扮する人」と書いているが、神男を「儺負人」というのは、鬼やらいの追儺の鬼の意味である。神男は「目一つの鬼」に食われる「佃《たつく》る人」と同じだが、一方、食われる側、追われる側、殺される側も、鬼とみられている。この鬼の二重性・両義性が重要である。

柳田国男は「鹿の耳」という文章で、諏訪大社の御頭祭の供物の七十五の鹿頭《しかかしら》のなかに、一頭だけ「耳割鹿《みみさけしか》」という耳を切った鹿頭があることをあげ、特に最上の御贄が、他と区別するために耳を切られたと書く(54)。

そして「一目小僧」では(38)、「耳割鹿」と同じなのが、「片目の魚」だとし、各地にある片目の魚の伝承は、池に飼っている魚のうち、神の供物・生贄にする魚を他の魚と区別するため、片目にしたことに由来すると書く。そして、神が目を突いて片目になったという各地の伝承は、同じ伝承だと述べている。

この伝承は、「ずっと昔の大昔は、祭の度《たび》ごとに一人づつの神主を殺す風習があって、その用に宛てらるべき神主は前年度の祭の時から、籤または神託によって定まってをり、これを常の人と弁別せしむるために、片目だけ傷つけておいたのではないか」と、柳田は推測している(38)。

「一目小僧」は大正六年発表だが、この論文について柳田は、「実はあまり大胆な説であるから、反証が十分有って打消されて見たいやうにも私は思ふのである」と書いている(38)。しかし、西郷信綱は、柳田がこのように書いたのは、「したたかな自信と、水ももらさぬ周到さを以て書かれた一文であるのにもとづくであろうか」と推測している(43)。

昭和九年発行の『一目小僧その他』は、この論文名を本のタイトルにしており、巻頭にこの論文を載せていることからみても、「大胆な説」に柳田は自信をもっていたと考えられる。

柳田のいう「神主」は、祠官を意味する現代の神主とはちがう。柳田は「頭屋《とうや》ともいひ或ひは一年神主とも一時上臈《ひとときじようろう》とも唱へて、特定の氏子の中から順番に出たり、もしくは卜食《うらはみ》によってきめたりする」「神の依坐《よりしろ》となる重い職分」をいう「神主」のことだと説明している(38)。「佃る人」も単なる農夫ではなく、こうした「一時神主」だったのであろう。食うほうも「目一つ」だが、食われるほうも

「目一つ」にされていたのである。

柳田は依坐《よりまし》（尸童《しどう》）としての一時神主の問題に関連して、「ひとつものと称する祭の役」について「祭と司祭者」で述べ、なぜ「ひとつもの」というかは、「明らかになって居ない」と書くが(55)、私は、「目一つのもの」の意の「ひとつもの」だと思っている。

柳田は、「ひとつもの」は童子がなり、行列を作って行く例が多いことをあげているが、原田敏明は『日本社会民族辞典』の「いけにえ」の項で、「現在諸社の祭礼にしばしば見る稚児またはこれに類するものが、神への人身《ひとみ》御供《ごくう》であると解され、かつ伝えられている場合も少くない。兵庫県養父郡建屋村船谷では、例祭の前日稚児は人身御供として神に供えられるため、葬儀に型どった行列を作って神前に到る」と書いている(56)（傍点引用者）。

耳裂鹿が奉納される三月酉日の諏訪大社の御頭祭の神使について、藤森栄一は、「上社の旧神楽大夫茅野氏をたずねたときの談話の中で、『神使に選ばれた御頭郷の十五歳の童男のうちに、祭後、ふたたびその姿をみたものがない例がうんとある。密殺されたものらしい。そこで、その選をおそれて逃亡したり、乞食または放浪者の子をもらい育てておいて、これをあてたことがある』ということを聞いた」と書いている(57)。

このような記述からみて、船谷の稚児、諏訪の童男も「ひとつもの」であり、「佃る人」も「ひとつもの」である。

食われる鬼と食う鬼

図10は、『百鬼夜行拾遺』のなかの「泥田坊《どろたぼう》」の絵である。子孫のためにいささかの田地を怠りなく耕作していた翁が死んだあと、子孫が大酒を呑んで農業を怠ったので、田地は人手に渡ってしまった。すると、その田地に、夜な夜な「目一つあるくろきもの」が来て、「田を返せ、返せ」といって、泥田に入って耕作したと説明がついている。

「目一つあるくろきもの」としてあらわれたこの鬼（泥田坊）は、「佃る人」を食う「目一つの鬼」の山の神と、山の神の生贄にされた「佃る人」が、一体になっている。このような泥田坊伝説からみても、「佃る人」は同時に「目一つの鬼」であることがわかる。

そのことは、先に引用した（六一頁）『古語拾遺』の記述からもいえる。大地主神は、「田を営《つく》る日、牛《うし》の宍《しし》を以て田人《たひと》に食はしむ」とあり、「田人（佃る人）」が「牛宍」を食べていることからも、この「田人」は単なる農夫でなく、「ひとつもの」である。ただし、歳神を無視して大地主神が勝手におこなったため、そのことを歳神の子が父に報告し、稲田の「苗葉忽《たちまち》に枯損《かれうせ》て篠竹に似れり」となってしまった。

苗葉が篠竹になったというが、『出雲国風土記』では、山の田を作っていた男が「目一つの鬼」に食われようとしたとき、男の父母が逃げこんだ「竹原」の竹の葉が「動《あよ》」いだので、「食はるる男、『動々《あよあよ》』と云ひき。故、阿欲《あよ》といふ」とあり、竹の葉を地名起源の原因にしている。ところが、前述

（五七頁）したように、この「阿欲」（島根県大原郡大東町阿用）と関係のある鳥取県日南町印賀の楽々《ささ》福《ふく》神社には、竹の葉（笹）で目を突いて片目になった神を祀るという伝承がある。

柳田国男は、「目一つ五郎考」で、「人丸大明神を祭る社多く、その由来として俗間に伝ふるものは、この上なく奇異である。一つの例を挙げるならば、旗川村大字小中（現在の栃木県佐野市小中——引用者注）の人丸神社に於いては、柿本人丸手負となって遁げ来り、小中の黍畑に逃げ込んで敵をやり過して危難を免れたが、その折に黍稈の尖りで片眼を潰し、暫くこの地に滞在した。そこで村民その霊を神に祀り、且つそのために今に至るまで、黍を作ることを禁じてゐるといふ」と書く(33)。

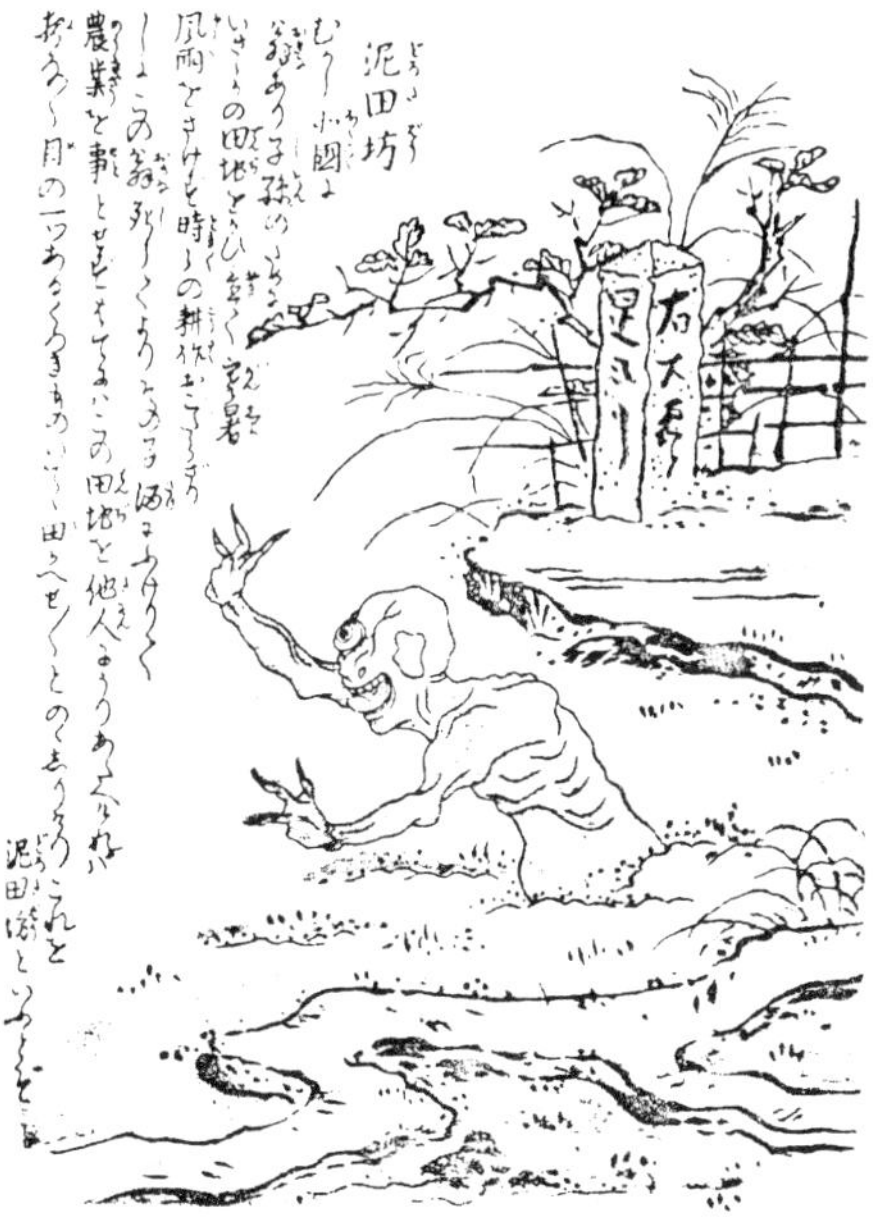

図10 『百鬼夜行拾遺』の泥田坊

この話では黍《きび》になっているが、小林吉一は、「柿本人麻呂のフォークロア——下野《しもつけ》の人丸様」において、栃木県下都賀郡大平町横堀の人丸神社に伝わる、「人丸様の篠竹を馬のムチにしていたため、落馬し、そのムチで目をついて片目になった」という話を報告している(58)。依坐《よりまし》（戸童）が手に持つ採物《とりもの》も「ひとつもの」というが、そのなかには篠竹がある。「人丸様の篠竹」とは人丸神社の採物のことで、それを馬のムチにしたため片目になったというのは、竹や黍で目を突いて片目になった話の変型である。人麻呂伝説では、人麻呂（人丸）は黍畑へ逃げ込んで目を突き、片目になっていることからみて、竹原へ父母が逃げ込んで竹が「動《あよ》」いだことから「動《あよ》」という地名がうまれたという話も、竹（たぶん篠竹）で目を突く話と関連していると思われる。

生贄となる「ひとつもの」も、他と区別されるために「目一つ」にされるが、片目になった（「ひとつもの」になった）人麻呂が神として祀られているように、「目一つの鬼」としての山の神（歳神・天目一箇神）と、その山の神に食われる「ひとつもの」も重なっている。言いかたを変えれば、食うほうも食われるほうも、同じ神（鬼）なのである。

沖縄の金城嶽の鬼の話でも、上の口で人を食う兄の鬼を、妹が下の口で食うとあり、食うほうも食われるほうも鬼である。

高天原から追放されるスサノヲは、前述（七一頁）したように、神男・神使・佃る人のような「ひとつもの」的性格をもっているが、大気都比売神を殺すスサノヲは、佃る人を食う「目ひとつの鬼《もの》」的性格をもっている。この両義性・二面性は、「鬼《もの》」から「鬼《おに》」へと変わったあとも存続する（くわしくは後続の各章で書く）。

オナリと生贄

中山太郎は「オナリの話」で、スサノヲらに殺される穀神（大気都比売神・保食神）が各地の「嫁殺し田」の伝承のもとになったとみている（オナリについては拙著『神社と古代王権祭祀』で詳述したが[30]、女性の「ひとつもの」である）。そして、八岐大蛇の生贄になった稲田媛を、稲田のオナリ姫とみる。[59]中山は書いていないが、稲田媛は「佃る人」にあたり、八岐大蛇は「目ひとつの鬼《もの》」と重なる。

オナリは主に田植神事に登場するが、中山太郎は『日本民俗学辞典』の「ヨメコロシダ」の項で、「古くオナリを田の神の犠牲として殺したのが、伝説となって斯く語り残されたのである」と書いて、各地の事例をあげている。[60]

石塚尊俊も、オナリは田植歌や田植神事に登場することを多くの事例で示し、「タタラオナリ」の例をあげ、この「タタラオナリ」は生贄となって殺されたのではないかとみて、いくつかの例をあげている。

その一例として、石塚は石見の鹿足郡日原村の岸田儀平から聞いた話を載せている。「いつの頃のことか、このあたりにも鑪《たたら》の守護神である山神さまの巫女として仕え、毎年霜月八日の山神祭のときなどには、ことに舞の上手を見せていた」娘が、十七のときに労咳《ろうがい》にかかって死に、地蔵尊のある峠の頂に葬られたという話である。石塚は、労咳にかかって死んだという話になっているが、山神さまの巫女が十七で死んで峠の頂に葬られたのは、犠牲《いけにえ》になったからだとみる。峠の頂に葬られた理由として、娘が寺の鐘の音を聞きたいからだと伝えられているが、梵鐘に娘や子供を鋳込んだ伝承があることからも、その娘は「タタラオナリ」だとみる。[61]

「タタラオナリ」の存在からみても、また「鑪《たたら》の守護神」の「山神さま」が田の神になることからも、「佃る人」を食った「目ひとつの鬼《もの》」は、山の神であると共に鍛冶神（天目一箇神・金山彦神）である。特に、その伝承地の阿用は、大東鉱山などをはじめ鉱山の多いところだから、なおさら山の神は、天目一箇神・金山彦神であったのだろう。

ところで、石塚尊俊の採取した田植歌（岡山県阿哲郡神代村）には、

まず今日のヲナリさまはどこからたのむ。これより奥の峠を越えて、出雲の国の大東の町の……とある。(61)なぜ備中国の田植のオナリに、出雲国の「目ひとつの鬼」が「佃る人」を食った伝承のある大東町の、数え年十六歳の娘（この歌のなかに「十六歳の娘」とある）をたのむのか。

このような田植歌は、人を食った鬼の話が阿用の地（現在の大東町）の伝承であることと、無関係ではないだろう。

第五章　女を食う鬼と人身御供

三輪山伝説の箸と生贄の「マナ箸」

人を食う鬼の話は、弘仁十四年（八二三）前後に成立した景戒《きょうかい》編の『日本霊異記』（中巻第三十三）にも載っている。

聖武天皇の時代のこと、大和国の鏡作造《かがみつくりのみやつこ》の一人娘が結婚の初夜に「痛い」と三度いったが、娘の両親は、「まだ慣れていなくて痛いのだ」と語り合い、気になるがそのまま寝てしまった。翌朝、娘の起きるのが遅いので、母が戸をたたいたが、返事がないので戸を開けてみると、娘の頭と指一本が残っているだけで、すべて食われていた。

『日本霊異記』はこの話の結びに、

　或《あ》るは神怪《しんげ》なりと言ひ、或るは鬼啖《きたん》なりと言ふ。思ひを覆《かへ》すに、猶是《なほこ》れ過去の怨《あた》なり。斯《こ》れも亦《また》奇異《めづら》しき事なり。

と書く。神怪（神の不思議な仕業）か鬼啖（鬼が食った）かと人々は言ったとあるが、表題には、「女人《にょにん》、悪鬼に黠《けが》されて食噉《くら》はるる縁」とあるから、鬼に食われたのである（「黠」は『字鏡集』『字鏡抄』に、「ケカス」とあるから、「凌辱されて」「辱められて」の意である）。

日本古典文学全集の『日本霊異記』の頭注は、この話について、「守屋俊彦氏は、鏡作氏によって伝承された三輪山伝説のごときものが背景にあるのではないかと論じている」と書いている。(62)『日本書紀』に載る三輪山伝説では、三輪山の神（蛇）が娘のところへ美しい男に化身して通ったが、娘はこの男が蛇であることを知り、箸《はし》で女陰《ほと》を突いて死んだとある。この伝説は一般に神婚譚とみられているが、私も、こうした神婚譚の要素が『霊異記』の話にはあると思っている。

ただし、三輪山伝説は単純な神婚譚でなく、箸で女陰を突いて死ぬという話が加わっており、『霊異記』の初夜譚が鬼に食われるという話になっているのと、娘が神（鬼）に犯されて死ぬという点で共通する。鬼に食われた「佃《たつく》る人」の話が、稲作祭儀にかかわる人身供儀譚であるように、三輪山伝説も『霊異記』の話も、単なる神婚譚でなく、人身御供譚の要素を含んでいるのであろう。女性は神妻であると共に生贄である。

そのことは、三輪山伝説の娘の死に、箸が登場することからもいえる。

『今昔物語集』（巻二十六・第八）の「飛驒国ノ猿神、生贄ヲ止《トド》ムル語《コト》」には、

此ノ猿、生贄ノ方様《カタサマ》（居るほう――引用者注）ニ歩《アユ》ミ寄来《ヨリキ》テ、置タル莫箸《マナバシ》、刀ヲ取テ、生贄ニ向テ切《キラ》ントスル……

とあり、猿が生贄を食うとき、刀と共に「マナ箸」が登場している。

図11は、江戸時代の『皿々郷談』に載る人身御供の巫女の図だが、ここにも「マナ箸」と「刀」

が置かれている。

　鳥越憲三郎は、『日本書紀』では神の井戸を「真名井」、神鹿を「真名鹿」と記しており、『出雲国風土記』では神の子を「麻奈子」と記していることから、「真名箸」は「神事に用いる神聖な箸」の意とみる。[63] 私も鳥越説を採る。

　三重県志摩地方の浜島をはじめ越賀・波切・国崎などには、一月三日・四日の正月行事として、「マナ箸」の神事が伝えられている。この神事は、二匹のボラをとってきて料理し、共食するものだが、共食の前に弓射の行事があることから、浜島では「弓祭」といっている。なぜ、魚を捕って食べる行事に、弓射の行事が伴うのか。昔は、鹿や猪を弓で射て生贄にし、それを食べるのが、「マナ箸」の行事だったからであろう。

　なお、「マナ箸」をつかって生贄(魚)を食べる前に、浜島では「屠人《とと》放《ほり》」の行事がある。男が女装して、童子の形の藁人形を入れた桶を頭にのせて浜に行き、「今年の屠人《とと》は目出度き屠人よ」といって、藁人形の入った桶を海に流す。この行事を、浜島の人々は人身御供の形を示したものと伝えているが、そのことは

図11 『皿々郷談』の人身御供と巫女

「屠人」ということからもわかる。「屠」は体をバラバラにして殺すことをいうから、本来は人であったのを人形にしたのであろう。この「屠人放」のあとに「マナ箸」の行事がある。このことからみても、箸は生贄にかかわる。

前章で述べた尾張大国魂神社でも、儺負神事の前に、神官がマナ箸を用いて神男を料理する儀式があった。寛政十二年（一八〇〇）刊行の『年中行事』（三之巻）の正月の条には、次のように記されている。

十一日、今日、往来の人をとらへ潔斎させ、砧に乗せ、庖丁・真名箸を以て料理の体をなし云々

また、前章で引用した『神道名目類聚抄』にも、

正月十一日、神官旌旗ヲ立、路辺ニ出テ往来ノ人一人ヲ捕ヘ来、沐浴ヲサセ、身ヲ清テ浄衣ヲ著セ、神前ニ率行、末那《まな》板一器、木ニテ作レル庖丁・生膾等ヲ設置、又別ニ人形ヲ造テ、右ノ捕ラレタル人ノ代トシテ、是ヲマナ板ニスヱ、同彼ノ捕シ人ヲ其傍ニ居ラシム

とある。「真名箸」は記されていないが、当然用意されていたであろう。

このような例からみて、箸で女陰を突いて死んだという話は、三輪山の神の人身御供となって死んだことを暗示している。八岐大蛇《やまたのをろち》の人身御供譚でも、『古事記』は、川の上流から箸が流れてきたと記している。上流は山であり。そこに大蛇がいる。三輪山の神も蛇である。このどちらの話にも「箸」が出てくるのは、それが生贄の「マナ箸」であることを示唆している。

鏡作氏の娘を食う鬼と鍛冶の神

『霊異記』の鬼に食われる話には箸は登場しないが、三輪山伝説との類似性からみて、この話も一種の人身御供譚であろう。

『霊異記』は、「女人、悪鬼に點《けが》されて食噉《くら》はるる縁」の冒頭に、

　汝《なれ》をぞ嫁に欲しと誰、菴知《あむち》の此方《こむち》の万《よろづ》の子、南无《なむ》南无や、仙、さかもさかも、持ちすすり、法《のり》申し、山の知識、余《よ》しに余しに

とある。大和国十市郡菴知村の鏡作造《みやつこ》の娘で、名は「万の子」といったと本文にあるから、菴知村の万の子を嫁に欲しいといったのは誰か、その正体をうたっているのである。中田祝夫は「仙《ひじりびと》、酒《さか》も石《さか》も」とよみ[64]、「山の仙人が、酒を一石も飲みすすって」と解し、小島瓔禮は「仙《やまびと》、酒も酒も」とよみ[65]、「山の行者が、酒をいっぱい持って飲み」と解す。

「山の知識」の「知識」は、知識衆といわれる仏教信者をいうから、「仙」は仙人というより、山で修行する行者・聖《ひじり》とみたほうがよいであろう。

第七章で述べるが、『今昔物語集』には、山の行者・聖が鬼になって文徳天皇の后（染殿の后）を犯した話が載る。鬼が「仙《やまびと》」「山の知識」とみられたのは、このような伝承によるのだろうが、「目一つの鬼《もの》」は山の神、山人であるから、僧侶の書いた仏教説話集『日本霊異記』では、仏教修行の行者、聖《ひじり》に仕立てられたのであろう。

ところで、食われた娘は「鏡作造」の娘である。鏡作氏は、菴知村の近くの鏡作神社三社を祭祀する氏族であり（鏡作坐天照御魂神社については拙著『神社と古代王権祭祀』[30]、鏡作麻気神社・鏡作伊多神社については拙著『神社と古代民間祭祀』[30]で詳述した）、三社のうち、鏡作伊多神社の祭神は天目一箇命である。前述（七四頁）した鞍馬の生贄の祭事を載せる『本朝俗諺志』は、「此の生贄になる人の家八軒ありしが、断絶して今三家あり。米三石づゝの役料あり」と記しているが、鏡作造は天目一箇神を祭祀する氏族の長で（「造《みやつこ》」という姓《かばね》がそれを示している）、天目一箇神に神妻としてオナリを出す家であったため、『霊異記』のような伝承が生まれたのだろう。

なお、『今昔物語集』（巻二十六・第七）の「美作国ノ神、猟師ノ謀《ハカリ》ニ依リテ生贄ヲ止ムル語《コト》」では、「神ノ体《タイ》」が猿である中山の神が、生贄を求めたとある。中山の神とは、美作《みまさか》国一ノ宮の中山神社（岡山県津山市西一宮）の祭神である。祭神については諸説があり、合祀された神も多いが、『中山神社資料』には、鏡作命が降臨して地主神の大己貴《おおなむち》命から社地を譲られたとある鏡作命は、たぶん天目一箇神と重なる神で、生贄になった娘は鏡作氏の娘であろう。こうしたことは、前章で述べた、食う鬼と食われる鬼という、鬼の二面性・両義性を示しているといえる。

中山神社の祭神を鏡作命とする伝承は、この神社が金属精錬や鉱山にかかわる神社だからである。『古今集』に載る、「真金《まがね》吹く　吉備の中山　帯にせる　細谷川の　音のさやけき」の「吉備の中山」は、備中一ノ宮の吉備津神社が鎮座する中山といわれているが、美作国は和銅六年（七一三）に備前六郡を割《さ》いてできた国で、それ以前は吉備に属していたことから、中山神社を「吉備の中山」とする説がある。折口信夫・山本健吉・池田弥三郎・八木意知男が美作の中山神社説だが、くわしい論証は、池田の「かむなび考」（「文学」一九五五年十二月号）、八木の「吉備中山覚書」（「美作短期大学研究紀要」二十一号）に載っている。

鞴《ふいご》祭で有名な美濃一宮の南宮大社（岐阜県不破郡垂井町宮代）は、『延喜式』神名帳には「仲山金山彦神社」とある。鞴祭は正式には金山祭といい、神社正面の祭場（高舞殿）で御神体の鞴を動かし、炭火で焼いた鍬先を鍛錬する神事であり、全国の鉱山・金属精錬業者が参集する。この神社の祭神は金山彦神だが、中山神社の祭神は鏡作命以外に、金山彦神とする説がある。『山海《せんがい》経』の中山経《ちゅうざん》（五蔵山経）によれば、「中山」は鉄・銅の主産地だが。中山神社の「中山」は、古くは「チュウサン」とも訓まれていた。

『延喜式』神名帳に載る美濃国「仲山金山彦神社」は、一般には「南宮大社」というが、八木意知男は「『南宮』考」で鑪場《たたらば》の南の柱に金山彦を祀る（『鉄山必用記事』の「金屋子神祭文」）ことから「南宮」と称したとみて、南宮を名乗る神社の祭神を製鉄神とみなしている。(66) 南宮大社所蔵の掛け

図12　南宮大社の掛本尊（鬼と刀鍛冶）

軸には、図12のように、鬼が描かれている。同社では、この掛け軸を刀鍛冶の守り本尊として与えたというが、この鬼は、猿が中山神社の「神ノ体《タイ》」であったように、南宮大社の神の体である。

『日本霊異記』に載る鏡作造の娘を生贄にした「仙《やまびと》」は、中山神社の猿、南宮大社の鬼であり、『出雲国風土記』の「目ひとつの鬼」と通うものがある。前述したように、『風土記』の伝承地の「阿用」も鉱山のある地域で、天目一箇神・金山彦神の信仰地であった。

なお、鏡作命を祀る中山神社には、一月十五日(一月八日という伝承もある)に、鹿二頭を供する神事があった。神社の近くに「贄殿谷《にえとのたに》」という地名があるが、鹿の贄殿があったところであろう。このように、中山神社に鹿の生贄神事があることからみても、人身御供譚が生まれるのは当然といえよう。人間を生贄に求めた中山神社の「神の体」は猿だが、猿が山の神であることは、『日本霊異記』(下巻二十四)に、近江の三上山の神社の神が「白き猿」と書かれていることからも証される。『古事記』は三上山の神を「天之御影神」と書くが、本居宣長は『古事記伝』で、天之御影神は鍛冶神天目一箇神と同一神だと考証している。三上山山麓には、鍛冶・鋳造および須恵器製造の遺跡と伝承が豊富にある。

鏡作命・金山彦神・天目一箇神は同性格の神だから、生贄の娘を食う猿神は、一方では「目一つの鬼」であり、娘を食った「仙《やまびと》」が化した鬼でもある。

人身供儀はあった

『今昔物語集』に載る人身御供譚は、旅人（男性）が娘の身代りになり、人身供儀をやめさせる話になっているが、『宇治拾遺物語』は、中山神社の人身御供はのちに廃され、動物供儀に変わったと記している。

西郷信綱は、前述したように、人間の生贄が廃されて動物供儀になったのではなく、実際おこなわれていたのは動物供儀であり、説話的に人身御供の話が創作されたとみて、中山神社の生贄の娘が生贄と名ざされてから祭りの日までの一年間「養《やしな》ひ肥《こや》」されているのは（『今昔物語集』）、「アイヌの熊祭りでニヘとされる熊も、野生の熊ではなく仔熊をとってきて人間が育てた上で殺す」のと同じだと書く。飼育された動物供儀がおこなわれていたから、説話上の人身御供でも生贄を「養ひ肥し」ているというのである(67)。

中山神社の「贄殿谷」の例からみても、西郷説は無視できない。しかし、第四章に記した中山太郎の「動物犠牲考」があげる事例からみて（六四〜六五頁）、必ずしも飼育された動物だけが生贄になっていたわけではない。だから、人身供儀は単に説話上のものとして片づけるわけにはいかない。

西郷信綱は、生贄は「活かせておく牲《にへ》」とみる柳田国男の説（「鹿の耳」「一目小僧」）を引用しているが、前述したように、柳田は片目にしておいて殺したとみており、人身供儀を否定していない。西郷は、柳田が「一目小僧」で力説する片目伝説を、なぜか無視している。

赤坂憲雄も、「人身御供譚への序章」で西郷説を採りあげ、「西郷は人身御供を語るさいに、柳田を随所で引用しながら、柳田のこの推論（人身供儀を否定しない柳田の供儀説——引用者注）にはひと言も触れていない」と、批判している(44)。赤坂は、人身御供はあったとみる。

諏訪春雄は、「日本的悲劇の成立と展開――供儀の精神史」で、「狩猟民と農耕民とを問わず、日本民族の支配的死生観は、一般的供儀の儀礼の原理に合致するものであった。聖的世界と俗的世界の二つの存在を想定し、その両世界の交流のためには破壊され、殺害される犠牲を媒介として、俗的世界は聖的世界の霊力を受けて衰弱した生命の更新をはかるという構造である」と書くが[68]、赤坂憲雄も、「供儀のイケニエを、人間／神・内部／外部・〈俗〉／〈聖〉の媒介項」とみて、「供儀は共同体の再生と更新のためのメカニズム」だから、「供儀における死はつねに、再生と対の関係におかれていなければならない」と書く[44]。

生贄の供儀が死と再生の儀礼であることは、前章でくわしく述べたが、諏訪や赤坂は、こうした供儀の生贄には動物だけでなく人間も含まれていたことを前提に述べている（特に赤坂は、人身供儀はなかったという西郷の見解を批判したうえで述べている）。こうした人身供儀が、後世になると型を変えて伝承のなかに残った。その一例が、『出雲国風土記』の「目ひとつの鬼《もの》」に食われる話であり、『日本霊異記』の鬼に食われる話であろう。

人肉を食うということ

人身・動物供儀は、死と再生の秘儀である。そのために生贄は神にささげられるが、そのあとで人々は当の生贄を共食した。尾張大国魂神社の正月行事として江戸時代までおこなわれていた、神男に「庖丁・真名箸を以て料理の体《てい》」をなす神事も、本来は生贄（人肉）を食う神事であったにちがいない。志摩の浜島の「マナ箸」神事も、今は魚を食すが、本来は人肉を食べたから、その前に「屠人《とと》放《ほり》」（神への供儀）がおこなわれるのである。そのことは、「マナ箸」神事を総称して弓祭りといい、女装した男性が頭に的を被っていることからもいえる。的をつけているのは、本来は生贄であることを示しており、そのあとで「マナ箸」神事がおこなわれるのは、人肉を食することを意味している。

現在では魚（ボラ）を氏子らが共食するが、前章で述べた動物供儀の例でも、山の神に供えた生贄を、祭の参加者が共食している。江戸時代に書かれた『全讃史』に載る例では、生贄の鹿の骨まで残さず一同で食べること自体が、神事になっている（六四頁参照）。このことからみても、浜島における魚の共食は、人肉の共食の代行であろう。

石田英一郎は、マヤの生贄は、血の儀式のあと、「首長と神官その他の参加者がわけて食う。その際、手足と首は神官や役僧のものとされた」と書く(69)。図8の絵や、『播磨国風土記』の鹿の血・宍《しし》の血の例からみても、食べることは生命力を充実させることで、死と再生の呪儀といえよう。田の祭のとき、大地主神が「田人」に牛肉を食べさせたのも、稲田の豊饒を願ってのことであろう。ただし、この行為に歳神が怒ったのは、歳神に対する供儀をおこなわないで実行したからである。『今昔物語集』で猿神が生贄を「マナ箸」で食べようとするのも、食べることがもっとも重要な神事であったことの反映であろう。

以上のように、人肉を食う神事は、現在も祭儀に残影として伝わっているが、伝承としては、人を食う鬼の話になったのであろう。鬼の話でないとしても、中山太郎が、

能登の一の宮気多神社の恒例祭に、鵜を捧げるのは、鵜の肉が人肉と同じ味なので、昔、人身

御供した其代りだと伝ふ（中村浩氏報告）

と書く伝承は、マヤの生贄祭儀の共食を想わせる。(70)

また中山は、さらに次の二例を報告している。

陸中稗貫郡葛村の諏訪神社。此神三年に一度づつ女子を取て犠牲とするので、邑民が愁ひ悲み、後には其代りに鹿を供へ、更に雲南堀で捕れる鮭を以てし、今では雑魚を贄とする。（『華城郷村志』巻二）

伊予喜多郡森山村の拝竜権現社では、古く三月三日の祭に、人身御供を献じた。石の瀬戸と云ふ所へ村人が出張して、早朝から三人目に来た者を殺したと伝へてゐる。（『伊予温故録』）

この二つのうち、陸中の話は、人身御供をやめたあとも動物を贄としているから、食べることを目的とした生贄の話であり、伊予の話も、「殺した」というのは「食べた」ということであろう。ところで、人身供儀を示唆する伝承のなかに、『今昔物語集』の人身御供譚の「マナ箸」、尾張大国魂神社や志摩浜島の祭儀の「マナ箸」、三輪山伝説や八岐大蛇伝説の「箸」など、箸が登場するのはなぜだろうか。

今は、どんな食事にも箸を使うが、古代人はふつう手づかみで物を食べていた。箸を使う食事とは神事であり、箸は食べる神事を意味している。

人身御供の絵（図11）や、『今昔物語集』の人身御供譚、尾張大国魂神社の生贄神事の記録には、「マナ箸」と「刀」が記されている。これは食事のフォークとナイフの意味があるが、それだけでなく、「刀」の「切る」行為には「死」の意味、「箸」で「食べる」行為には「生」の意味があり、この二つの道具は「死」と「生」を暗示している。生贄儀礼は死と再生の秘儀だと書いたが、生贄を食べる二つの道具も、そのことを証している。

「ハシ」には「箸」「橋」以外に「間《はし》」があり（記・紀の間人《はしひと》皇女・間人連）、間《あいだ》をとりもつ意味がある。食肉は生き物の死によってもたらせられる。肉（宍《しし》）を食べることは、他の生物の死によってみずからの生命を保つことである。箸はこうした死と生を「ハシワタシ」するものであり、箸を使う食事は死と再生（復活）の神事であった。

この箸を「マナ箸」というが、前述（八五頁）した「マナ」の用法からみて、第二章で述べた「マナ」の意味が、この「マナ箸」の「マナ」にもあるのではないだろうか。

生贄を神に献じたあとに共食がおこなわれたのだろうが、人を食べるということは、他人の「マナ」を自分のものにすることである。特にこうした人身・動物供儀が、正月の歳神祭儀であったり、春の神事としておこなわれたりしているのは、新年や春が、古い年が去り（死）、新しい年が誕生する、生命の再生の季節とみられていたからであろう。

鹿の血など宍の血による稲の生育・稲田豊饒の伝承は、人の死と再生の儀礼が稲田に転換したものであり、こうした伝承からも、人身供儀と共食の事実があったことが推測できる。「目一つの鬼」は、そうした神事の食う側と食われる側の存在を一体化し、具象化したものと考えられる。

人身御供譚と一夜妻

「人を食う鬼」に食われる「人」も、単なる人ではない。「神男《しんおとこ》」は直会舎で忌籠《いみごも》りをすることで神男になり、諏訪の「神使《かみづかい》」は「七日間の通夜」「百回の行」をして神使となる。柳田国男もいうように、(33・38)片目を潰《つぶ》すのは、物忌をして神男・神使になった人が一般人とちがうことを示すためである。このような、「ただ人」でない神男・神使を、「ひとつもの」「一時神主《ひとときかんぬし》」という。

ところで、人身御供譚に女性が主に登場するのは、人身御供譚には神婚譚の要素が含まれているからである。鏡作氏の娘の場合も、初夜の性行為と、生贄として食われる行為とが重なって語られている。娘が「痛い」と叫んでいるのは食われているからなのに、性行為が初めてだから「痛い」のだと娘の父母が思いこむのは、死(食われる)と生(新しい生命の誕生のための性行為)を「痛い」の表現で示唆しているからである。三輪山伝説の、箸で女陰を突いて死んだという表現も、性行為を暗示している。

この三輪山伝説の倭迹迹日百襲姫や、『日本霊異記』の鏡作造の娘などは、「一時神主」と同じ意味の「一時上臈《ひとときじょうろう》」である。「一時上臈」は、「一時女臈(女郎)」「一夜《ひとよ》女郎(官女)」とも呼ばれている。鏡作造の娘の話も一夜のできごとである。

一時上臈・一夜女郎は、神の一夜妻になる役だが、柳田国男は、「大阪の中間の鳴尾の岡太神社、俗にをかしの宮と謂った社の祭に一時上臈といふ者が出た」が、この一時上臈には「人身御供の話が伝はって居る」と書き、また「是とよく似た例は大阪郊外の野里の一夜女郎、現在は是も十二三の女の児が七人出ることになって居るが、それでもその中の一人だけをニエと称して、別の座に坐らせて居る」と、「祭と司祭者」で述べている。(71)

中山太郎は、『遺補・日本民俗学辞典』で、「尾張津島天王社、正月廿六日に御贄祭を行ふ」と書き、そのとき「中嶋郡三宅村の村民来会し祭儀あり。宮人の少女例座する。これを一時《いっとき》女郎といふ」と、江戸時代に書かれた『張州雑誌』巻七一からの引用文を載せている。(72) このように、神の一夜妻になる処女が「御贄祭」の主役になっていることからみて、『霊異記』だけでなく、『今昔物語集』の生贄として名ざされた娘たちも、一夜（時）女郎といえよう。

中山太郎が紹介する「陸中稗貫郡葛村の諏訪神社」の三年に一度求められる人身御供の娘（九四頁参照）も一夜女郎であるが、中山は次のような伝承も紹介している。(70)

駿河富士郡鈴川村の阿字神社。里人の伝によると、昔ここの三股淵に毎年往来の女子を捕へて生贄にした。或年、下総古河の巫女六人を捕へて供せんとしたが、其巫女の阿児が嘆き、京に上り教を請ふて、人形を造り供したので、それから女子を供する事をやめた。（『駿河志料』巻五二）

この場合、人身御供のかわりに動物ではなく人形を供したというのは、「食べる」行為のない、一夜妻としての人身御供だったからだろう。生贄・神妻のどちらであれ、女性の人身御供譚は、処女を求めるものが大猿・老狸になっており、そうした大猿・老狸を退治する話に変化している。中山が紹介する、(70)

筑前朝倉郡三輪村久光の阿彌陀峯に老狸が棲み、阿彌陀に姿を現じ人身御供を取った。或年犠牲を供へぬと大に祟ったので、村人が恐れてまた人身御供を献じた。或年、十二三歳の少女が供へられたとき、御笠郡の猟師が来てこれを退治した。(『筑前旧志略』巻下)

信州下伊那郡上郷村底入の姫宮神社では、毎年祭礼に女子一人を人身御供として献じた。其役に当る家には白羽の箭が立った。これは大猿の仕業で、退治したのは石見重太郎だといふ。(『伝説の下伊那』)

という話などが、それである。

『今昔物語集』の人身御供譚でも、生贄を食うのは猿であり、その猿を退治する話になっている。そして、人身御供を要求する獣を退治するこうした話の延長上に、大江山の鬼退治の話がある。

喜田貞吉の人身御供説

喜田貞吉は、「人身御供」と題する論文で、人身御供を求めた「邪神姦鬼」の徒とは、

もと〳〵自分等が祖先以来狩猟・漁業に生きて自由にそれを利用して居た土地が、だん〳〵と所謂良民の為に占領せられて、はては極めて不自由な山の中や、飛び離れた海岸島嶼にのみ生存の地を限局せられ、たゞに里の文明の進歩に伴ふことが出来ないのみならず、ます〳〵奈落の底に落ち込んで、僅に化外の蛮民として生存して居るといふ様な情態の下にあっては、時折、里に出て掠奪を恣にするのは、全く実際已むを得ないことであったらう。殊に山人の場合には、主なる食料の目的物が漸次減少して、生活上の脅威のます〳〵甚しくなるに於てをやだ。

と書いて、「此の様な社会には、昔は必要上大抵掠奪結婚が行はれた。八岐の大蛇が毎年出て来て少女を取るといふのは、即ち女子の欠乏に対する掠奪結婚であったに相違ない。酒呑童子が美目よい女房や上臈を盗んだといふのも、つまりは同じく婦女の欠乏の結果なのだ」と書く(73)。

こうした掠奪を防ぐため、「一定の時期に村の婦女を彼らに嫁せしめる。是が即ち人身御供だ」と、喜田はいう。そして、「其の犠牲となる婦女の選定は、或は卜定により、或は抽籤による場合もあらう。是れ即ち白羽の矢が立ったのだ。若し人身御供なるものが、真に其の肉を喰ふのみの目的であるならば、飛騨の猿神の話の場合の様に、男女を限らず肉付のよいものを希望すべき筈であるに拘らず、出雲簸川上なる八乙女を始として、通例は必ず未婚の少女で、しかも美目よきものを注目する所に此の消息は伺はれる」と書く。

そして、大江山の酒呑童子をはじめとする鬼たちについて、

中右記永久二年九月二日の条には、丹波・但馬・因幡・美作等の人々三十余人が、大江山に籠って強盗を働らいた事が見えている。此の外にも大江山の強盗の事は往々物に見えて、都近くの物騒な場所として、つひには此の様な怪奇談も出来上った事であらうが、実は是等の山賊の徒は大抵当時の悪政が生んだ浮浪の輩で、為政者の為に脅かされた生存権を保留せんが為に、こんな山賊などといふ怪しからぬ挙動に出る事を余儀なくされたといふ理由もあったであらう。

と書く(73)。

馬場あき子も、「大江山の鬼と呼ばれた凶悪獰猛な山拠の民があって、略奪殺傷を事とした」のが、酒呑童子譚として伝説化したとみる(74)。

『今昔物語集』（巻第二十九の第二十三）に、大江山の山中で山賊らに縛られた夫の前で妻が強姦される話が載っているから、大江山が場所として選ばれたのは、喜田や馬場の書くような理由もあったろう。しかし、喜田のように、山人・山賊らが娘を掠奪するのを防ぐために、村の婦女を彼らに嫁《とつ》がせたのが人身御供だと断定するのには、賛成できない。

喜田は、八乙女を人身御供にする八岐大蛇神話も掠奪結婚とみているが、大蛇は八乙女を、結婚するために求めているわけではない。「年毎《としごと》に来て喫《く》ひき」（『古事記』）、「年毎に八岐大蛇の為に呑まれき」（『日本書紀』本文）とあり、食い呑むためにこそ求めているのである。

『今昔物語集』に載る飛騨の猿神の話でも、生贄を「裸ニ成《ナシ》」「俎《マナイタ》ノ上ニ臥《フシ》テ」置き、猿神がその生贄を「置タル莫箸《マナバシ》、刀《カタナ》ヲ取《トリ》テ、切ラン」とするのであり、あくまでも食うのが目的である。図11の人身御供の絵にも、「マナ箸と刀」が描かれている。

喜田のいう「化外の蛮民」としての「まつろわぬ鬼《もの》」である山人は、獣類の肉を食べる。だから、人身・動物供儀を受ける「邪神姦鬼」に山人のイメージがあるのは否定しないが、人身御供譚を掠奪結婚の遺風ときめつける見解には従いかねる。

娘を食う酒呑童子譚と人身御供

酒呑童子譚は掠奪結婚の遺風を伝えるものでない。『御伽草子』の渋川版「酒呑童子」には、鬼たちが「美目《みめ》よき」都の姫君たちを大江山へさらって来て、犯したあとで食ったとあるが、この話は、主に食うことに主眼をおいて書かれている。

源頼光らは大江山へ登る途中、川で「十七八の上﨟の、血のつきたるものを洗ふ」のに会う。「御身は都にて誰の御子」と頼光が問うと、

図13　渋川版「酒呑童子」の挿絵

「さん候ふ。みづからは、花園の中納言のひとり姫にてありけるが、われらばかりに限らず、十余人おはします。このほど、池田の中納言くにたかの姫君も、取られてこれにましますが、愛して置きてその後は、身の内よりも血をしぼり、酒と名づけ血をば呑み、肴と名づけてししむらをそぎ食はるる悲しみを、そばにて見るもあはれなり。堀河の中納言の姫君も、今朝血をしぼられ給ふぞや、その帷子《かたびら》をわれわれが洗ふことこそ悲しけれ。まことにもの憂《う》きことぞ」


と、「さめざめと泣き」ながら答えたという。この記述からも、十余人の都の姫君たちは、食われるためにさらわれたのである。

「愛して置きて、その後」で「血をしぼり」「ししむら(肉塊)」を「そぎ食はる」のだが、日本古典文学大系『御伽草子集』は、「愛して」を「かわいがって、大切にし

て」と解している。(75)だが、前述のように頼光の問いに答えた姫（花園の中納言の姫）は、さらに「鉄の御所と名づけて、鉄にて屋形を建て、夜にもなれば、その内にて、われらを集め愛せさせ」といっているから、この「愛せさせ」は夜伽の奉仕、「愛して」は性行為の意である。

大江山の鬼たちが、「夜にもなれば、その内にて、われらを集め愛せさせ」というだけなら、掠奪結婚説も成り立つが、そのあとで血を酒にし、姫たちを肴《さかな》にして食べてしまうというのだから、掠奪結婚とするわけにはいかない。

頼光らが鬼退治がおわったあとで見たものは「死骨白骨」であり、あるいは「なましき人（まだ死んでいない生身の人）」または「人をすし（酢づけ）」にしたものなど、「目もあてられぬ」姫たちの姿であった。もし喜田のいう掠奪結婚の遺風が伝承化したものならば、姫たちが監禁されていたと書いても、このような書き方はしないであろう。

こうした惨状を書いたあと、「その中に、十七八の上﨟の片腕落し股《もも》そがれ、いまだ命は消えやらで、泣き悲しみてましけます」者がいたと書いている。この姫は「堀河の中納言の姫君」とあるが、頼光らが鬼退治をした日の朝、大江山へ登る途中で会った花園の中納言の姫は、堀河の中納言の姫は「血をしぼられた」といっているだけで、腕や股を切られて食べられたとはいっていない。ところが、酒呑童子は頼光らに、「酒と名づけて血をしぼり」、その血をすすめ、酒の肴に、「今切りたるとおぼしくて、腕《かひな》と股《もも》を板に据え」て出している。この「今切りたる」腕と股が、堀河の中納言の姫の腕と股であろう。**図13**は、その場面を描いた渋川版「酒呑童子」の絵である。

このように、御伽草子の酒呑童子譚は、『今昔物語集』の生贄を食う話や、八岐大蛇神話の娘を

「年毎に来て喫《く》う」話と共通している。これらの生贄が未婚の乙女なのは、『日本霊異記』の鏡作の娘の話が結婚譚として書かれているように、神婚譚の要素も含まれているからである。

『日本霊異記』の話も、本来は、生贄としての人身御供譚と神婚譚の二つの要素がミックスした伝承であるが、そうした本質的意味が忘れられ、怪異譚として語られるようになり、『今昔物語集』では、鬼に娘が食われたのは、親が欲深だったからだ、というような、余計な教訓までつくようになったのである。

第六章　人を食う鬼と天皇

天皇の国に鬼は住めない

酒呑童子は人を食い、人肉や生血を源頼光らにすすめている。この鬼たちを「退治せよ」と命令したのは、天皇である。

『酒呑童子（伊吹山）』（赤木文庫旧蔵）には、

土も木も我が大君の国なれば　いづくか鬼の宿とさだめん　（傍点引用者）

とある。わが国は天皇の国で、土も木も天皇のものだから、鬼が住むべきところはどこにもない。だから天皇の命で鬼退治をするというのである。渋川版『酒呑童子』にも、

「いかに頼光承れ、丹波の国大江山には鬼神がすみてあたをなす。わが国なれば率土のうち、いずくに鬼神のすむべきぞ。いはんや間《ま》近きありて、人を悩ますいはれなし。平《たひら》けよ」との宣旨なり（傍点引用者）

とある。「宣旨」は天皇の「みことのり」のことだから、赤木文庫本のように「大君」という言葉は

載らないが、傍点の意味は赤木文庫本と同じである。

『大江山しゅてん童子（絵巻）』（慶応大学図書館蔵）には、源頼光が酒呑童子の配下の鬼にむかって、

> 何ぞ王土にありながら、王命に背き奉り、人民を失なひ悩ましけるぞや。昔、千方といへる逆臣に仕へし鬼も、王命の背《そむ》きがたきをばよく知りたればこそ、宣旨を聞きわけて虚空に去り失せぬ。

といったとある。「千方といへる逆臣」が登場しているが、この人物は『太平記』に載る。

> 天智天皇ノ御宇ニ藤原千方ト云者有テ、金鬼・風鬼・水鬼・隠形鬼《オンギャウキ》ト云フ四ノ鬼ヲ使ヘリ。金鬼ハ其身堅固ニシテ、矢ヲ射ルニ立タズ。風鬼ハ大風ヲ吹カセテ、敵城ヲ吹キ破ル。水鬼ハ洪水ヲ流シテ、敵ヲ陸地ニ溺ラス。隠形鬼ハ其ノ形ヲ隠シテ、俄ニ敵ヲ拉《トリヒシ》グ。斯ノ如ノ神変、凡夫ノ智力ヲ以テ防グベキニ非ザレバ、伊賀・伊勢ノ両国、是ガ為ニ妨ゲラレテ王化ニ順《シタガ》フ者ナシ。爰《ココ》ニ紀朝雄《トモヲ》ト云ケル者、宣旨ヲ蒙リテ彼ノ国ニ下リ、一首ノ歌ヲ詠ミテ、鬼ノ中ヘゾ送リケル。
>
> 　草モ木モ我ガ大君ノ国ナレバイヅクカ鬼ノ棲《スミカ》ナルベキ
>
> 四ノ鬼此歌ヲ見テ、「サテハ我等悪逆無道ノ臣ニ随ヒテ、善政有徳ノ君ヲ背キ奉リケル事、天罰遁ルル処無カリケリ」トテ、忽チニ四方ニ去リテ失セニケレバ、千方勢ヒヲ失クシテヤガテ朝雄ニ討レニケリ。

この記述の「草モ木モ」の歌は、前述した赤木文庫本も載せており、この歌の主旨は他の本も用いている。

謡曲「大江山」の作者について、『能本作者註文』は世阿弥とし、『二百十番謡目録』は宮増とするが、作者がだれであれ室町時代の作である。この「大江山」でも、酒呑童子を討つときに、

これは勅なれば、土も木も、わが大君の国なれば、いづくか鬼の宿りなるらんといっている。また謡曲「土蜘蛛」でも、「葛城山に年経る土蜘蛛の精魂」を討つとき、「土も木も、わが大君の国なれば、いづくか鬼の宿りなるらん」といっている。

「土蜘蛛」と呼ばれる葛城の賊を討つのは神武天皇である。鬼の酒呑童子は土蜘蛛・蝦夷であり、朝敵としての鬼を討つ源頼光は、神武天皇でありヤマトタケルである。

ヤマトタケルは景行天皇の皇子である。天皇は彼にむかって、「この天下《あまのした》は汝《いまし》の天下なり。……武《たけきこと》を振《ふる》ひて姦《かだま》しき鬼《もの》を攘《はら》へ」といっている（『日本書紀』）。「この天下は汝の天下なり」という発想は、「土も木も我が大君の国なれば」と同じ発想であり、この天皇の国には鬼の住むところはないということである。

『伊勢物語』の人を食う鬼

このように、鬼は天皇と対極にある存在だが、人を食う鬼と食われる鬼に両義性があるように、天皇および藤原摂関政治権力も鬼とみられていた。古代の死と再生儀礼としての人身供儀から生まれた、人を食う「鬼《もの》」は、「まつろわぬ鬼《もの》」とみられていたが、一方では、まつろわせようとさせる時の権力も、人を食う「鬼《おに》」とみられていたのである。

『伊勢物語』の第六段に、鬼に食われた女の話が載る。

むかし、おとこありけり。女のえ得《う》まじかりけるを、年を経てよばひわたりけるを、からうじて盗み出でて、いと暗きに来けり。芥川といふ河を率《ゐ》ていきければ、草の上にをきたりける露を、「かれは何《な》ぞ」となんおとこ問ひける。ゆくさき多く夜もふけにければ、鬼ある所とも知らで、神さへいといみじう鳴り、雨もいたう降りければ、あばらなる蔵に、女をば奥にをし入れて、おとこ、弓籙《きうろく》を負ひて戸口に居り。はや夜も明けなんと思ひつつゐたりけるに、鬼はや一口に食ひてあり。「あなや」といひけれど、神鳴るさわぎにえ聞かざりけり。やう〱夜も明けゆくに、見れば率《ゐ》て来《こ》し女もなし。足ずりをして泣けどかひなし。

この「おとこ」は在原業平である。『今昔物語集』（巻二十七・第七）は、「在原業平中将ノ女、鬼ニ啖《クラ》ハルル語《コト》」で同じ話を書き、「今ハ昔、右近中将在原業平ト云フ人有リケリ」と、冒頭に記している。

「女のえ得《う》まじかりけるを」は、「男が手に入れることができそうもなかった女を」の意だが、『伊勢物語』は前述の文のあとに、この女性は「二条の后《きさき》」（藤原基経の妹で清和天皇の女御の高子《たかいこ》。陽成天皇の母）だが、「まだいと若うて、后のたゞ（后になる前の「ただ人［臣下］」の身分のこと——引用者注）におはしける時とや」と書いている。しかし、「え得《う》まじかりける」女とあるから、「たゞ」の女でなく后候補であった。そうした女の所へ業平は幾年もつづけて通いつづけたが（「年を経てよばひわたりける」）、いつかは后になることはわかっていたから、盗んだのである。そのことを『今昔物語集』は、

「上事無《ヤムゴトナ》カラム聟取《ムコトリ》ヲセム」ト云テ、祖共《オヤドモ》ノ微妙《メデタ》ク傅《カシヅ》ケレバ、業平ノ中将力無クシテ有ケル程ニ、何《イカ》ニシテ構ヘケム。彼《カ》ノ女ヲ密カニ盗ミ出ダシケリ。

と書く。「力無クシテ有ケル」業平が権力に立ちむかう方法は、「女ヲ密カニ盗ミ出」すことしかなか

った。しかし無駄であった。女は鬼に食われてしまったのである。男は「足ずりをして泣けどかひなし」(『伊勢物語』)で、絶望だけが残った。

女が二条后だと説明する『伊勢物語』の後文には、女の兄の「堀河の大臣」(太政大臣藤原基経)と「太郎国経の大納言」(大納言藤原国経)が、まだ官位が低かったとき、女を蔵から「とりかへし」たので、「それをかく鬼といふなりけり」とあり、女を食ったとある鬼を藤原基経・国経のこととしている。

『今昔物語集』は、「女ノ頭ノ限《カギリ》ト、着タリケル衣共《キヌドモ》ト許《バカリ》残リタリ」と述べ、「倉ニ住ケル鬼」に食われたと書く(『伊勢物語』ではなにも残っていないのは、食われたのでなく居なくなったことを示している)。だから、結びに、「然《シカ》レバ、案内知ラザラム所ニハ、努々《ユメユメ》立チヨルマジキナリ。況《イハン》ヤ宿セム事ハ思ヒ懸《カ》クベカラズ、トナム語リ伝エタルヲヤ」と書いている。『伊勢物語』の後文とちがって、はっきり目に見えない鬼の怪異譚にしているのである。

『伊勢物語』は、一人の作者によって一時期に作られたものではなく、古い部分は延喜五年(九〇五)成立の『古今集』の前に、新しい部分は天暦(九四七〜九五七)ののちに書かれたとされている(『日本古典文学大辞典』)。後半の説明は天暦直後の補記とみられるが、『今昔物語集』の成立は、『伊勢物語』の最終成立期より六十年ほどのちの、保安元年(一一二〇)ころが成立の上限とみられている(『日本古典文学大辞典』)。

このような成立時期のちがいからみても、本来の在原業平物語では、藤原基経・国経が女を無理矢理「とりかへし」た話であったのが、のちに、女を鬼が食ったという話になって伝わったと考えられる。

基経は国経の弟だが、兄よりも高位の太政大臣（のちには陽成天皇の摂政）になったのは、最初の太政大臣・摂政に就任した叔父の良房の養子におさまったからである。鬼といわれた基経らの背後には、当時もっとも権勢を振るっていた清和天皇の摂政太政大臣良房がいた。

高子は清和天皇の后になる女性だったから、ぜひとも業平から奪いかえす必要があった。鬼とされた基経らは実行者であって、本当の鬼は良房であった（この問題については第七章でさらにくわしくふれる）。

このように、鬼征伐の命令を出す側が人を食う鬼とダブルイメージになっていることを、確認しておく必要がある。

人を食う鬼としての天皇権力

『伊勢物語』の鬼の現実的説明は後世の付加で、業平と高子の関係は噂であって事実ではないとみる説もある。

目崎徳衛は、二条の后（高子）に忍び通った業平が、高子の兄たちにさまたげられて会えなかったとき、

人知れぬ　わが通ひ路の　関守は　よひよひごとに　うちも寝ななん

と詠んだ歌について、「業平は高子より十七歳も年上だから」「三十歳代の中年者業平が十七歳下の高

子に与えた歌だと考えては、この微笑ましいまでの初々しさと辻褄が合わなくなってしまう」ので、高子に訴えた歌でなく、「この歌は十代かあるいは精々二十代の初めの業平が今は名も知れぬ女性に訴えた」歌だとみて、高子との恋を否定する。(76)

しかし、恋する若い娘に合わせて「微笑ましいほどの初々しい」心境になって詠んだ歌や詩や手紙は、洋の東西を問わず数多くある。だから、年齢差だけを理由に高子との関係を否定する目崎説は、不粋な解釈といわねばならない。

だからといって、目崎説を否定すれば高子と業平の関係が立証されるというものでもない。二人の関係を史料によって論証する必要がある。そうした論文に、角田文衛の「陽成天皇の退位について」「藤原高子の生涯」がある。(77)角田は、二人の情事は貞観元年（八五九）十二月から翌二年正月の間におきたとみているが、私はそこまで限定せず、角田の推測する時期を中心に、もうすこし期間の幅をひろげてよいと思っている。

角田も例証の一つにあげているが、高子と業平の関係があったことを示す例として私が重視するのは、高子の入内《じゅだい》の時期である。

摂政・太政大臣の良房は、数え年九歳で即位した孫（清和天皇）が元服したら、ただちに高子を入内させる予定でいた。ところが、元服した年、最初に入内したのは高子でなく、良房の弟の良相《よしみ》の娘（多美子）であった（『三代実録』貞観六年正月二十八日条）。この年には平貞子も女御《にょうご》として入内している（八月三日）。高子が入内できなかったのは、高子になんらかの問題があったからであろう。とすれば、高子と業平の恋愛事件以外には考えられない。

そのことは、高子の入内が貞観八年（八六六）閏十二月二十八日であることからもいえる（高子はこの年二十五歳）。良相は良房の実弟だが、二人は政治上のライバルであった。貞観八年閏三月十日の応天門炎上は、大納言伴善男《とものよしお》の放火といわれ、伴善男は伊豆に流されたが、この事件には良相もかかわっていたとされ、以後実権は完全に良房と高子の兄の基経に移っている。伴善男が貞観八年九月に流罪になったあとで高子が入内していることは、ライバルの良相や反対勢力の伴善男らの失脚によって、高子入内に反対するものがいなくなったことを示している。

業平と高子を近づけたのは、高子の乳母の安倍睦子であると角田は推測するが、高子自身にも、自分が清和天皇の后候補であることを承知で業平とちぎりをかわすような、奔放な性格があった。そのことは、高子が寛平八年（八九六）九月二十二日に皇太后を廃されたという『日本紀略』の記事からもいえる。

『日本紀略』は「事は秘にして知らず」と、理由を述べていないが、『扶桑略記』『天皇編年紀』（巻十四）は、高子が東光寺の善祐法師と密通したためと記している（善祐は伊豆に流されている）。宇多天皇も寛平元年（八八九）九月四日の日記に（『寛平御記』）、蔵人らが「陽成君の母君」は「善祐の児を娠《はら》み給へり」といったとあるから、皇太后を廃されたのは密通による。宇多天皇が皇太后高子の密通の噂を聞いたとき、高子は四十八歳である。この歳になっても、こうした行動をとっている高子が、若いときに在原業平と関係がなかったとはいえないであろう。

『大鏡』（第一巻、陽成院）も、高子は入内する前に業平と恋に陥り、家から連れ出されて隠されたが、基経らによって隠れ家から連れ戻されたとある。『伊勢物語』は、連れ戻されていなくなったことを、鬼に食われたと書く。良房や基経は、政略上どうしても高子を、八歳年下の清和天皇の后にする必要があった。彼女は、他に愛する人がいても無理矢理ひきさかれ、年下の男の妻にならなければならなかった。ある意味での人身御供である。清和天皇が希望したわけではないが、天皇という存在に人身御供を出したのである。『伊勢物語』では、彼女を奪いかえした基経らが鬼とされているが、実際に食った鬼は、彼女を后にする天皇であった。それも実在の清和天皇ではなく、権力機構としての天皇である。もっとはっきりいえば、食った鬼は天皇制機構である。

天皇権力に祟る鬼

小松和彦は、「鬼と鬼殺しの先祖は同じ」で、鬼伝説は「それを意識的に二つに分けている」と書いている[78]。だとすれば、酒呑童子を討った源頼光とその四天王の坂田金時らも、鬼である（そのことは後段で詳述する）。しかし、彼らにしても、天皇の命で鬼を討っているのであり、前述したように、すべての鬼退治の話は、この国土は天皇のものだから鬼の住む所はない、という発想で記されている。しかし、鬼退治の張本が天皇権力（当時は藤原摂関政治権力）である以上、この最高権力こそが最大の鬼であった。業平は愛人を、この最大の鬼、権力鬼に食われ、「足ずりして泣けどかひなし」と嘆くだけだったが、無実の罪で非業の死をとげた菅原道真は、鬼になって最大の鬼、天皇機構に祟っている。

道真が憤死する五ヵ月前に書いた告文には、「天神地祇、道真を憐《あわれみ》て、都外の鬼となし、恨を畿内に晴さし給へと、恐《かしこ》み懼《かしこ》み申す」とある（『太宰府天満宮御縁起并御宝物奥書院目録』）。この告文は道真が書いたことになっているが、偽作である。しかし、大宰府へ左遷された道真は、筑紫から都の友人、紀長谷雄に、「君も私を罪ある人とみるなら、私は神鬼となって君を撃つ。しかし君は、私が無実であることを知っているだろう」という意味の詩を書いているから、鬼となって怨みをはらそうという心境でいたことは確かである。

図14 『北野天神縁起絵巻』の落雷の図

『天満宮託宣記』所収の天暦元年（九四七）の『天満天神神託記』には、

　我れ瞋恚《しんい》の身と成たり。其瞋恚の焰天に満《みち》たり。諸《もろもろ》の雷神鬼は皆我が従類と成《なり》て、惣《すべ》て十万五千に成たり。

とある。十万五千の雷神鬼が道真（天神）の従類だというのは、道真も鬼だという前提に立っている。

　醍醐天皇に能力を買われ、右大臣・右大将に昌泰二年（八九九）に任命された道真は、栄進をにくんだ藤原時忠の讒言《ざんげん》によって、延喜元年（九〇一）大宰権帥に左遷され、延喜三年二月、大宰府で憤死している。

道真の死んだ年から毎年のように天変地異がおこり、道真の死後六年目の延喜九年には、讒言をした張本人の左大臣時平が三十九歳の若さで急死し、さらに四年後の延喜十三年には、道真の後釜として右大臣に昇進した源光（時平と組んだ道真左遷の共謀者）が、狩猟中に泥沼に入って死んだ。延喜十八年には雷火のため東寺金堂が焼け、延喜二十三年には時平の娘を妃にした皇太子保明親王が、二十一歳の若さで亡くなった。皇太子の死は、『日本紀略』が「挙レ世云、菅師霊魂、宿念所為也」と書くように、道真の祟りとされたので、朝廷は道真左遷の文書を破棄し、道真に正二位を追贈し、年号も延長に改めた。

しかし、延長三年に保明親王と時平の娘の間に生まれた慶頼王が疱瘡《ほうそう》で急死し、延長八年（九三〇）六月には、清涼殿で祈雨のことを議しているさなかに落雷があり、五人が亡くなった。図14は、『北野天神縁起絵巻』の道真の怨霊が雷《いかづち》になって清涼殿に落ちる場面だが、雷は赤く色どられており、赤鬼の姿である。

道真の左遷の議に参加していた五人のうち、大納言藤原清貫は衣を焼き胸を裂かれて死に、右中弁平希世は顔を焼かれて死んだ。道真左遷にかかわる人々の、清涼殿という場所での死は、道真が雷神となって祟ったものと信じられた。この異変にショックを受けた醍醐天皇は、ただちに寛明親王（朱雀天皇）に譲位したが、異変の三ヵ月後に急死した。醍醐天皇の死も道真の怨霊によるとみた朝廷は、道真の霊を鎮めるため神社を北野に創始した。火雷天神菅原道真をまつる北野天満宮である。

『西宮記』の裏書が引く『延喜御記』には、延喜四年に「祭二雷公北野一」とあり、北野の雷公の祭祀は、すでに天満宮創始以前におこなわれていたことがわかる。喜田貞吉は、北野火雷天神（北野の雷公」を祭る神社に菅原道真の霊を合祀したとみるが（「北野神社鎮座の由来管見」(79)）、もともと雷が鬼とみられていたことは、前述のとおりである。

謡曲「安達ヶ原」（観世流以外の宝生・金剛・喜多・金春流では「黒塚」という）には、

野風山風吹き落ちて、鳴神稲妻天地に満ちて、空かき曇る雨の夜の、鬼一口に食はんとて、歩みよる足音、ふりあぐる鉄杖のいきほひ、あたりを払って恐ろしや

とある。

この表現は、『伊勢物語』の業平の愛人を一口に食った鬼があらわれるときの、「ゆくさき多く夜もふけにければ、鬼ある所とも知らで、神さえいといみじう鳴り、雨もいたう降りければ」を参考にした表現である。「神さえいといみじう鳴り」とは、「鳴神」「火雷天神」をいう。道真は、鬼となって、天皇権力の鬼たちを一口に食わんとし、事実、食ったのである。

怨霊と鬼と天皇

京都の上御霊《かみごりょう》神社・下御霊神社は、菅原道真と同じような死にかたをした人々を祀っている。上御霊神社は、次の三人の怨霊《おんりょう》を鎮めるために創建された神社である。

宝亀六年（七七五）、光仁天皇の皇后で、「厭魅大逆・謀反大逆」の罪で幽閉中に毒殺された井上皇后。光仁天皇の皇太子であったが、母井上皇后の厭魅・謀反の罪で廃太子となり、幽閉中、母と共に毒殺された他戸《おさべ》親王。延暦四年（七八五）、藤原種継暗殺事件に連座して桓武天皇の皇太子を廃され、

乙訓《をとくに》寺に幽閉中、自ら飲食を断って憤死した早良《さわら》親王（桓武天皇の実弟、他戸親王の異母兄弟）。

この井上皇后・他戸・早良親王は、罪なくして毒殺または自殺した人たちだが、その原因は桓武天皇にあり、天皇はこれらの怨霊をもっとも恐れた。

さらに、この神社は藤原吉子・橘逸勢《はやなり》・文室《ふみや》宮田麻呂・菅原道真・吉備真備の五名を合祀している。吉子は桓武天皇の妃で、平城天皇即位のときに息子の伊予親王と共に謀反の疑いで川原寺に幽閉され、母子共に毒を飲んで死んでおり、逸勢は、嵯峨天皇の崩御のとき恒貞親王を擁して謀反を企て、伊豆に流される途中、遠江で死んでいる。また宮田麻呂は、謀反をはかった罪で伊豆に流刑中死んでいる。

下御霊神社は、上御霊神社で祀る早良親王・藤原吉子・橘逸勢・文室宮田麻呂のほか、前出の桓武天皇第三子の伊予親王と、天平十年に大宰府へ左遷され、反乱をおこして誅殺された藤原広嗣《ひろつぐ》を祀っている。

上・下両社に合祀されることなく、上御霊神社だけに祀られる井上皇后・他戸親王、下御霊神社だけに祀られる伊予親王が、たぶん上・下御霊神社の主祭神であり、他の祭神は、あとから合祀されたのであろう。

天皇と藤原氏（藤原氏の人々も怨霊になっているから、この場合は藤原氏一般ではなく、藤原氏のなかで権力を握っていた藤原北家の人々）が、『伊勢物語』（第六段）で人を食う鬼と重ね合わされているように、幽閉・流刑・左遷された人々にとって権力は鬼であった。この鬼に、道真は死後、怨霊となって祟ったのだが、祟った道真の怨霊は「雷神鬼」と呼ばれている。怨霊が鬼とみられている以上、御霊神社の祭神も恨鬼・怨鬼とみられていたであろう。

天皇と鬼の関係では、
一、天皇に対立する存在、「まつろわぬもの」としての蝦夷や酒呑童子のような鬼。
二、鬼を討つ側の天皇権力としての鬼。
三、天皇権力の側に居たものが権力から追放されてなる鬼。
の三例がある。

一は権力に対立する鬼で、中心に対して周辺・辺境の存在である。二は権力としての見える鬼である。この権力から追放され、周辺・辺境の存在になった者が、死後、見えない鬼（怨霊）となって二の鬼に祟るのが、三の鬼である。

このように天皇と鬼は、一見、対立的関係にあるようにみえるが、一つの実体の表と裏の関係にある。

鬼が鬼退治をする

天皇の命で大江山の鬼退治をする源頼光と、討たれる鬼（酒呑童子）もまた、表（頼光）と裏（酒呑童子）の関係にある。頼光を「雷公」という例を、近藤喜博は『日本の鬼』で述べている。(80) ライコウ（雷公＝頼光）の語呂合せだが、人々が頼光に雷神的性格を見ていたからでもあろう。

頼光の四天王で酒呑童子を討ちに行く坂田金時は、延宝四年（一六七六）刊の古浄瑠璃「清原右大将」に、足柄山の鬼女の子と書かれている。

長野県上水内郡（小川村味大豆）に、次のような金時伝説がある。「虫倉山の大姥は、清和天皇の時代の大納言岩倉兼冬の娘沢潟姫だといわれる。沢潟姫は、坂田時行に嫁ぎ懐妊したけれども、わけあって離縁し、鬼女と化して深山幽谷を渡り住んだ。その後、信州安曇の『あげろう山』の岩穴で男児を産み、この山で、いのしし、しか、くまなどと遊ばせて育てたという。これが金太郎で、六歳のとき、諸国の悪鬼退治のためにこの山に迷いこんだ源頼光の一行にもらわれ、坂田金時と名のったという」。（『長野県史・民俗編』〔第五巻〕）(81)

天和元年（一六八一）ころ成立した『前太平記』は、源頼光とその家臣渡辺源治綱が、足柄山の山中で老嫗と童形の二十歳ばかりの若者に会ったとき、その若者が「岸壁を平地の如く歩み」「その相の奇なる事」に驚嘆した頼光が、老嫗に「童は汝が子か、その父は誰か」と問うたところ、老嫗は次のように答えたと記している。

我子なり。しかも父なし。妾嘗て此山中に住む事幾年といふことを知らず。一日この嶺に出て寝たりしに、夢中に赤竜来って妾に通ず。その時雷鳴夥多《おびただ》しくして、驚き覚ぬ。果してこの子を孕《はら》めり。

このくだりは、坂田金時が頼光の四天王になるいきさつとして述べられているが、頼光を雷公と書き、雷鳴下に赤竜と交わって生まれた子が坂田金時だと書いている。この話を山本吉左右は、「金時が雷神と山姥の子とされた」伝承とみる。また山本は、この伝承から「後の金太郎の像が形成された」とし、「全身が赤く、鉞《まさかり》をかつぎ、熊に乗るわけだが、鉞は雷神の武器であり、赤は神霊を有するもの、熊は山中誕生を象徴している。そしてその背後には遠く古代の信仰の流れをくむ雷神信仰や

処女懐胎説話などがかくされている」と書く。(82)

高崎正秀も「金太郎誕生縁起」において、金太郎は雷神の子で、鬼とみられていたと述べている。(83)

図15　渋川版「酒呑童子」の挿絵

頼光たちの前に姿をあらわした酒呑童子を、渋川版「酒呑童子」は、

　その後なまぐさき風吹きて、雷電いなづましきりにして、前後を忘ずるその中に、色薄赤くせい高く、髪は禿《かぶろ》に押し乱し、大格子の織物に、紅の袴を着て、鉄杖を杖につき、あたりをにらんで立ったりしは、身の毛もよだつばかりなりけり。

と、表現している。「雷電いなづま」のなかでの登場は、謡曲「安達ヶ原（黒塚）」の鬼女が、「鳴神稲妻天地に満ちて」登場するのと同じである。

「鉄杖を杖につき」の「鉄杖」は金棒のことだが、挿絵のほうは、**図15**のように鉞《まさかり》を杖にしている。このことからも、金太郎の鉞は鬼の持物であることがわかる。長野県の金時伝説で、上水内郡中条村倉本に伝わる話には、「虫倉山の大姥は、坂田の金時の母親だという。大姥は、生まれたばかりの金時を、麓の酒屋で買った酒で育てた。だから金太郎の顔は赤いのだという」とある。金時も「酒呑童子」である。

渋川版「酒呑童子」は、「かの鬼、常に酒を吞む。その名をよそへて、しゅんてんどうじと名付けたり」とあり、謡曲「大江山」には、「わが名を酒呑童子といふ事は、明暮《あけくれ》、酒を好きたるにより、眷属どもに酒呑童子と呼ばれ候」とある。

「しゅてん」は「酒呑」「酒天」以外に「酒顚」「酒典」「酒伝」などの漢字表記がある。佐竹昭広は『日本古典文学大辞典』で、「『下学集』飲食門に「酒顚」の語が見える。これが本来の表記だったかもしれない」と書いている。[84] また『酒呑童子異聞』で佐竹は、話の内容については「捨て童子」の物語とし、表題については、「酒ニ酔テ狂スルヲ顚狂ト云フ」（『杜律集解詳説』五言巻六）とあるから、「『酒顚』は『酒顚狂』の意味」で、「れっきとした室町時代語」の「酒顚」が本来の表記だとみる。[85]

前述の金時伝説の坂田金時も、「酒顚」童子であり、酒呑童子を退治する源頼光の側も、頼光が「雷公」と呼ばれ、頼光の四天王の坂田金時が雷神の子で酒呑（顚）童子とみられている以上、酒呑童子譚も、鬼が鬼を退治する物語である。

権力に従うものは鬼にならない。権力に逆らうものか、権力を行使あるいは代行するものが鬼とみられたのは、権力に従う従順な良民の目には、どちらの側も、普通以上の力（マナ）をもつものと映ったからである。

権力に討たれる鬼の側に立っている酒呑童子譚

これまで、主に『御伽草子』にもとづいて酒呑童子譚を述べてきたが、『お伽草子』の酒呑童子譚は、謡曲「大江山」を元にして書かれている。謡曲「大江山」は、世阿弥か宮増の作といわれているが、作者はきめかねても、室町時代に書かれたことは確かである。この謡曲の酒呑童子には、御伽草子の酒呑童子以上に、作者の思い入れがうかがえる。

謡曲の酒呑童子は、源頼光らが山伏の姿になって一夜の宿を頼むと、ことわりきれず、「筑紫彦山《ひこさん》の客僧にて候が、麓の山陰道より道に踏み迷ひ、前後を忘《ばう》じ佇《たたず》み候」という嘘にころりと欺されて、酒をすすめている。

また、「この山をばいつの頃よりの御居住《おすまい》に候ぞ」という問いに答えて、

われ比叡の山を重代の住家とし、年月を送りしに、大師坊といふえせ人《びと》、嶺に根本中堂を建て、麓に七社の霊神を斎《いは》ひし無念さに、一夜に三十餘丈の楠となって奇瑞を見せし処に、大師坊一首の歌に、「阿耨多羅三藐三菩提《あのくたらさんみやくさぼだい》の佛《ほとけ》たち、わが立つ杣《そま》に冥加《みようが》あらせ給へ」とありしかば、佛たちも大師坊にかたらはされ、出でよ出でよと責め給へば、力なくして重代の、比叡のお山を出でしなり。

と答えている（「大師坊」は伝教大師最澄。「阿耨多羅……」の歌は、根本中堂創建のとき最澄が詠んだ歌で、『古今集』に載る）。さらに童子は言葉をついで、比叡山を追われたあと、彦山・伯耆の大山、さらに白山・立山・富士の御嶽と巡り、「猶《なほ》も輪廻《りんね》に心引《ひ》」かれ「都のあたり程近き、この大江山に籠《こも》り居る」と語る。

そして、大江山で「忍び忍び」の隠れた生活をして、人に姿を見せなかったのに、「今客僧達に見

あらわれ申し、通力を失《うしの》ふばかりなり」といい、隠れていることを口外しないでほしいと頼む。すると頼光は、筑紫彦山の山伏が道に迷ったという嘘の上に、さらに嘘を重ねて、「御心安く思しめせ、人に顕す事あるまじ」と答えている。この言葉にまただまされて、「嬉し嬉しし一筋に、頼み申すぞ一樹の蔭」というと、頼光は、「一河の流れを汲みて知る、心はもとより慈悲の行」と、ぬけぬけと酒呑童子をだましている。

その言葉を聞いた酒呑童子は、頼光らの山伏の姿を「人を助くる御姿」といい、比叡山を追われた童形の身の「山育ち」のわれわれを「あはれみ給へ」とまでいっている。さらに、大江山に隠れ住んでいるのを他言しないでほしいと哀願し、歓迎の舞を舞い、酒をすすめて「夜の臥処《ふしど》」に入ってしまう。その「まどろみ臥したる鬼の上に」、頼光らは「剣を飛ばす」のである。

このような書き方からみて、作者がどちらに心情的に加担しているかは明らかである。討たれる酒呑童子に、作者は次のように言わせている。

情なしとよ客僧達、偽りあらじといひつるに、鬼神に横道なきものを。

(「情ないことよ。君たちは、うそ偽りはないといいながら、私をだまして斬ろうとするが、鬼神はこのような道に外れたことはしないものだ」)

この言葉に対して討手は、「これは勅なれば、土も木も、わが大君の国なれば、いづくか鬼の、宿りなるらん」という。この言葉は、前述したように鬼退治の常套句である。この常套句をいって、頼光らは「鬼神を押しつけ、怒れる首を、打ち落し、大江の山を、又踏み分けて、都へとてこそ、帰りけり」ということになる。

謡曲「大江山」では、都からさらってきた女性たちも召使にされているだけで、御伽草子のように食われてはいない。

しかし、御伽草子の酒呑童子譚も、謡曲の「大江山」と同じく、酒呑童子への思い入れの発想は継承している。ほとんどの御伽草子の「酒呑童子」は、「鬼神に横道なきとかや」という鬼への思い入れの言葉を、そのまま使っており、渋川版「酒呑童子」は、この言葉を二ヵ所に用いている。

一ヵ所は、謡曲と同じく討たれたときで、

鬼神、眼《まなこ》を見開きて、「情《なさけ》なしとよ、客僧たち、偽りなしと聞きつるに、鬼神に横道なきものを」と、起きあがらんとせしかども、足手《あして》は鎖に繋がれて、起くべきやうのあらざれば、お声をあげて叫ぶ声、雷電《らいでん》、雷《いかづち》、天地も響くばかりなり。

とある。もう一ヵ所は、頼光が偽りの「礼」をするのに対して、

鬼神に横道なきとかや、童子もかへりて頼光に、礼拝するこそうれしけり

という記述である。頼光の「礼拝」は、酒呑童子を油断をさせるための「横道」の「礼拝」であった。その「礼拝」を酒呑童子は真実よろこんで、「横道なき」返礼を頼光にしている。

謡曲「大江山」ほどではないが、御伽草子にも鬼への思い入れがあるのは、鬼の側に立っているともいえる謡曲を、原典にしていたからである。

鬼は横道（道に外れたこと）をせず、鬼を「勅なれば」といって討つ側が横道をするという発想が、酒呑童子譚の根底にある。このことに私たちは留意する必要がある。

差別される側から見た鬼

謡曲の酒呑童子は「シテ」の役であり、御伽草子のタイトルも、討たれる鬼の名をとっている。これは討たれる鬼への思い入れによるものだが、同じ鬼退治譚でも、桃太郎の場合はちがう。桃太郎の話では、討つ側の桃太郎が主人公である。鬼は悪者とされ、桃太郎は一方的に鬼の住む島に攻めこんで彼らを殺し、財産を奪いとってくる。鬼に対しては、何の同情もみられない。

このちがいは、桃太郎譚が一般の定着農耕民の昔話・民話なのに対し、酒呑童子譚が謡曲を原型とすることによる。

「大江山」の作者（世阿弥または宮増）らは、室町幕府御用の芸能者だが、彼は漂泊芸能民の頂点にいた存在で、同類の多くは、天皇の「オオミタカラ」といわれる定着農耕民から差別されていた。彼らは、謡曲で「山育ち」といわれる酒呑童子と、五十歩・百歩の存在であった。その彼らが作った話だから、平地の公民たちによる桃太郎譚と比べて、鬼への思いが違うのである。

それは謡曲「土蜘蛛」についてもいえる。酒呑童子を討った頼光に逆襲する鬼神は、「汝知らずや我昔、葛城山に年を経る土蜘蛛の精魂なり。なほ君が代に妖をなさん」と名乗っている。馬場あき子は、「正身をあらわした土蜘蛛の名乗りや悪心の告白には、山に拠る不逞の人びとの内面が端的にあらわされている」と書くが、(86) こうした言葉をいわせているところに、謡曲の作者や演技者の、鬼・反体制者・被差別者への思い入れがうかがえる。

こうした思い入れは、以上あげた二例だけでなく、謡曲に登場する他の鬼についてもいえる。この謡曲作者と似ているのが、御伽草子の作者である。

御伽草子は、室町時代の絵草子の形態をともなっている。御伽草子の形態を研究している岡見正雄は、「絵解《えとき》」のわざと絵草子・御伽草子のかたちを論じているが、(87)この岡見論文を紹介して『御伽草子集』を解説している大島建彦は、絵を示しながら物語を聞かせる「絵解」は散所民《さんじよみん》や比丘尼《びくに》などによるものであったと書いている。(88)散所民や歩き比丘尼も、定着農耕民にとっては、能役者・猿楽などの芸能民と同じく、蔑視の対象であった。

彼らにとって、「土も木もわが大君の国なれば、いづくか鬼の宿りなるらん」といって「横道なきもの」を討つように命じる権力こそ、「横道」をおこなうものであった。

謡曲「大江山」では、比叡山の天台密教の開祖最澄（大師坊）が「えせ人」といわれているが、渋川版「酒呑童子」は、さらに真言密教の開祖空海（弘法大師）を「えせ人」に加え、酒呑童子に次のようにいわせている。

「某《それがし》が古《いにし》へを語りて聞かせ申すべし。本国は越後の者、山寺育ちの児《ちご》なりしが、法師にねたみあるにより、あまたの法師を刺し殺し、その夜に比叡の山に著《つ》き、我すむ山ぞと思ひしに、伝教といふ法師、佛たちを語らひて、わが立つ杣《そま》とて追ひ出《いだ》す。力及ばず山を出で、又此峯にすみし時、弘法大師といふえせもの、封じてこゝを追ひ出せば、力及ばぬ処に、今はさやうの法師もなし。高野の山に入定す。今又ここに立ち帰り、何の子細も候はず。」

このように、「正道」といわれている二大仏教権力の祖師を「横道」の祖にし、「えせ人」「えせもの」といって批判しているのは、『伊勢物語』が、摂政・太政大臣になった藤原基経らを、人を食う鬼と重ね合わせているのと同じ発想である。

『伊勢物語』では、自分を「用なき者」とした男を主人公にしている。「用なき者」とは、権力にとって無用な存在をいうが、『伊勢物語』の筆者は、この「用なき者」の「無用の用」の存在意義を主張している。この主張は、鬼こそ「横道」をおこなわない存在とする主張と、重なっている。

鬼がこのような視点で見られていたことを、私たちは無視してはならない。

補遺　鬼が人を食うと信じられていたのはなぜか

正史の『日本三代実録』（宇多天皇の勅令によって清和・陽成・光孝の三代〔八五八年〜八八七年〕を記したもので、延喜元年〔九〇一〕に成立。国史としては最後のもの）の仁和三年（八八七）八月十七日条に、

今夜亥《ゐ》の時、或る人告げけらく、「行人《ゆくかふひと》云ふ、『武徳殿の東縁の松原の西に美しき婦人三人有り。東に向きて歩き行くに、男有り。松樹の下に在りて、容色端麗なり。出で来りて一婦人と手を携へて相語る。婦人、精感《せいかん》して共に樹下に依り、数尅《すうこく》の間音語《おんご》聞えず。驚き怪みて見れば、其の婦人の手足折れ落ちて地に在り。其の身《からだ》・首《くび》なし』と。右兵衛・右衛門の陣に宿侍せる者、此の語を聞きて往きて見るに、其の屍有ることなく、所在の人忽然《たちまち》消え失せき」と。時人《じじん》以為《おも》へらく、「鬼物《おに》、形を変へて此の屠殺《とさつ》を行ふ」と。

この記述とほとんど同じ話が、『今昔物語集』（巻十七・第八）、『古今著聞集』（巻十七・第五八九）にも載るが、『三代実録』は正史だから、奇譚だけにとどめず、この怪異に関連した宮廷の出来事と、当時の世相を記している。

明日《あくるひ》、転経の事を修す。仍《よ》りて諸寺の衆僧請《こ》はれ、来りて朝堂院の東西の廊に宿りき。夜中、覚えず騒動の声を聞き、僧侶競ひて房外に出づ。須臾《しゅゆ》にして事静《しづま》る。各《おのおの》其の由を問ふに、何に因りて房を出でしかを知らず。彼此相佐《かれこれあひあやし》みて云ひけらく。「これ自然《じねん》にして然《しか》るなり」と。是《こ》の月、宮中及び京師に、此《こ》の如き不根の妖語、人口《ひとのくち》に在る有りて三十六種、委《くわ》しく載すること能はず。

長野嘗一は、「この種の妖怪の存在が正史に記載せられるほど、一般に信ぜられてゐたらしい。主観的事実の一つとして説話と歴史とが著しく接近してゐたことを、われわれはここに見る」（日本古典全書『今昔物語』頭註）と書いているが、正史は「此の如き不根の妖語」といっているのだから、「説話と歴史が著しく接近してゐた」わけではない。ただ、「是の月」（といっても半月しかたっていない）に「三十六種」もこうした「妖語」があり、ついに十七日の夜には宮廷の近くで異変がおきたという「不根の妖語」があったから、正史に載せたのである。

正史の筆者は「不根の妖語」とみるが、内裏に近い朝堂院の東西の廊には、翌日の読経のために諸寺から集められた僧侶たちが宿泊し、夜中、もの音におびえて騒ぎ出したのだから、一般の人たちもおびえていたことは事実であろう。

諸寺から僧を集めたのは、半月に三十六件も同じような話が噂になる世情不安を鎮めるためであ

った。『三代実録』は翌十八日の条に、

宿徳の名僧百口を、紫宸、大極の両殿に延《まね》きて、大般若経を転読せしめ、三箇日《さんがにち》を限りき。災異を攘ひ、年穀《としのみのり》を祈りしたり

と書いている。これが、僧を集めた行事である。

人を食う鬼の話のような怪異が、八月に三十六種も噂されたのは、『三代実録』によれば、七月三十日に大地震があって宮殿や京の家々が潰《つぶ》れ、「圧殺せらるる者衆《おほ》く、或は失神して頓死する者有り」「五畿内七道の諸国も同日に大震あり」という地震の被害だけでなく、「海潮陸に漲《みなぎ》りて溺死者勝《あ》げて計《はか》るべからず」だったからである。その後、八月一日、二日、四日と地震はつづき、五日の夜の地震には、「京師の人民、廬舎《いへ》より出でて衢路《みち》に居りき」と記している。

さらに、九日、十三日、十四日、十六日と地震の記事はつづく。こうした災異が、怪異譚を流布させる理由だったのである。

『日本紀略』（神代から後一条天皇に至る編年体の歴史書。成立年代は明らかでないが、平安時代末期と推定されている）の寛平元年（八八九）七月二十四日条に、信濃国より「人を食う鬼」が洛中に入ろうとしているという妖言があったと記されているように、都の人々は「人を食う鬼」を信じていた。この妖言は、武徳殿の松原で娘が人に食われたという話（仁和三年（八八七））の二年後のことである。

時代はやや下がるが、『日本紀略』の天徳二年（九五八）閏七月九日条には、「一狂女」が待賢門の前で死人の頭を食っていた。そののち、しばしば「諸門」に臥《ふ》していた病者が生きながら湌《くら》われ

た。世間では、これを「女鬼」の仕業とみなしていた、とある。
病者が生きながら食われたのは、待賢門など内外の諸門に病者や死者が遺棄されていたからである。そのことは、『政事要略』や『本朝文粋』にも記されている。捨子も門に捨てられている。『今昔物語集』（巻十九・第四十四）には、達智門の下に生後十日ばかりの男の子が捨てられていた話が載っている。

捨子は生後まもなく捨てられるから、多くは犬に食われた。『今昔物語集』（巻三十・第六）にも、ある国守の正妻と妾が同時に女子を生んだとき、正妻の乳母が妾に対し、生まれた子を「落シ棄テ、狗《イヌ》ニ食《クワ》セテヨ」と強要している。達智門の下に捨てられた男の子も、「若干《ソコバク》ノ狗ニ不被食《クハレ》ザリケル」と思っていたのに、「白キ狗」が乳をやって育てたとある。

『政事要略』（寛弘五年〔一〇〇八〕ころの成立）にも、貞観九年（八六七）に京都の諸人が男児を道路に捨て、その子は犬や鳥に「害喫」されたとある。

このように、病者や捨子は生きながら犬などに食われている。飢えた人も、狂女と同様に人を食べたかもしれない。こうした世相であったから、第四・第五章で述べたような、生贄・人身御供譚を基底とする怪異譚とは別に、当時の人々は人を食う鬼が現実に居ると信じていたのである。

第七章　天皇の后《きさき》を犯す鬼

染殿の后と交わった鬼

『今昔物語集』（巻二十・第七）に、「染殿《ソメドノ》ノ后《キサキ》」（藤原良房の娘で文徳天皇の女御、「染殿」は父良房邸の称）が、鬼と交わったという奇怪な話が載る。

染殿の后（八二九〜九〇〇）は、「常ニ物ノ気ニ煩《ワヅラ》ヒ給ケレバ」、「大和葛木」の「金剛山」に住む「貴キ聖人」に、「天皇ト父ノ大臣《オトド》（良房太政大臣と申ける関白）」が加持《かじ》を頼んだ。聖人は、后の侍女に老狐が憑《つ》いていたための「物ノ気ノ煩ヒ」だといって、侍女に憑いた狐をみごとに出し、逃げようとする狐を「令繋《ツナガシメ》タ」ので、「后ノ病ハ一両日ノ間ニ止《トメ》給ウタ」。大臣は喜んで、しばらく滞在するよう聖人にいった。ちょうど夏のこと、后は薄着でいた。

その后を聖人が見た場面を、『今昔物語集』は次のように書く。

風、御《ミ》几帳《キチヨウ》ノ帷《カタビラ》ヲ吹キ返シタル迫《ハザマ》ヨリ、聖人、ホノカニ后ヲ見奉《ミタテマツリ》ケリ。見モ不習《ナラハ》ヌ心地ニ、此《カ》ク端正美麗ノ姿ヲ見テ、聖人忽《タチマチ》ニ心迷《マド》ヒ肝砕《キモクダケ》テ、深ク后ニ愛欲ノ心ヲ発《オコ》シツ。

愛欲の心に聖人は、しばらく堪えていたが、ついに心狂い、人のいないときを見はからって御几帳の内に入り、后を犯そうとした。女房たちがこれを見て騒ぎ、それ聞いた侍医の当麻鴨継《たいまのかもつぐ》が、御帳から聖人をひきずり出し、獄に入れた。獄に入れられた聖人は、「我、忽《タチマチ》ニ死ニテ鬼ト成リテ、此后《コノキサキ》ノ世ニ在《マシ》マサヌ時ニ、本意ノ如ク后ニ睦《ムツ》ビム」といったので、この言葉を聞いた獄司が染殿の后の父の大臣に伝え、聖人は放免され、金剛山へ帰った。

山へ戻った聖人は、「本《モト》ノ願ヒノ如ク、鬼ニ成ラム」といって絶食し、十余日後に死んで「タチマチニ鬼ト成リ」、「后ノ御《オハシ》マス御几帳ノソバニ立ツ」。鬼の魂が后の正気を失わせ、狂わせたので、后は鬼を御帳の内に入れて、「鬼ト二人臥《フ》サセ給ヒケリ」ということになった。その後も鬼は毎日のようにあらわれ、后は親しげに迎えた。しかも、鬼は人に憑いて、「我必ズ彼ノ鴨継ガ怨ヲ可報《ムクユベ》シ」といい、まもなく鴨継は急死し、その子息三・四人も、狂って死んだ。

この事態に天皇と父の大臣は驚き怖れ、多くの高僧たちに鬼降伏の祈禱をさせたところ、鬼も三月ほど来ず、后の気分もよくなったので、天皇は后の居る染殿へ行幸した。天皇が后に会ったときのことを、『今昔物語集』は次のように書く。

泣々《ナクナ》ク哀ナル事共《ドモ》申サセ給ヘバ、后モ哀ニ思食《オボシメシ》タリ。形モ本ノ如クニテ御《オハ》ス。而ル程 間《ホドノアイダ》、例ノ鬼、俄《ニハカ》ニ角《スミ》ヨリ踊出デ、御帳ノ内ニ入リニケリ。天皇此レヲ「奇畏《アサマシ》」ト御覧ズル程ニ、后、例ノ有様ニテ、御帳ノ内ニイソギ入給ヌ。暫《シバラ》クバカリ有テ、鬼、南面《ミナミオモテ》ニ踊出ヌ。大臣公卿ヨリ始テ百官皆現《ミナアラハ》ニ此ノ鬼ヲ見テ、恐レ迷《マドヒ》テ、「奇異《アサマシ》」ト思フ程ニ、后、又取次《トリツヅ》キテ出サセ給テ、諸《モロモロ》ノ人ノ見ル前ニ、鬼ト臥《フ》サセ給テ、艶《エモイハ》ズ見苦キ事ヲゾ、憚《ハバカ》ル所モ無ク為《セサ》セ給テ、鬼起ニケレバ、后モ起テ入ラセ給ヌ。天皇可為《スベ》キ方無ク思食《オボシメ》シ歎《ナゲキ》テ、返ラセ給ニケリ。

同じ話は、『真言記』所収の『善家秘話』（三善清行（八四七〜九一八）の語った秘話の記録）にも載る。ただし葛城の金剛山の聖人が、吉野の「金峯山の沙門」になっている。この沙門と后の出会いは『今昔物語集』と同じで、鬼になった沙門について『善家秘記』は次のように書く。

直ニ后ノ帳ノ中ニ入ル。后、本心ヲ失テ鬼ト通ス。御膳ヲ勧《ススメ》ズ数十余日、容色変スル事ナクシテ、昼夜ニ鬼ト交接シ、尤《モツト》モ服愛ノ色アリ。此鬼、或ハ其形見、或ハ資《スカタ》ヲ見セズ。常ニ后ト物語ス。然《シカ》モ人其趣《オモムキ》ヲ知ラズ、文徳天皇是ヲ怖《オソレ》テ、后ニ近ツキ給ハス。鬼、人ニ託シテ云フ。鴨継ヲ報セント思フト。其後トクホトナクシテ鴨継卒シヌ。

ここまでは『今昔物語集』と同じだが、あとがちがう。『今昔物語集』の話は、夫の文徳天皇や父の大臣や百官の前で鬼と后が交接したことになっているが、『善家秘記』では、文徳天皇と染殿の后の間に生まれた清和天皇の時代の話になっている。

元慶ノ初メ大后年既ニ五十。清和天皇、御賀ヲイトナミ給《タマフ》。后ノ前ニ再拝ノ千万ノ命《ミコト》ヲ献スル時、大后、人ノ心ナクシテ鬼、大后ノ傍ニ有テ、アタカモ夫婦ノ如シ。盃ヲノミカハシ給。天皇、此ヲ見テ大ニ悲ミ給テ、世ヲイトフ叡慮、是《コレ》ヨリ甚タシ。

とあり、さらにつづけて、世間では「此事」について多くの噂話が伝わっているが、以上記したことは、「昌泰二年（八九九）春三月」に、「后、暮齢ニ至ル迄ツカへ」た「后宮ノ命婦百済ノ継子」が「具《ツブサ》ニ是ノ事ヲ述《ノブ》ルヲ聞テ」清行が記したものだから、この話にこそ信憑性があり、「実ト為ス」べきだとある。

『善家秘記』の信憑性と真済僧正

飯沢匡は「鬼の真相」で、こうした染殿の后の話は、「文徳天皇が早く亡くなられ孤閨を守って七十二歳まで生きられた強健な后が、フラストレーションからヒステリ症状となり正気を失いモーレツ的な行動をなさったのではないかと推察するのである」と書いているが(89)、『善家秘記』のいう、「元慶ノ初メ大后年既ニ五十、清和天皇、御賀ヲイトナミ給」は事実である。

正史の『三代実録』元慶二年九月二十五日条に、次のように書かれている。

太上天皇、碩学の高僧五十人を清和院に延屈《えんくつ》し、大に斎会を設けて法華経を講じ給ひ、三日を限りて訖《をは》りき。太皇太后、今年始めて五十の算に満ち給ふ。是に由りて慶賀修善《ずぜん》して、余齢を祈禱し給ひき。親王公卿、文武百官 畢《ことごと》く会す。

「太上天皇」は清和上皇、「太皇太后」は清和上皇の母の染殿の后である。この記述では、太皇太后を清和殿に呼ばずに、太皇大后の「慶賀修善」のため、「碩学の高僧五十人」を呼んで祈禱させている。この祈禱は、五十になっても男狂い（飯沢のいう「モーレツ的行動」）をやめない母（太皇太后）に対する、「もののけ」調伏のための祈禱だったのである。

『今昔物語集』が、「諸《モロモロ》ノ止事無《ヤムゴトナ》キ僧共《ドモ》ヲ以テ、此《コノ》鬼ヲ降伏セム事ヲ懃《ネンゴロ》ニ祈《イノラ》セ給ケル」と書くのも、元慶二年の高僧たちの祈禱を、そのようにみたからであろう。三日間の祈禱ののち、天皇は染殿に行幸しているが、そのとき母は、男をはべらせて「アタカモ夫婦ノ如ク盃ヲノミカハシ」ていたので、

「天皇、此ヲ見テ大ニ悲ミ給テ、世ヲイトフ叡慮、是ヨリ甚タシ」くなったのである。

『今昔物語集』は、『善家秘記』が「アタカモ夫婦ノ如シ。盃ヲノミカハシ給」とのみ書いているところを、「諸ノ人ノ見ル前ニ、鬼ト臥サセ給テ、艶《エモイハ》ズ見苦キ事ヲゾ、憚《ハバカ》ル所モ無ク為《セサ》セ給」と書き、『善家秘記』が文徳朝と清和朝の二つ時代の話にしているのを一つの話にし、物語として一貫性をもたせている。

『善家秘記』は三善清行の「秘記」だが、清行は菅原道真・紀長谷雄と並ぶ学者で、著作に『扶桑集』『本朝文粋』『本朝文集』『政事要略』があり、漢詩・和歌にも長じていた。『善家秘記』は三善清行晩年の著作で、延喜十年（九一〇）から没年の延喜十八年（九一八）の間のものとみられている（今野達「善家秘記と真言伝所引散佚物語」[90]）。『今昔物語集』の成立は一一二〇年代とみられているから（『日本古典文学大辞典』）、二百年ほどの差がある。この時間の差が、『善家秘記』の伝える話を、面白く一貫性をもった物語へと作り変えさせたのである。

ところで、「此事」については多くの噂話があると『善家秘記』は書いている。そうした噂話のひとつが、ほぼ同時代に成立した（延喜十八年［九一八］から延長元年［九二三］の間）『天台南山無動寺建立和尚伝』（略称「南山和尚伝」）の伝える異伝である。

くわしい内容は後述するが、紀僧正真済が死後「柿本天狐」となって染殿の后に憑いたのを、南山無動寺の相応が不動明王の呪力を得て呪縛したという話である。

この『南山和尚伝』の記述は、三善清行の『善家秘記』にくらべて信憑性がない。

理由の第一は、染殿の后は昌泰三年（九〇〇）五月に六十二歳で崩御しているが、三善清行は后が生存中の昌泰二年三月に話を聞いていること。

第二は、清行に話した人物は、染殿の后に「暮齢ニ至ル迄ツカヘ」ていた「命婦百済継子」であり、『善家秘話』はその話を「具ニ《ツブサ》」記録したものであること。

第三に、聞き手の清行も、昌泰三年二月には刑部大輔、五月には文章博士になり、のちに参議にまで昇進した人物であること。

第四に、このような『善家秘記』に対して、『南山和尚伝』は相応の伝記で、相応の験力の宣伝に真済は利用されて書いていること。

以上のような理由から、『南山和尚伝』の真済についての異伝は創作とみられるが、そのことは、真済についての『三代実録』の次の記事（貞観二年〔八六〇〕二月二十五日条）からもいえる。

廿五日丙午、僧正伝燈大法師位真済卒す。真済は俗姓紀朝臣。……大僧都空海に従ひて真言の教へを受く。大師空海公、其の器量を見て……伝法阿闍利《あじゃり》と為《な》しき。年は廿五、時人《ときのひと》これを奇とす。真済、愛当護山《あたごさん》高尾峰に入りて出でざること十二年。嵯峨天皇、其の苦行を聞きて内供奉《ないぐぶ》十禅寺と為し給ふ。承和の初め、使を遣《や》りて唐に聘《へい》す。真済、朝命を奉じて使に随ひ海を渡る。中途にして漂蕩し船舶破裂し、真済、わづかに一筏に駕し、波に随ひ……海上に在ること廿三日。同乗する者卅《さんじゅう》余人皆ことごとに餓死し、活《い》くる所は真済と弟子真然の二人のみ。真済、唯佛を是れ念じて自然に飢えず。豈《あに》、如来冥護《みょうご》の致す所に非《あら》ずや。南嶋の人遙に海中を望むに毎夜光あり。恠《あやし》みて之《こ》れを尋ね救ひて岸に著くを得しに、皮膚腐爛し尸居《しきょ》して動かず。嶋人憐愍《れんびん》し収めて養療せしむ。遂に本朝に帰るを得たり．仁明天皇、擢《ぬきん》でて権律師《ごんのりし》と為し給ひ、文徳天皇、甚だ尊重し給ひて権少僧都《そうづ》と為し給ふ。幾《いくば》くならずして権大僧都に転じ、少頃《しばらく》して僧正と為る。是《ここ》に於いて真済、表を抗《あ》げ、僧正の位を以て先師空海に譲らんと請ひ、中心懇切、再三に至る。天皇感徹し給ひ、空海法師に贈るに大僧正の位を以てし給ふ。……天安二年八月、文徳天皇寝病《みやまひ》し給ひ、真済、看病に冷然院に侍す。大漸《たいぜん》の夕、時論嗷々《がうがう》たり。真済、志を失ひて隠居す。遷化《せんげ》の時、年六十一。

このように正史に書かれている高僧が、文徳天皇の后にみだらな心をもつはずはない。だから、鬼になって染殿の后を犯したのは真済僧正だとする異伝を、三善清行は採用しなかったのであろう。染殿の后と鬼との愛欲譚は、真済とは関係がない。

染殿の后にとり憑いた天狗・怨霊

『南山和尚伝』に載る真済の話にも染殿の后は登場するが、『善家秘記』や『今昔物語集』が記すような愛欲譚ではない。現代文になおすと（原漢文）、次のような内容である。

染殿皇后は、天狐のために悩まされていた。数ヵ月のあいだ、多くの寺の験力のある僧たちのなかにも、天狐を降ろす者はいなかった。天狐は放言して、「三世の諸仏が出現しなければ、誰も我を降ろせまい」といった。相応和尚が召されて参入し、両三日祈禱したが、その験はなかった。本山に帰った和尚は、無動寺の不動明王に事情をいって、涙ながらに祈った。明王像は背を見せて西を向いているので、西に和尚が坐すと、明王はまた背を見せて東を向く。東に坐すと南に向く。和尚は南に坐し、涙を流して、私は明王にひたすら従い、他念がないのに、今どういう科《とが》で背を向けてしまわれるのですかといい、どうかお願いですから助けて下さいと、ひざまずいて合掌し、明王の本誓を念じ、眼をつむり、夢とも現《うつつ》ともつかぬ間に、明王は告げた。

「我、一時の後生によって、加護の本誓を生んだ。汝が祈っても応じ難い。それは誓に背くことになるからだ。我、いま本縁を説く。昔、紀僧正 紀氏三園の子真済。世に「紀僧正」と号す也 が生きていたとき、我の明咒《みょうじゅ》を持していた。しかし、いま邪執をもったため、天狐道に堕ち、皇后に憑いて悩ませているが、我は本誓を守り、彼の天狐を護っているので、我の呪力で彼の天狐を縛ることはできない。今から汝は宮中に行き、ひそかに天狐に告げよ。『汝は是れ紀僧正柿本天狐にあらざるか』と。そして、大威徳を以って加持を呪せば、結縛できるだろう。我は邪執を伏せて仏道に従い、この事を汝に告げ、令す。」

和尚は明王のお告げに驚き、感激に堪《た》えず、頭面を足につけて数十回頂拝し、後日、召によってかの宮に参ると、明王の教えのままに行なった。すると天狐は結縛に応じ、指を屈し、「以後、二度と来ない」と自分から述べて、しばらくして解脱した。その後、皇后は悩まれることはなかった。(『新校群書類従』巻第六十九、「天台南山無動寺建立和尚伝」)

『古事談』もまったく同じ話を載せるが、「天狐」が「天狗」になっている。この話では、真済の「邪執」は愛欲によって染殿の后に憑いたのではない。不動明王の「本誓」によって憑いている。不動明王は、くわしくは「不動威怒《いぬ》明王」といい、忿怒像であることからみても、真済の忿怒が、良房の娘で惟仁親王の母である染殿の后に憑いたのは、「不動威怒明王」の怒りの「本誓」による。だから、明王の呪力では「柿本天狐」を呪縛できず、相応に相談された明王は、困って背を向けたのである。しかし、相応が涙を流して依頼するので呪縛を命じ、相応によって「柿本天狐」は呪縛されるという、相応顕彰譚になっている。「柿本天狐」となった紀僧正真済が相応に呪縛される話は、その書き方からみても、不動明王の二面性を相応・真済に具現して示した話である。

建久年間（一一九〇～一一九九）平康頼によって書かれた『宝物集（九冊本）』にも、真済が「明王のばくにかかる」とあり、不動明王霊異譚と解されている。「明王のばく」にかかったのは、染殿の后に憑いたからだが、その理由を『宝物集』は次のように書く。

> 清和天皇と木原の王子と春宮の位をあらそひ給ひける時、真済は木原王子の御持僧なり。木原すでに東宮にたち給ひぬと聞えければ、恵亮なづきをくだきて、芥子《けし》にまぜてたき侍りける時、木原は崩じ給ひにけり。さて清和天皇は東宮にたち、くらゐにもつき給ひにしなり。真済、此事をなげき給ひて、皇子にとりつき奉りて、ともに入滅し給ひにけり。

この「木原の王子」は、清和天皇（惟仁親王）の兄の惟喬《これたか》親王のことである。真済が惟喬親王側について、恵亮と験力くらべをしたというのである。

「恵亮なづきをくだきて、芥子にまぜて」の一節は、「独鈷《とつこ》をもって自ら脳《なづき》を突き砕《くだ》きて、脳を取りて罌粟《けし》にまぜ、炉にうちくべ」という『曽我物語』の一節を採ったものだが、このような恵亮の行為によって惟仁側が勝ったので、「真済、此事をなげき給ひて、皇子にとりつき奉りて、ともに入滅し給ひにけり」とある。しかし『曽我物語』には、「これによりて、惟喬の護持僧真済僧正は、思い死に失《う》せ給ひたる」とあって、「皇子にとりつき奉りて、ともに入滅」したとは書いていない。

惟仁も惟喬も真済の死後まで生きているから、『曽我物語』は「ともに入滅」とは書かないが、巻問には、どちらかの皇子にとり憑いて一緒に死んだという真済の怨霊譚が、流布していたのである。

このように、真済の怨霊は、『南山和尚伝』『古事談』では天狐（天狗）、『宝物集（九冊本）』では「もののけ」となって染殿の后にとり憑いたというのだが、真済が天皇の后にとり憑いたという伝承は、なぜ生まれたのだろうか。

「人を食う鬼」としての藤原良房

真済が怨霊（天狐・天狗・もののけ）になったのも、権力争いに敗れたからである。『平家物語』『曽我物語』には、文徳天皇の皇子の惟喬親王と惟仁親王の間に皇位争いがあり、真済が支持する惟喬親王は争いに破れ、染殿の后の子の惟仁親王が即位して、清和天皇になったとある。

この話について、日本古典文学大系『平家物語』巻八の補注には、「文徳実録と三代実録によれば惟仁親王は生まれると間もなく皇太子となり、たかだか蔵人にすぎない名虎の娘が生んだ惟喬親王との間に皇位争いなどが起るはずはなかった」とあり、同じ古典文学大系『曽我物語』の補注にも、「文徳実録や三代実録を見ても、惟喬親王と惟仁親王との関係がそれほど深刻なものであったとはきめられない」とある。

この古典文学大系本の『平家物語』『曽我物語』の補注の見解を、目崎徳衛は「惟喬惟仁親王の位争い」で批判して、『大鏡』の第一巻裏書の「四品惟喬親王東宮諍事」を引き、争いはあったとみる。(91)

染殿の后が生んだ惟仁親王は、誕生九ヵ月目に、三人の兄を超えて皇太子になっている。これは、染殿の后の父が太政大臣藤原良房だったからである。『大鏡』の「裏書」には、皇子のなかで文徳天皇がもっとも愛したのは惟喬親王だったから、皇太子の惟仁親王よりも長男の惟喬親王に皇位を譲ろうと、「帝《みかど》は欲した」が、太政大臣の良房をはばかって実行できないでいるうちに、亡くなられてしまったとある。

蔵中進は、「惟喬・惟仁皇位争い説話に関する一考察」で、『大鏡』の裏書の記事は、醍醐天皇の皇子重明《しげあきら》親王の日記『李部王《りほうおう》重明記』からの転載であることを考証し、この裏書は史料価値が高いから、大系本補注の見解には「従うことはできない」と書いている[92]。

目崎徳衛も、『平安文化史論』で、蔵中論文を参考にし、『大鏡』の裏書の記事は信憑性があるとみて、位争いは事実だと述べ、争いの時期を文徳天皇末年のことと考察している[93]。末年とする理由は略すが、目崎論文が書く理由を佐伯有清も認め、皇位争いはあったとみている[94]。

坂本太郎は、文徳天皇の急死について、「三十二歳の壮年で突然の重病となり、四日目に崩じたという国史の記事に、何となく不自然な趣のたゞようことが見すごせないようでもある」と書いている[95]。この坂本説を受けて佐伯は、「もはや良房の意のままにならない天皇が良房の毒牙にかかったという臆測も不可能ではない」と述べている[94]。目崎徳衛は、良房を「酷薄な陰謀型」の人物と書く[93]。

したがって、文徳天皇の「急死」も正史どおりには受け取れない。天皇の死を世間が異常な死と受け取っていたことは、次の正史である『三代実録』からもうかがえる。天皇が急死すると、皇太子の東宮を近衛の兵で守り、山城国司をして宇治・与度《よど》・山崎の東・南・西の通路を警備させ、藤原家宗・藤原宜らに左右の兵庫・馬寮を監護させ、「諸衛、甲を鎧《よろ》ひ警《いまし》めを厳しくし」、母の皇太夫人（染殿の后）を東五条宮から、近衛兵で警護した東宮に迎えている。「幼沖の太子を擁護せんがため」とあるが、いかにも過剰な「擁護」であり、天皇の死が普通の死ではなく、政争による死であったことを推測させる。

「幼沖の太子」というのは、惟仁は生後八ヵ月目に皇太子となり、天皇になったのは、数え年九歳だったからである。このような幼少の皇子の立太子と即位は前例がない。前例がないことを強引におこなったのが、良房である。

良房は、孫の惟仁が即位する前年の天安元年（八五七）、太政大臣になっている。そのやり方もまた強引だった。

この太政大臣就任について、坂本太郎は、「人臣で生前太政大臣に任じた先例はないから、因習を重んじたこの時代としては、異常な昇進といわねばならない。瑞祥の出現をにぎやかにとなえて、その理由としなければならなかったゆえんである。それにしても、右大臣または左大臣で、政府の実権を握る位置は確保できたはずなのに、しいて異例の太政大臣を持ち出したことは、良房の権勢欲とくに名誉欲のなみなみでなかったことを示すものであろう」と書いている(95)。

このような人物だから、文徳天皇の「急死」も良房の陰謀とみられるのであるが、第六章で書いた在原業平の恋人の藤原高子は、九歳の清和天皇が即位したとき、数え年十七歳であった。業平と高子が通じあったのは、清和天皇の即位（天安二年〔八五八〕）から元服（貞観六年〔八六四〕）の間と見られるが（一一〇頁参照）。このころは良房も、その養子になった基経も、妹の高子を天皇が元服したら入内《じゅだい》させるつもりでいたから、二人の仲をひき裂くのは当然であった。『伊勢物語』は高子を食った鬼を基経らのこととみているが、本当の鬼は基経らに指示した良房である。

ところで、在原業平の妻は、惟喬親王の母静子の実兄、紀有常の娘である。

『古今集』は、皇位継承の望みを絶たれた惟喬親王が、病を得て貞観十四年に出家し、比叡山の麓の小野郷に幽居したとき、業平は惟喬親王を深い雪のなかにたずね、剃髪《ていはつ》した親王に会い、「いともの悲しくて、帰り」来て、「わすれては　夢かとぞ思ふ　おもひきや　雪ふみわけて　君を見むとは（九七〇）」という歌を詠み、親王に贈ったと記している。この歌以外に、業平が惟喬親王と狩をしたときに詠んだ歌（四一八・八八四）も『古今集』に載る。『伊勢物語』も、惟喬親王と在原業平が親しかったことを書いている（八二・八三・八五段）。

この惟喬親王の護持僧が、紀氏出身の紀僧正真済であり、したがって、紀氏の血を引く惟喬親王を軸に業平と真済は結びついている。惟喬親王が良房の孫との皇位争いに敗れたため、惟喬を支持した真済も失脚した（『三代実録』真済伝の「大漸《だいぜん》（天皇の病気が大いに進むこと）之夕《このゆふべ》、時論嗷々《じろんごうごう》」を、目崎徳衛は「藤原氏の圧力」と解している[96]）。この失脚を『三代実録』は、「真済、志を失ひて隠居す」と書いているが（一三六頁参照）、業平も高子との関係をたち切られている。三人（惟喬・真済・業平）の不幸は、すべて良房の権力による。その良房に動かされた基経らを、『伊勢物語』は「人を食う鬼」と重ね合わせているが、本当の鬼は孫惟仁を擁立した良房だから、「急死」した文徳天皇も、藤原良房という鬼に食われたといえる。

人を食う鬼がひんぱんに都にあらわれた時代は、第六章の補記に書いたように、文徳天皇の治政末期から、染殿の后の子の清和天皇の治政下であり、良房・基経が実権を握っていた時代である。そして、この時代の犠牲者として、恋人を鬼に食われた業平の話や、その鬼の娘に怨霊となってとり憑いた真済の話が、作られたのである。

「紺青鬼」「青き鬼」になった真済

良房は貞観八年八月から、「天下の政を摂行」したと『三代実録』は書くが、この記事について角田文衛は「藤原高子の生涯」で、「人臣にして始めて摂政の座を獲得した」とみる。[77] 坂本太郎は、この「摂行（政）」は、内容は後年の関白のようなものだが、「後年に確立した藤原氏摂政の初めは、ここに求められる」と述べている。[95] 良房こそ、天皇権力を代行した摂関政治の創始者である。

この良房の娘の染殿の后に、真済が「天狐（狗）」または「もののけ」として憑いたのは、いままで述べてきたように、恨みからであって、愛欲からではない。しかし、時代が下がるにつれて、『今昔物語集』や『善家秘記』に載る染殿の后と鬼の愛欲譚と習合し、真済が染殿の后に愛執を燃やし、死して紺青鬼となり后に憑いたという愛欲譚になったのである。

鎌倉時代初頭に成立した『宝物集（九冊本）』には、前掲（一三八頁）の記述以外に、

文徳天皇の御時、柿の本紀僧正真済といふ人有り。弘法大師の御弟子なり。大王、仏のごとく帰依し給ふ。此故に、后もかくれ給ふ事なかりけり。真済、后に心ざしふかくおもふ事あり。此事かくれなく天下にもれ聞えて、あやしみ、我もはぢて参内などもせずなりにけり。真済、此事を

歎《なげき》て、つゐに入滅しぬ。真済、紺青の色したる鬼になりて、后をなやませる。

とあり、「紺青の色したる鬼」になっている。しかし、染殿の后に対する愛欲心によって、死して鬼となった『善家秘記』の沙門は、紺青鬼ではない。

ハタカニシテ頭カフロナリ。タケ八尺許《バカ》リ。身ノ色ツシミ黒ヲシテ、ウルシノ如シ。

とある。『今昔物語集』の金剛山の聖人も、染殿の后への愛執のあまり、死して鬼になっているが、その姿は、

其形《ソノカタチ》、身裸《ミハダカ》ニシテ、頭《カシラ》ハ禿也《カブロナリ》。長《タ》ケ八尺許《バカリ》ニシテ、膚《ハダヘ》ノ黒キ事漆《ウルシ》ヲ塗レルガ如シ。目ハ鋺《カナマリ》ヲ入レタルガ如クシテ、口広ク開テ、剱ノ如クナル歯生《ハヘ》タリ。赤キ裕衣《タフサギ》ヲ掻《カキ》テ、槌ヲ腰ニ差シタリ。

とある。「鋺」は金属製のわんで、目を大きく見張り、眼光鋭く、恐ろしい形相を形容している。「裕《タフ》衣《サギ》」はふんどしである。角《つの》がないだけで、後世の鬼のイメージの原型が、ここに描かれている。

しかし、『善家秘記』も『今昔物語集』も、膚の色は漆を塗ったような黒と書く。この黒い鬼は真済ではないが、『宝物集』では、真済は「紺青の色したる鬼」になっている。なぜ、真済は紺青鬼になっているのだろうか。

『宝物集』は十二世紀末の成立だが、ややのちの十三世紀前半に成立した『宇治拾遺物語』（巻十一の十）には、三善清行の弟の日蔵上人が、吉野の奥で紺青鬼に会う話が載っている。紺青鬼は、

「我は、この四五百年を過ぎて昔人にて候《さぶら》ひしが、人のために恨《うらみ》を残して、今はかかる鬼の身となりて候。さてその敵《かたき》をば、思《おもひ》のごとくに取り殺してき。それが子、孫、曽孫《ひこ》、玄孫《やしはご》にいたるまで、残りなく取り殺し果てて、今は殺すべき者なくなりぬ。（中略）瞋恚《しんい》の炎は、同じやうに燃

ゆれども、敵の子孫は絶え果てたり。我一人、尽きせぬ瞋恚の炎に燃えこがれて、せん方なき苦をのみ受け侍《はべ》り。

と、「涙にむせびながら」言ったとあり、瞋恚の想いが「紺青」の鬼にしたとあるから、真済が紺青鬼になったのも、真済の怨霊譚と染殿の后の愛欲譚が混同される過程で、瞋恚をあらわす「紺青」の色を、鬼になった真済の色としたのであろう。

南北朝（一三三一〜一三九二）に成立した『源平盛衰記』（巻四八）にも、次のように書かれている。

文徳天皇の染殿后は、清和帝御母儀、太政大臣忠仁公の御女《むすめ》也。柿本紀僧正、御修法《みしほ》の次《ついで》に思ひを懸《か》け奉《たてま》つり、紺青鬼《こんじゃうき》と変じて、御身に近付《ちかづき》たりけん。同じ道を云ながら、怖《おそろ》しくぞ覚《おぼゆ》る。

南北朝時代の狂言、「枕物狂」（作者は玄恵法印）には、

柿の本の紀僧正は、染殿の后を恋ひかね、賀茂の御手洗川へ身を投げ、青き鬼となりて、その本望を遂げらるる。

とあり、室町時代の謡曲「鉄輪《かなわ》」には、

恋の身の　浮かむ世もなき賀茂川に　沈みしは水の　青き鬼

とある。神野志隆光は、この「青き鬼」も「紺青鬼攷」で、真済をイメージした歌とみている(97)。

また、世阿弥か宮増の作といわれる『智入自然居士』にも、

ヒメ　さて我朝の紀僧正、染殿のきさきを恋ひ給ひしは

シテ　ならそれがよきたとへにても候はず、左様の迷ひの心ゆゑ、あをき鬼となりしはいかに

とある。『浄瑠璃十二段の草紙』でも、浄瑠璃姫のもとに忍び込んだ義経が、身分の違いを説いてな

びかぬ姫に、身分の違いは関係ないとして、

　かきのもとのそうじやうは、御年つもりて、六十八と申に、そめどのゝきさきのみやを、こひ奉りて、つゐに、その恋とげずして、せきのし水に、かげみれば、そうじやうは、あをきおにと、げんじ給ふ。

と、柿本僧正と染殿の后の例をあげて口説いている。

　このように、南北朝・室町時代の事例では、真済はかなわぬ恋をかなわせるため、「紺青鬼」「青き鬼」になったと信じられていた。

柿本僧正真済と柿本人麻呂と在原業平

　鎌倉時代末の『古今集』の注釈書『古今集註』（毘沙門堂本）は、『古今集』巻十三の恋歌三に載る。

　名とり河　瀬〻の埋《むも》れ木　あらはれば　いかにせむとか　あひ見そめけむ　（六五〇）

を注して、「名トリ河ト云者《ハ》陸奥ニアリ。此歌ハ、染殿ノ后ヲ恋奉ルコトノアラハレケレバ、紀僧正真済ガ読ル也。此僧正ハ紀御園ガ子也。遂此事ニヨリテ東国ニ流レテ金青鬼トナレリ。生ヲ改テ后ニ奉レ相コトヤマヌト云《イヘ》リ」と書く。

　この注は、『伊勢物語』（六十九）に載る業平の話と似ている。藤原高子との恋は、彼女が清和天皇の后になり、「二条の后」と呼ばれるようになってもつづいた。この禁断の恋をつづければ「身もほろびなん、かくなせそ（身の破滅になるから、しないでいましょう）」と后がいい、業平も二人は「ほろ

びぬべし」と予感して、「ほろび」の原因になる恋心をおさえるため、「わがかかる心やめ給へ」と神仏に祈るが、やめることができず、ついに「帝《みかど》きこしめして、このをとこをば流しつかはしけり」という結果になったとある。

流罪は事実とはいえないが[98]、『伊勢物語』の作者は、業平の東下りと禁断の恋を結びつけている。真済が東国へ流されたと書く毘沙門堂本『古今集註』は、巻十三・恋歌三の項に、柿本人麻呂は、文武天皇の后の「ヰノ大臣ノ娘」と密会したため、「罪ニ依テ、人丸、上総国ニ被流ケリ」と述べ、同書の末尾につけられた人麻呂伝では、「新田高市女王ヲ犯テ、上総国山辺ノ村ニナカサル」と書く。「文武天皇ノ后」の「ヰノ大臣ノ娘」を犯して上総国へ流された人麻呂と、「文徳天皇ノ后」の「良房太政大臣ノ娘」を犯して東国へ流された真済の話は、良房の養子基経の妹高子を犯して東国へ流された在原業平の話と、重なっている。

柿本紀僧正真済は「金(紺)青鬼」に「生ヲ改テ」上京したとあるが、柿本人麻呂も、山部赤人に「名ヲ改テ」て上京したと、『古今集註』は記している。一方は恋を成就するための変身・再生であり、一方は歌集(万葉集)撰者としての変身・再生になっているが、伝承としては同じである。

謡曲・狂言などでは、真済は河に身を投げて「青き鬼」に変身・再生しているが、河は海へ流れて行くのだから、東国へ流れて行くのとは、海の果てか陸の果てかの違いしかない。

このように人麻呂と真済は、后を犯して東国へ流罪になったという点で重なっているが、真済は「柿本天狐(狗)」「柿本紀僧正」「柿本僧正」と書かれている。小峯和明は『説話の森』で、「柿衣は異形の装束」であり、柿本は、「境界」「異界」と「この世を結ぶ境」だから、真済に「そういう神秘的な場を背景にした名」がつけられたとみるが、(99) 拙著『人麻呂伝説』で述べたように、人麻呂の柿本氏とかかわるのが真済の「柿本」である。(100)

奈良県新庄市大字柿本（旧、北葛城郡柿本村）に、高野山真言宗の柿本山影現《ようげん》寺があり、真済が斉衡二年（八五五）、あるいは天安二年（八五八）に創建したといわれ、真済僧正坐像がある。この寺にあった人麿堂が、現在、人麻呂を祭神とする柿本神社になっている。神体は真済作といわれる柿本人麻呂像である。真済が「柿本僧正」と呼ばれるのは、『三代実録』のいう、天安二年に「志を失ひて隠居」した地が、この柿本の地だったからであり、そのため、真済と人麻呂が天皇の后を犯して東国へ流されたという、同じ伝承が語られるようになったのであろう。

『日吉社神道秘密記』（天正五年（一五七七））には、「惟高御祈禱者、南都ノ柿本紀僧正」（「惟高」は「惟喬」のこと）とあり「南都」とあるから、「柿本」が奈良の柿本であることは確かである。

柿本僧正真済と柿本人麻呂の結びつきについて、拙著『人麻呂伝説』では、惟喬親王と在原業平との関連で述べたが、(100) 惟喬親王は貞観十四年（八七二）に出家し、小野（山城国愛宕郡小野郷、現在の京都市左京区修学院・高野から八瀬・大原にかけての一帯）に隠棲したので、「小野宮」という。

小野は、柿本氏と同じワニ氏系の小野氏の居住地であり、影現寺のある柿本も柿本氏の居住地であり、紀氏系の惟喬親王・真済と、ワニ氏系の柿本・小野氏の結びつきは強い。そのことも『人麻呂伝説』で述べたが、(100) 在原業平も、惟喬親王の叔母（紀有常の妹）を妻にしている。

惟喬親王と親しかった在原業平について、『玉伝深秘巻』には、人麻呂と業平は「一躰二名」で、「人丸、化して業平となる」とある（この伝承については、『人麻呂伝説』の第六章「人麻呂伝説と在原業平・光源氏」で詳述した）。

このように、染殿の后の父藤原良房の権力の犠牲者である小野宮惟喬親王・在原業平・柿本紀僧正真済と、柿本人麻呂は結びついているから、真済の「柿本」は、人麻呂の「柿本」であることがわかる。

ワニ氏系氏族と紀氏の結びつきについては同じく『人麻呂伝説』で述べたが、[101] 小林茂美は、「紀氏流・小野流神人の地方拡散の一動向」において、下野で紀氏・小野氏が一体化している例をあげている。[102]

『宝物集（九冊本）』に、

真済をば下野国うへ草と云所へ配流せられたりとぞ侍りける。廟をほりて、かばねをながさるるとも申す。形（人形——引用者注）をつくりてながさるるともいへり。

と下野国が登場するのも、人麻呂—業平—惟喬—真済と結ぶ伝承に、紀氏・小野氏らがかかわっていたからであろう。

下野の豪族「堀田芳賀氏系図」（『続群書類従』第七輯）には、紀朝臣国(園)益を始祖として、

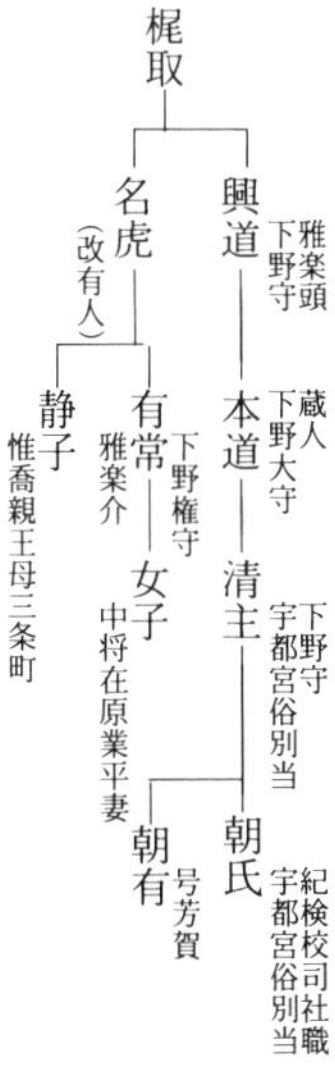

とあり、惟喬と業平を結びつけている。雅楽頭・雅楽介・紀検校などの肩書からも、伝承流布者との関係がうかがえる。

人麻呂伝説が下野に多いことも、『人麻呂伝説』でくり返し書いた。真済が下野と結びつけられたのも、流布者が紀氏・小野氏系だったからであろう。

天皇の后を犯す鬼の話を流布した人々

紺青鬼譚は、謡曲・狂言・浄瑠璃に登場するが、これらの演劇・歌舞は、漂泊芸能民が伝えたものだから、謡曲「大江山」と同じく鬼の側に立っている。だから真済は、身分の差を超えて恋を成就させるため、青き鬼・紺青鬼になったとみられている。差別されている彼らにとって、鬼になることは差別を超えることであった。真済の青き鬼が、主に謡曲などに登場するのは、被差別者の心情を青き鬼に託したためともいえる。

彼らは青き鬼を、彼らの住む河原（橋の下）にかかわらせている。狂言・謡曲などでは、真正が賀茂川に身を投げ、青き鬼となって本望を遂げたとあり、浄瑠璃では「関の清水」になっている。

しかし謡曲『鉄輪《かなわ》』の女は「赤き鬼」になり、「青き鬼」と対で表現されている。

恋の身の　浮かむ世もなき賀茂川に　沈みしは水の、青き鬼。われは貴船の　川瀬の蛍火、頭に頂く　鉄輪の足の　災の赤き　鬼となりて……

とあり、貴船の神に祈願して、生きながら「恨みの鬼」としての「赤き鬼」になっている。この「赤

き鬼」は、浄瑠璃『十二段草紙』の、

　その恋とげずして、せきのし水に、かげみれば、そうじやうは、あをきおにと、げんじ給ふ。其まふねんの、かかるゆへに、みやすどころは、あかきおにと、けんじつつ……

を連想させる。「青き鬼」になった柿本紀僧正真済の「其のまふねん（妄念）」が、「御息所《みやすどころ》（染殿の后）」を「赤き鬼」にしたというのである。

　謡曲「鉄輪」で「青き鬼」になった男も、「赤き鬼」になった女も、妄念によって鬼に変じたのだが、浄瑠璃「十二段草紙」の「赤き鬼」は、「鉄輪」の「赤き鬼」とはちがい、「青き鬼」の真済の妄念によって「赤き鬼」にさせられた、天皇の后で摂政太政大臣の娘である。貴種で最高権力者の妻を鬼にしてしまう真済に思い入れをしているという点では、謡曲「大江山」の作者（「大江山」「鉄輪」の作者ともいわれる世阿弥の幼名は「鬼夜叉《おにやしゃ》」）が酒呑童子に思い入れしているのと共通する。

　真済が護持僧になり、皇位につけようとした惟喬親王は、木地屋《きぢや》（轆轤師《ろくろし》）の祖となっている（「木地」というのは、杣人《そまびと》（木こり）に山中の大木を器の木地とするよう惟喬親王が命じたという伝承による）。したがって、紺青鬼・青き鬼の真済伝説は、漂泊芸能民や漂泊の山の民、木地屋（師）らが伝えたものである。

　十五世紀中頃に成立した『塵添壒囊鈔《じんてんあいのうしょう》』に、昔、飛騨の工《たくみ》が人形（木偶人）を作って動かせたが、この人形が官女と契り、生まれた子を「木子《きこ》」といった。この木子が内裏の大工の木子氏の祖だとあるが、大工・木工と木地屋は、根は同じである。ただし木地屋は、木製品の材料の良木を求めて山から山へと移動する漂泊民である点が、「飛騨の工」とは違う。

木地屋は人形もつくるが（本来、こけし人形は轆轤によって作られる木地屋の人形であった）、真済の人形を作って流したという伝承は（一四九頁参照）、真済が木地屋の祖惟喬親王の護持僧であったことと無関係ではないだろう。

小松和彦は、「近世前期の宝永年間に京都四条河原の操り人形師、つまり『河原者』自身によって書き残された『小林新助芝居公事扣』にみえる『非人』の人形起源伝承」を紹介して、「そこでは二つの起源伝承が述べられている。その一つは、神格化された陰陽師の阿部清明（阿倍晴明）が人形を作り、それを一条戻橋の川原に捨てたところ『非人』になったという説。いま一つの説では、飛騨の工《たくみ》・武田の番匠が内裏造営の時に人形を作って働かせたが、その時この人形が官女と契り、子を産んだ。またその人形を仕事が終わって川原に捨てたところ、牛馬を剥いだり食べたりするのを生業とする『非人』となったと語られている」と述べている(103)。

木地屋も、定着農耕民からは「非人」と同じようにみられていた漂泊の山の民であったが、彼らが惟喬親王を祖としていること、この非運の親王に真済と業平が深くかかわっていることからみても、真済・業平伝説には、紀氏・小野氏系の流布者のほかに、被差別者の人々が加担していたと考えられる。

ところで、『日本書紀』（仁徳天皇六十五年条）には、

飛騨国に一人《ひとりのひと》有り。宿儺《すくな》と曰《い》ふ。それひととなり、体をひとつにして両《ふたつ》の面《かを》有り。面、各《おのおの》相《あい》背《そむ》けり。頂《いただき》合ひて項《うなじ》なし。各手足有り。それ膝《ひざ》有りて膕《よほろ》踵《くびす》なし。力多《さは》にして軽く捷《はや》し。左右に剱を佩《は》きて、四《よつ》の手に並に弓矢を用ふ。是《これ》を以て、皇命《みこと》に随はず。人民《おほみたから》を掠略《かす》みて楽《たのしび》とす。

とあり、飛騨の山人は怪人・鬼とみなされ、皇命に従っていない。こうした山人が、時代が下がるにつれて、皇命に従って内裏の大工にもなるが、京に出て来て河原者・非人にもなっている。山から山へと漂泊する木地屋だけでなく、河原に住む人々も被差別者であった。鬼が山から川へ降りて来て、そのすみかは、大江山のような山と、橋の下になったのである。

染殿の后を犯した鬼も、金峰山・金剛山・南山の沙門・聖人・上人といわれているように、山の行者たちである。ところが、室町時代以降になると、染殿の后を犯した柿本紀僧正真済を、狂言・謡曲・浄瑠璃は、賀茂川や関の清水に身を投げて「青き鬼」になったとし、山でなく河と関係づけている。これは狂言・謡曲・浄瑠璃の役者たちが、「河原者」といわれる人たちであったことによるのだろう。

定着農耕民から差別されていた山の民だけでなく、都市の発達と共に、町の河原に住む人々も、町の人々から差別された。だから、鬼は山だけでなく、川とも関係づけられるようになったのであろう。染殿の后を犯した鬼の伝承の変遷からも、鬼と権力の関係および鬼伝説（この場合は真済伝説）と被差別者の関係が見えてくる。こうした関係は、鬼の子孫と称する人々の問題とも関連してくるが（鬼の子孫の問題は第九章で詳述する）、このように、鬼の問題は、「鬼と天皇」という視点でみれば、単なる怪異譚ですますことのできない要素をもっているのである。

第八章　「おに」の語源と陰陽師と修験者

「もの」から「おに」へ変わったのはいつか

「鬼」が「おに」と訓まれるのは平安時代に入ってからであることは、第二章で述べたが、平安時代に入ってからも、「鬼」は「おに」だけでなく、「もの」と訓まれていた。

『和名抄』は、源順の編によって承平年間（九三一～九三七）に成立した、わが国最初の分類体百科辞典だが、前述したように、「鬼」を「おに」と訓んでいる。だが「邪鬼」は「安《あ》之《し》岐《き》毛《も》乃《の》」と訓んでいるから、まだ「鬼《もの》」の用例は残っていた。正史の『日本三代実録』（延喜元年（九〇一）成立）も、人を食う「鬼物」と書いており（一二六頁参照）、「おに」に「鬼」と「物」をあてている。

『和名抄』『日本三代実録』のほぼ中間の弘仁年間（八一〇～八二四）に成立した『日本霊異記』には、鬼がひんぱんに登場し、「おに」と訓まれている。しかし、中巻の第三「悪逆の子の、妻《め》を愛《めぐ》みて母を殺さむと謀《はか》り、現報に悪死を被《かがふ》りし縁」の「若汝託レ鬼耶」については、すべての注釈本が、「若《も》し汝鬼《もの》に託《くる》へるや（託《つき》たるや）」と訓んでいる。中巻巻三十四にも、「若託レ鬼耶」とあるが、やはり「鬼《もの》」と訓んでいる。

『日本霊異記』の中巻第三の話は、一一二〇年代が成立の上限といわれる『今昔物語集』の巻二十の第三十三話に再録されているが、そこにも『霊異記』と同じ文章「若汝託レ鬼耶」が載る。このことから馬場あき子は、『今昔物語集』でも「鬼」を「もの」と訓んだとみて、「ほぼ平安末におよぶまで『もの』と『おに』と二様によまれていた」と書く。(104)

熊瀬川恭子は、「鬼の意味とその変遷」で、馬場あき子の見解について、「『今昔』の著者が読みがなをつけてくれているのではないので、正確にこの鬼がモノと読まれていたかわからない」と批判しているが、(105)「若汝託レ鬼耶」「若託レ鬼耶」は、「読みがなをつけて」なくても、「鬼に託《もの》ふ《くる》」または「鬼《もの》が託《つ》く」と訓むのが国語学の常識であるから、私は馬場説を採る。

たぶん、鎌倉時代に入って、「もの」は「物」「者」表記に限定され、「鬼」はすべて「おに」と訓まれるようになったのであろう。

折口信夫の「おに」の語義説

『日本国語大辞典（第二巻）』は、「おに」の語源についての代表的な説を四例あげている。(106)

(1)オニは古語でなく、古くは、神でも人でもない怪しいものをモノといい、これに適合する漢字はなかった。モノは常には人目に見えず隠れているということから、オン（隠）の字音を用いるようになり、オニと転じた〔東亜古俗考＝藤原相之助〕

(2)「隠」の字音から転じた語（和名抄）。「陰」の字音から転じた語か（日本釈名・東雅）。
(3)オニは漢字の転音ではなく、日本古代の語で、常世神の信仰が変化して、恐怖の方面のみ考えられるようになったもの（信太妻の話＝折口信夫）。
(4)オは大きいの意。ニは神事に関係するものを示す語。オニは神でなく、神を擁護するもの。巨大な精霊、山からくる不思議な巨人をいい、オホビト（大人）のこと（日本芸能史ノート＝折口信夫）。

1と2の、「隠」「陰」からの転化説は後述することにして、まず折口説を検討してみよう。

折口の「信太妻の話」は、大正十三年に「三田評論」に発表したものであり、「日本芸能史ノート」は、昭和三・四・五年に慶応大学文学部でおこなった講義のノートである。[107]

折口は、大正十五年に三田史学会で「鬼の話」という演題で講演している。その講演で、「日本の古代の信仰の方面では、かみ（神）と、おに（鬼）と、たま（霊）と、ものとの四つが代表的なものであった」から、「おに」は固有の言葉であるといっている。[108]

また、昭和三年頃に書かれたという「鬼と山人と」（草稿）でも、「おにと言ふ語は、日本固有の語で、隠でも陰でもなかった。鬼をものと訓じ（此は魔の略格かも知れぬ）、おにと称したのは、語に両面の意があったからである」と書いている。[109]

このように折口が鬼について積極的に発言しているのは、大正末年から昭和初年で、それ以後は、「おに」固有言語説も「オホビト」語源説も、あまり主張していない。たぶん、「おに」を固有の古い言葉と主張する根拠のとぼしいことに、気づいたからであろう。

「おに」と「もの」という言葉は固有の言葉であったが、「両面の意」があったから「鬼をものと訓じ」たと折口は書くが、第二章で述べたように、これは逆である。「もの」に「両面の意」があったから、「物《もの》」表記にあらたに「鬼《もの》」表記を追加し、「鬼をものと訓じ」たのである。だから『万葉集』も、「鬼」を「もの」「しこ」と訓んでいて、「おに」と訓む例はまったくない。

折口信夫のいう、「日本の古代の信仰の方面」で代表的な「かみ（神）と、おに（鬼）、とたま（霊）と、もの」は、平安時代なら適用するが、それ以前は、「かみ」「たま」「もの」の三つであって、「おに」は入らない。

まして、鬼は「巨大」というイメージだけではないのだから（このことは、鬼を「童子」ということからもいえるが、くわしくは第九章で述べる）、(4)の折口の説には賛成できない。

「おに」の語源は「隠《おん》」か「陰《おん》」か

「おに」の語源説でもっとも古いのは、『和名抄』に載る「隠」説で、

鬼和名於爾　或説云、隠字音於爾訛也、鬼物隠而不㆑欲㆑顕㆑形、故俗曰㆑隠也

とある。「鬼物」は形が顕《あらわ》れるのを欲しないので、俗に「隠《おん》」といい、それから「鬼《おに》」というようになったというのである。谷川士清《ことすが》の『倭訓栞』も、この説を採っている。『日本国語大辞典』が載せる(1)の藤原説も、『和名抄』の「隠」説の引用にすぎない。

『古語大辞典』が「鬼《おに》」について、「『隠』の字音のオンからの転とする説が有力」と書くように、(110)

一般に「隠」説が有力である。『岩波古語辞典』も「隠」説を採り、「おん」から「おに」になったのは、「『隠』の古い字音onに、母音iを添えた」ためと書き、「ボニ（盆）・ラニ（蘭）の類」だとも書く。[11]

しかし、貝原益軒（『日本釈名』）、新井白石（『東雅』）は「陰《おん》」説を主張する。貝原益軒（一六三〇〜一七一四）は、『日本釈名』（中巻）で、

鬼、人死して、其の霊あるをおにと云ふ。おには俗にいはゆる幽霊の事也。陰《オニ》は音を以て訓とせしなり。いける人は陽なり。死せる人は陰《オン》なり。又陰陽のたましひをも、おにかみと云ふ。古今の序に、目に見えぬおにかみといへるがごとし。又陰邪の気をも鬼と云ふ。おにやらひと云ふも、陰邪の気をおひやる事也。天竺にて、角あり牙出で、其のかたちおそろしき物を夜叉と云ふ。日本の俗は、夜叉を鬼と云ふ。一説おには隠《オニ》也。おにかみは目に見えぬものなれば也。

と述べている。

益軒は、『和名抄』の「隠」説を承知のうえで「陰」説を唱えているのだが、新井白石（一六五七〜一七二五）は、益軒の説を『東雅』で採っている。

「隠」「陰」のどちらの漢字も、光に対して影のイメージがあるから、どちらの漢字の転であれ、影のイメージとしての「おん」から「おに」という言葉が生まれたと考えられる。

『岩波古語辞典』は、「おんばう」の表記として御坊・御房・陰坊・隠亡をあげ、「①僧の敬称、②墓守りに従事する賤しい身分の坊主、③死骸火葬を業とする人」と書くが、[12] 文献などでは主に、①は御坊・御房、②は陰坊、③は隠亡と記されている。陰と隠は死にかかわる表記として同じに使われて

いるのだから、陰と隠の二つの意味の「おん」が「おに」に転訛したとみてもよいだろう。『古語大辞典』は「『怨』の字音のオンの転とする説もある」と書いている(110)。しかし、同じ『古語大辞典』は、隠《おん》について「隠形」「隠婆」「隠亡」「隠密」をあげ、陰《おん》については「陰魔」「陰陽」「陰陽師」「陰明門」「陰陽家」「陰陽道」「陰陽頭」「陰陽博士」「陰陽寮」をあげるが、怨《おん》はまったくあげていない。このことからみても、怨の転とはいえない。

陰《おん》は『古語大辞典』があげる例からも、貝原益軒がいうように、「陰陽（おんやう・おんみょう）」の陰で、陽（代表例は「太陽」）に対する影の意味であろう。「陰地《おんじ》」は岐阜県以西の方言で、「日あたりの悪い土地」をいう(106)。

このように、「隠」「陰」のどちらにも「おに」の原義があるのだから、私は、両方の意味をこめた「おん」が「おに」になったと、推測している。

陰陽道と鬼

なぜ、「隠」「陰」の「おん」が、「鬼《もの》」にとってかわったのか。理由を私は、陰陽《おんよう》（「おんみょう」とも訓む）道と修験道の普及によるとみる。

陰陽道は、中国に古くからあった民間信仰で、万物に陰と陽の二元的原理を立て、それに「五行」と称する五つの元素的概念を組み合わせ、すべての存在、すべての現象を陰陽と五行で解釈するところから、その説を「陰陽五行説」という。紀元前一一〇〇年頃に興った周王朝は、この「陰陽五行説」を体系化して「易《えき》」と名づけ、『易経』という書物がつくられた。この本は、陰陽道のバイブルとして後世長く権威をもち、陰陽道はもっぱら「周易」として知られてきた。

藤原仲麻呂が書いた鎌足の伝記『家伝』（「大織冠伝」ともいう）には、唐に留学して帰国した僧旻《みん》から、鎌足は蘇我入鹿らと共に、「周易」を学んだとある（旻は孝徳朝の「国博士」になり、天皇の師になっている）。『日本書紀』は、継体天皇七年（五一三）に百済から五経博士が来たと記すが、「五経」には『易経』が含まれているから、六世紀には陰陽道はわが国に入り、七世紀には、天皇と官僚たちが学ぶべき必須の学問になっていたのである。律令体制が執行されると、陰陽寮・陰陽博士がもうけられ、政治体制のなかで陰陽道は重要な役割を荷っていく。

中国では、民間信仰から発展した道教と習合していくが、わが国の場合は、陰陽道を鎌足らに講義したのが僧侶であるように、仏教と習合している。

わが国の陰陽道は、天皇と官僚の知識として使われている間は、陰陽の「陽」の面が強かったが、民間信仰とも習合して一般に普及していく間に、「陰《おん》」の面が強くなっていった。平安時代の陰陽道は、「陰道《おんどう》」といってもよいほどである。

小松和彦は、陰陽師にとって重要な「物忌《ものいみ》」について、

「物忌」は〝もの〟つまり〝もののけ〟に襲われる危険があるとき、一定の期間家に閉じ籠って〝もののけ〟を避けることである。陰陽道では、この〝もののけ〟を鬼と考え、この鬼が侵入して来る凶なる方角を「鬼門」つまり東北の方角と考えた。したがって、日本の鬼信仰の流布の立役者は陰陽道であったともいえるわけなのだ。日本の陰陽道は、鬼信仰を強調したり、古来か

らの神懸りによる託宣などを吸収することによって呪術的信仰化していった。と書いている。(113)

「日本の鬼信仰の流布の立役者は陰陽道であった」とすれば、陰陽道の立役者の安倍晴明《せいめい》(九二一〜一〇〇五)が活躍したころが、「おん」という言葉の普及の時代であったと考えられる。

『今昔物語集』(巻二十四の十六)は、安倍晴明が陰陽師賀茂忠行に陰陽道を学んでいたころの話として、次のような逸話を載せている。

若い頃、師の忠行が、夜、車で出かけた供をして、晴明はうしろから歩いていた。忠行は車中で眠っていたが、恐ろしい鬼が前からやって来るのを晴明が見つけ、車に駆けよって師に告げた。忠行は目を覚まし、「隠形の術」を使って自分と供の者を隠し、無事通り過ぎた。以後晴明に目をかけ、陰陽道の奥儀を伝えたという。

弟子の晴明だけでなく、忠行の子の保憲《やすのり》も、晴明と共に非凡な陰陽師であった。『今昔物語集』(巻二十四の第十五)は、次のような保憲の話も載せている。

あるとき、忠行は祓をする所があって出かけようとした。十歳になる子の保憲が連れて行ってほしいとせがむので、一緒に車に乗せていった。祓をたのまれた家で父の忠行が祓いをする間、保憲はじっと見ていて、帰りの車のなかで父に、「祓いの最中、怖ろしい形をした鬼や怪物が二・三十人あらわれ、供物を食べ、造り物の船や車・馬などに乗って遊び、勝手に帰っていったが、あれは何か」と聞いた。父は、今さらながら保憲の陰陽師としての才能を知って、以後懇切に子供を教育し、立派な陰陽師に育てあげたという。

このように、晴明や保憲は、普通の人には見えない異界（陰《おん》・隠《おん》の世界）のもの（鬼）たちを見ることができ、自からも「隠形の術」をおこなっている。こうした陰陽師とかかわる「おん（陰・隠）の鬼《もの》」が、表記で「物・者」と区別されただけでなく、言葉でも区別され、「もの（物・者）」に対して、「おん－おに（鬼）」といわれるようになったのだろう。

陰陽師の祖といわれる吉備真備と鬼

「おに」の元の「おん」が陰陽師の「陰」にかかわることは、「おに」といわれるようになった時代に流布していた、陰陽師の祖といわれた吉備真備《きびのまきび》（六九五〜七七五）伝説からも、推測できる。大江匡房《まさふさ》（一〇四一〜一一一一）の『江談抄《こうだんしょう》』（巻三「吉備入唐問事」）には、次のような吉備真備の話が載る。

真備が唐に留学中、彼があまりにも諸道芸能に熟達していたので、唐人はねたんで楼《ろう》に幽閉した。風雨の夜に鬼が出て、自分は、この楼に幽閉され餓死した遣唐使の阿倍仲麻呂だと名乗り、日本に残した子孫がどうなっているか知りたいと、真備に聞いた。そこで真備が仲麻呂の子孫のことを話してやると、鬼は大いによろこんで、恩返しに今後は、唐の国事を教えてやると約束した。

夕方、また鬼がでてきて、真備に『文選《もんぜん》』を読ませて恥をかかせようとする企てがあるから、その前に『文選』を教えてやるといい、鬼の飛行自在の術をもって真備を楼からぬけ出させた。そして、『文選』が講じられている帝王宮へ真備を案内した。そこで三十人の学生に交って真備も講義を聞いた。唐の勅使が真備を試したところ、『文選』をすべて暗誦し、暦本に書いて提出したので、勅使はおおいに驚いたという。

また、唐人は囲碁をもって真備をやっつけようとはかった。鬼がこれを知って三百六十目ばかり組んで教えたので、唐の名人との対局にも勝敗がつかなかった。そこで真備は、ひそかに相手の石を一個のみこんで勝負をつけた。負けた唐人は、石を数えてそのことを知ったので、呵梨勒丸《かりろく》を飲ませて石を吐き出させようとしたが、真備は止封の術を使って出さなかった。唐人は怒って食事を与えなかったが、鬼が数ヵ月にわたって毎夜食べ物を持ってきてくれたので、飢えることはなかったという。

そこで唐人は、楼に真備を封じ込めて殺そうとした。その計画を鬼が真備に知らせたので、真備は鬼に頼んで、百年たった双六《すごろく》筒と卜占の式盤をとりよせ、盤で筒を覆う呪法を使って唐土の日・月を封じ込めた。そのため唐土は天地が振動し、大騒動になった。そこで原因を占うと、真備の所為《しわざ》とわかった。真備は、日本へ帰してくれるなら封じ込めを解こうといったので、唐人はやむを得ず真備を帰国させたという。

こうした話について、『江談抄』の筆者の大江匡房は、母方の祖父橘孝親の先祖より伝承された話で、文献に見えているから、けっして最近の作り話ではないと付記している。

真備は霊亀二年（七一六）に入唐し、天平六年（七三四）に帰国したときには多くの書籍を持って来ているが、そのなかに陰陽道の秘伝書があり（『簠簋《ほき》抄』は、陰陽書の聖典『簠簋内伝』を請来したのは真備とし、彼を日本の陰陽道の祖としている）、のちに安倍晴明に伝えられたと、中世後期以降にはいわれている。

真備が陰陽道にくわしかったことは、『今昔物語集』に、藤原広嗣《ひろつぐ》の怨霊に憑かれた玄昉《げんぼう》が、怨霊に空中高く摑《つか》み上げられ、身体をバラバラにして殺されたとき、真備が陰陽の術で広嗣の怨霊を鎮め、神として祭ったという話が載ることからも、推測できる。

真備と鬼の話では、鬼は「邪《あ》しき鬼《もの》」ではない。晴明や保憲が鬼と感応して鬼を見たように、真備は鬼と感応してその助力を得ている。鬼と真備が一体になっているのは、陰陽師と鬼が一体であることを示している。このことからも、「陰《おん》」が「おに」に転じたことが推測できる。

「隠《おん》」と陰陽師と鬼

鬼は夜、特に闇夜にあらわれる。「陰《おん》」の時が鬼の舞台であり、夜は「陰」の時だが、また「隠《おん》」の時でもある。

『今昔物語集』（巻十一の三）に、「鬼神等、優婆塞《ウバソク》（役小角ノコト）ニ申《モウ》シテ云《イハ》ク、『我等、形チ極テ見苦シ。然ラバ、夜々《ヨナヨナ》隠レテ此ノ橋ヲ造リ渡サム』ト云テ、夜々急ギ造ル」とあり、『宇治拾遺物語』の「鬼に瘤取らるる事」にも、「暁に鳥などなきぬれば、鬼どもかへりぬ」とあり、夜陰に隠れてあらわれるのが鬼である。鬼の話に登場する陰陽師も、「隠れる」という行動を伴っている。

『今昔物語集』（巻二十四・第十六）では、安倍晴明の師の賀茂忠行は、隠形の術を使って自分と従者を隠している。真備も、楼に幽閉されているとき鬼があらわれている。忠行の場合は、鬼があらわれたので隠れ、真備の場合は、隠れた（幽閉された）ために鬼に会っている。このように、「陰《おん》」だけでなく、「隠《おん》」もまた「鬼」とかかわる。

鬼は隠れていてあらわれ、あらわれては隠れる。陰陽師も「隠形の術」を使って隠れる。その一例として『今昔物語集』の陰陽師賀茂忠行の話を紹介したが（忠行は、朱雀・村上天皇〔九三〇〜九六八〕のころ活躍した陰陽師）、忠行の前に活躍した陰陽師慈岳川人《しげをかかはひと》（文徳・清和天皇〔八五〇〜八七五〕のころに活躍、陰陽博士・陰陽頭になった）についても、『今昔物語集』（巻二十四・第十三）は次のような話を載せている。

文徳天皇がなくなって陵墓地を選ぶため、川人は大納言安倍安仁について行き、用務をすませての帰り道、深草の北辺を通っていると、地神《つちかみ》が追ってくるのに気づいた。

逃げてもつかまることはわかっているから、なんとかして身を隠す工夫をするしかないと、川人は従者を先に逃し、「只二人田ノ中ニ留マリテ、大納言ヲ居《ス》エテ、其ノ上ニ田ニ苅リ置キタル稲ヲ取リ積ミテ、川人、其ノ廻《メグリ》ヲ密《ヒソカ》ニ物ヲ読ミ給ヒツツ、返《カヘ》シ廻リテ後、川人モ稲ノ中ヲ引キ開ケテ這《ハ》ヒ入リ」、みごとに隠れてしまった。地神は大勢の眷属《けんぞく》と共に探したが、川人の隠形の術を見破ることができず、探しあぐねたすえ、眷属たちに、大晦日の夜、二人の家の天井裏までくまなく探すから、大晦日の夜また集まれ、といって立ち去った。地神の指示を聞いていた川人は、大晦日になると、大納言と共に家をぬけ出し、嵯峨の寺の天井裏に秘んで呪を誦《ず》し、みごとに隠れとおしたという。

この話は、陰陽師と大納言が身を隠した話だが、前述した晴明が鬼を見て師の忠行に伝えた話（『今昔物語集』巻二十四・第十六）のあとには、次のような話が載る。

忠行の没後、晴明の家に老法師が十歳ほどの童子を二人連れて訪れ、「わたしは播磨の者で、陰陽道を習いにまいりました」という。晴明は一目見て、「これは相当の力量の者だ。おれを試しに来たにちがいない。二人の童子は式《しき》（識）神《かみ》だ」と見破り、「式神ならすぐ隠れて欲しい」と念じて、袖に両手を入れて印を結び、呪文を唱えながら法師に向かって、「承知した。今は暇がないから後日おいでください」というと、法師は帰っていった。そして、二、三町も行ったと思うころ、法師は戻ってきて、晴明の屋敷内を捜しまわり、「供の者がいなくなりました。お返しください」という。晴明が「私は知らない」というと、法師は「悪うございました。お許しください」とあやまった。そこで晴明は、「私を試そうとして式神をつれてきたのが癪《しゃく》にさわったのだ。この私にそんなことをしてはならない」といって、袖に手を入れて呪文を唱えた。すると外から二人の童子が走ってきて、法師の前にあらわれた。これを見て法師は、「あなたがすぐれた方であると聞いて、試してやろうと思って来たのですが、それにしても、昔から自分の式神は使いやすいが、人の使う式神を隠すことなど、とてもできることではないといわれていました。そのような難しいことをおこなうあなたは、なんとすばらしい人でしょう」といって、弟子になったという。

「式（識）神」は、陰陽師の命令に従って変化自在に不思議な術をなすという、陰陽師が使役する鬼神だが、この神は、陰陽師が式占《ちょくせん》という占法をおこなうとき用いる天盤（円盤）・地盤（方盤）の式《ちょく》盤《ばん》（図16、方盤の上に円盤が重なっており、円盤のまんなかに穴があるのは、円盤を回転させて卜占をおこなったからである）を、神格化したものである。

賀茂忠行・慈岳川人は、自分と他人を隠して鬼や地神の魔力から逃れているが、安倍晴明は、他人が使う式神を隠して難を逃れている。いずれにせよ、「隠《おん》」が陰陽師にとっていかに重要かを示している。

隠れるだけでなく、賀茂保憲や晴明は、隠れている鬼神をいちはやく察知する霊力をもっていたことも、『今昔物語集』は述べている。隠れている鬼を知り、鬼の危害から隠れて逃れることのできるのが、すぐれた陰陽師であることを、『今昔物語集』は詳述している。このような記述からも、「陰《おん》」と共に「隠《おん》」が「おに」の語源であることがわかり、「もの」から「おに」への転には、陰陽道・陰陽師が深くかかわっていると推測できる。

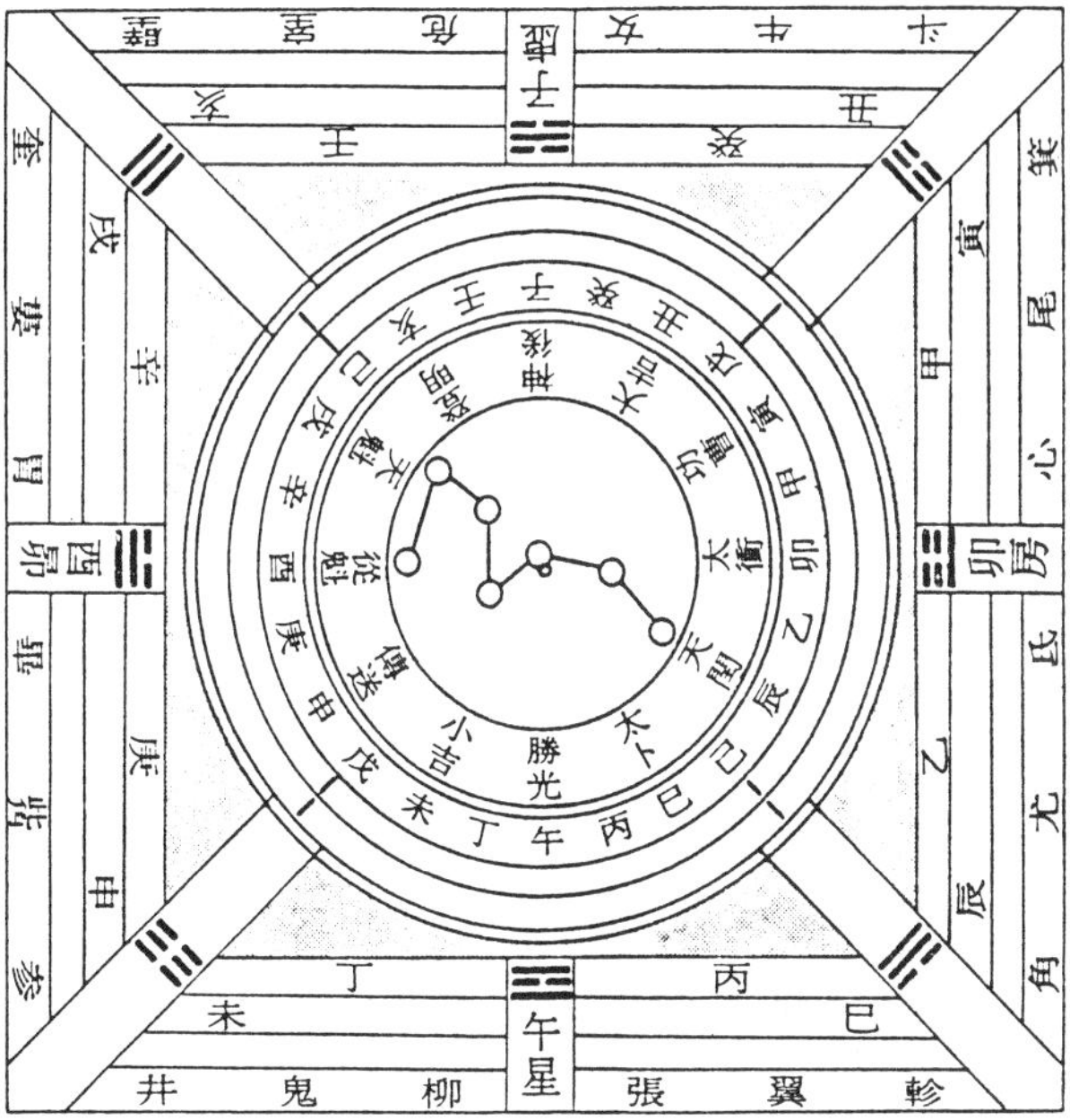

図16　楽浪遺跡出土式盤復元図（東京大学文学部編『楽浪』より）

式神と陰陽師と修験者

式神は式盤の神格化で、一種の付《つく》喪《も》神《がみ》である（付喪神については三六〜三八頁参照）。

図17は、室町時代に書かれた『泣不動縁起』に載る絵だが、五体の付

図 17 『泣不動縁起』

喪神（絵の左上）の厄災を封じるため、安倍晴明が式神（絵の右端）を従えて祈禱している。式神は、付喪神のように器物のまま描かれておらず、鬼形であり、童子である（『今昔物語集』の式神も「童部《わらはべ》二人」と記されている）。

『源平盛衰記』（巻十、中宮御産事）に、安倍晴明の妻が、式神の「貌《かを》に畏《おそ》れければ」、一条戻橋の「橋の下に咒し置きて、用事の時は召仕ひけり」とあるように、おそろしい「貌」をしているのは、式神に呪殺の魔力があったからである。『宇治拾遺物語』（巻二の八）に、五位の蔵人が陰陽師に、少将の蔵人を呪い殺してほしいと頼んだので、式神が鳥になって少将に糞をかけた。その鳥を式神と見破った安倍晴明は、逆に自分の式神を送り、五位の蔵人がやとった陰陽師を殺したとある。

晴明に破れた陰陽師は、「式ふせて、すでに式かへり、おのれ只今《ただいま》式にうてて死に侍《はべ》りぬ」といっている。小松和彦は、「式神と呪い」と題する論文で、この瀕死の陰陽師の言葉は、「自分の〝式神〟と相手の〝式神〟が合力した」「二倍の〝呪い〟」に打たれて死ぬという意だと書いているが、(114)呪殺の力は式神にあり、陰陽師の優劣は、その式神をいかにして使いこなすかにある。

相手の陰陽師が使う式神を晴明が隠したと書く『今昔物語集』は、この話のあと、ある僧正が晴明に、「式神を使えば、ただちに人を殺すことができるか」と聞いた話を載せている。

晴明は「理由もなく人は殺さない。しかし、殺そうと思えば、すこし力を入れれば必ず殺してみせる」という。そこへ蛙《かえる》があらわれたので、僧正と一緒にこの話を聞いていた君達《きんだち》(若い貴族)が、「では試みに蛙を殺してみせよ」といったので、晴明は「罪つくりのことをいう君かな」といいながら、「では試みてみましょう」といって、

> 草ノ葉ヲ摘ミ切リテ、物ヲ読ム様ニシテ、蝦蟆《カヘル》ノ方ヘ投ゲ遣《ヤ》リタリケレバ、其ノ草ノ葉、蝦蟆ノ上ニ懸《カ》カルト見ケル程ニ、蝦蟆ハ真平ニヒシゲテ死ニタリケル。

これを見て僧正たちは、「色ヲ失ヒテナオ恐《オ》ヂ怖レケル」と、『今昔物語集』は書いている。式神は図17の絵からみても、陰陽師に使われる鬼神である。

『曽我物語』では、晴明は式神ではなく「護法」を使って、「物怪《もののけ》」を調伏している。「護法」は、密教系祈禱僧・修験者の守護・使役霊である。晴明が、式神だけでなく修験者の護法をも使っていることについて、小松和彦は「護法信仰論覚書」で、「平安初期においてある程度明確に区別されていた陰陽師と祈禱僧が、平安末期から中世に入って重複しはじめ、陰陽師も修験者的属性を所有することになったために、『式神』と『護法』とが容易に置換しうるものとなったのであろう。平安期にお

いても、名称こそ異なっていたが、『式神』と『護法』とは、機能・属性がほとんど一致していた。それ故、置換の可能性はその当時すでに用意されていたのである。また、一説によると、安倍晴明は修験道の山熊野に籠って千日間の修行をしたとされているから、修験者としての一面も持つと考えられていたと言えるであろう」と書いている。[115]

「護法」は密教で重視されるが、修験道は「俗密」といわれ、密教系である。密教では「護法神」は、「護法鬼神」「護法童子」「護法天童」ともいわれるが、「式神」も童子で表現されている。

村山修一も、『日本陰陽道史話』で、「安倍晴明が使った式神の姿はやはり童子形であって、容貌は密教のそれ（護法童子のこと――引用者注）と同様、恐ろしい鬼形でした。また人形や鳥にも変り、陰陽師同士、式神を使って相手を調伏させたり、自分の式神といえども使い方を誤れば、主人の陰陽師が生命を奪われることもあり、これらは護法童子とほとんど変るところがありません」と述べているように、[116]「もの」から「おに」への転については、陰陽道・陰陽師だけでなく、修験道・修験者（山伏）の存在も無視できない。

修験道の開祖といわれる役小角《えんのをづぬ》は、賀茂（鴨）役君《えんのきみ》（公）の出自で、前述した陰陽師の賀茂忠行・保憲らと同族であり、安倍晴明も忠行・保憲から陰陽道を学んでいる。

渋川版「酒呑童子」は、都から貴族の姫たちをさらっていく犯人は誰かを勅命で占う人を、「都に隠れなき、村岡のまさときとて名誉の博士」と書くが、（「博士」とは「陰陽博士」のこと）、東洋大学本は、「清明と申《もうし》て正しき相人」が占ったと記している。いずれにしても、大江山の鬼退治にも陰陽博士がかかわっているが、源頼光らは山伏姿であり、頼光は酒呑童子の前で山伏の開祖の「役の行者」

をあげ、われわれはその「流れを汲む」といっている。

佐竹昭広は、『酒呑童子異聞』で、酒呑童子譚が大江山だけでなく伊吹山にもある理由の一つとして、文献例をあげて、「大江山、伊吹山は、修験道の霊山として『禅定』の名を有する山頂をもち、その共通性によって、大江山の伝説をいっそう無理なく、伊吹山のそれと結合しえたのかもしれない」と述べている。(117) このように鬼の話に修験者（山伏）と陰陽師が登場することも、「おに（陰・隠）」の語と無関係とはいえない。

『義経記《ぎけいき》』（成立について『日本古典文学大辞典』は、「本書の素材となった義経をめぐる説話や伝承は、鎌倉時代につくり出されたものと想像されるが、その作品としての形成は、室町時代に入ってからと見ることができる」と書く）は、修験道に通じた当時の知識人によって書かれたとみられるが（義経・弁慶は山伏姿で奥羽へのがれている）、義経は「陰陽師鬼一法眼」から、兵法の虎の巻を伝授されている。「鬼一法眼」は、今は「きいちほうげん」というが、古くは「おにいち」といった。この伝承からも、陰陽師と山伏（修験者）の関係が推察できる。また、陰陽師の名が「鬼一」ということからみても、「鬼」と陰陽師・修験者の結びつきがうかがえる。

『今昔物語集』（巻二十四・第十九）に、播磨国の陰陽師知徳が、海賊に掠奪された船主に同情し、呪力をもって海賊船を招き寄せ、貨財を取りもどしてやった話が載る。同じ話が、『宇治拾遺物語』（三六）、『太平記』（巻二・阿新殿事）にも載るが、この両書において陰陽師が山伏に変わっているところからみても、陰陽師と修験者が同じにみられていたことがわかる。

役小角と鬼神

修験道は、日本古来の山岳信仰に仏教（主に密教）と陰陽道をとり入れ、平安時代の中頃に成立した宗教だが、「修験者」という言葉は、天台・真言の密教僧たちの山岳修行が盛んであった平安中期、山岳修行によって験力を得た密教の験者たちを、「験を修めた者」という意味で称したことに始まる。このように、仏教といっても密教が修験道に強く影響しているから、修験道は「俗密」ともいわれるのである。

第六章で述べた藤原千方が使っていた四鬼は、金鬼・風鬼・水鬼・隠形鬼である（一〇五頁参照）。金・風・水の鬼は、陰陽五行説による鬼だが、隠形鬼は、摩利支天《まりしてん》の隠形の印を結んで陀羅尼《だらに》真言《しんごん》を誦《ず》す、真言秘密修法の隠形法から生まれた鬼である。

「もの」から「おに」への転換期は、陰陽道が普及し、修験道が成立し、天台・真言密教の流布が盛んになっていく時期と重なっている。だから、「おん―おに」への転は、密教的な「隠形鬼」的イメージが強く影響したことも一因であろう。

『古事記』にはない「鬼」表記が、正史の『日本書紀』では「鬼《もの》」として用いられたが、『日本書紀』成立の養老四年（七二〇）から八十年弱たった延暦十六年（七九七）成立の『続日本紀』は、修験道の開祖に仕立てられた役小角について、次のように書く（文武天皇三年（六九九）五月二十四日条）。

役君小角《えんのきみおづぬ》、伊豆嶋に流さる。初め小角、葛木《かつらき》山に住みて、呪術を以て称《ほ》めらる。外従五位下韓国連広足が師なりき。後にその能を害《そこな》ひて、讒《しこ》づるに妖惑《えうわく》を以てせり。故、遠き処に配《なが》さる。世相伝へて云はく、「小角能《よ》く鬼神を役使し、水を汲み薪を採らしむ。若し命を用ゐずは、即ち呪を以て縛る」といふ。

鬼神は役小角に使役される存在になっている（役君の「君」は姓《かばね》）。『日本霊異記』（弘仁十三年〔八二二〕頃の成立）も、役小角について書いているが（上巻第二十八、「役の優婆塞《うばそく》」とある）、『続日本紀』と同じく、「鬼神を駈《お》ひ使ひ得ること自在なり」と書き、さらに新しい話を付加している。

彼は多くの鬼神を誘い、せきたてて、「大和国の金峰山と葛城山との間に橋を架け渡せ」と命じた。そこで神々はみな嘆き、文武天皇の御代に葛城山の一言主大神が人にのり移って、「役の優婆塞が陰謀を企て天皇を滅ぼそうとしている」と讒言《ざんげん》した。天皇は優婆塞を捕えよと命じたが、験力が強くて容易にはつかまらなかった。そこで彼の母をつかまえたところ、母を許してもらうためにみずから出頭し、伊豆島に流されたとある。

第三章で述べたように、雄略天皇をもおそれさせた神威をもつ一言主神は、ここでは小角に使役される「鬼神」の仲間入りをして、小角を讒言している。そのため「一言主の大神は、役の行者に呪縛《じゅばく》せられて、今の世に至るまで解脱《げだつ》せず」と書かれている。

『霊異記』は『日本国現報善悪霊異記』といい、僧景戒がまとめた日本最古の仏教説話集である。平安時代初頭の僧侶の視点からみると、一言主神も仏教的因果応報によって、密教系優婆塞の役の行者に呪縛されてしまう存在であった。

「鬼《もの》」としておそれられた存在は、修験者や陰陽師に使役される存在に零落し、「鬼《おに》」と呼ばれるようになったのである。

橋をかけるために役行者に使役された鬼神は、『今昔物語集』によれば、「夜々《よなよな》隠れて此の橋を造り渡さむ」といっており、「鬼《おに》」は陰（夜）に隠れてあらわれるものという印象が強い。その点でも、夕方、朝倉山の山頂に隠れることなくあらわれた『日本書紀』の「鬼《もの》」とはちがう。このちがいをみても、「おに」の語源がわかる。

主役の影の存在としての鬼

役小角は、図18のように、前鬼・後鬼を従え、守護と使役に用いている。

小松和彦は、高知県香美郡物部村の「いざなぎ流祈禱師」（小松は、この祈禱師は本来は陰陽師だという）は「式神」を「前立て」「後立て」として用いると書き、「『前立て』『後立て』とは、祈禱師の前後を守護することで、こうした役割を『警護』とも表現する」と書いているが[114]、前鬼・後鬼は役行者の「前立て」「後立て」であり、図17の鬼形の二式神も晴明の前鬼・後鬼の絵といえる。

役小角が前鬼・後鬼などの鬼神を使役しているように、安倍晴明も式神を使役している。『今昔物語集』（巻二十四・第十六）は、晴明について、

家ノ内ニ人無キ時ハ、識神《シキガミ》ヲ仕《ツカヒ》ケルニヤ有ケム。人モ無キニ、蔀《シトミ》上ゲ下ス事ナム有ケム。門《カド》モ差ス人モ無カリケルニ、被差《ササレ》ナムトナム有ケリ。此様《カヨウ》ニ希有ノ事共《コトドモ》多カリ、トナム語リ伝フル。

と述べている。「家の中に人のいない時は、式神を使っていたのであろうか、だれもいないのにひと

りでに蔀戸の上げ降ろしをした。また、閉ざす人もいないのに、門が閉ざされていたりした。かように不思議なことが多くあったと語り伝えている」という意だが、このように、蔀の上げ下げ、門の開閉にまで、晴明は式神を使っている。

密教の護法（護法鬼神・護法童子）と式神が重なっていることは前述（一七〇頁）したが、鎌倉期の説話集の『古今著聞集』には、天台密教のすぐれた行者であった三善浄蔵が霊鷲山に参籠修行中、護法を使役して花を採り水を汲ませたとあり、小角や晴明が鬼神や式神を使役したのと同様に、護法を使っている。

ところで、小角や晴明の鬼神・式神の二体が対であるのは、護法が対であるのと共通している。天台行門（修験道）の開祖相応は、護法として、不動明王の眷属《けんぞく》である矜迦羅《こんから》・制多迦《せいたか》の二童子を従えており、書写山の性空は、毘沙門天の眷属である乙童・若童、白山の泰澄は、立行者・臥行者の二童子を従えている。この二童子は護法童子だが、信貴山の命蓮は、剣の護法、空鉢の護法の二護法を使役している（剣の護法は童子、空鉢の護法は蛇）。

図 18　金剛山の札に描かれた役行者と前鬼・後鬼（平凡社『日本架空伝承人名事典』）

図17の安倍晴明の鬼形童子の二式神、図18の役小角の前鬼・後鬼、『今昔物語集』（巻二十四・第十六）の播摩の陰陽師が使役し晴明に隠された式神の二童子は、二体の対の護法童子と重なっている。

いずれも、主人の陰陽師、密教僧、優婆塞行者、修験者の影（陰・隠）の存在である。このことも、「もの」が「おん―おに」に転じた一因であろう。

なお、式神・護法は二体の対とはかぎらない。『源平盛衰記』（巻十〈中宮御産〉）の条には、「一条戻橋と云《いふ》は、昔安倍晴明が天文の淵源を極めければ、彼十二神を橋の下に咒《じゅ》し置きて、用事の時は召仕へけり。是にて吉凶の橋占を尋問《たづねと》へば、必ず、職神人の口に移りて、善悪を示すと申す。されば十二の童とは、十二神将の化現となるべし」とある。職神は識神の転で、式神のことだが、この十二の童子は、護法の十二神将の化現である。十二神将は、図16の式盤の円盤の輪帯にも記されており（『日本陰陽道史総説』(118)）、このように陰陽道の式神と密教の護法鬼神は、深く結びついている（中世になると十二神将は陰陽道の十二支と習合する）。

ただし、式神は人を呪い殺しているが、護法はその名のとおり守護の面が強く、護法鬼神とはいわれていても、人を食う鬼の要素は、式神のほうが護法鬼神よりも強い。「俗密」といわれる修験道では天狗が登場するのに対し（天狗が護法的役割をもつ）、陰陽道では鬼の登場が多い一因も、そのことによるのだろう。

「もの」から「おに」への変化と被差別者たち

江戸初期の仮名草子作者の浅井了意の『出来斎《できさい》京土産』には、安倍晴明が居た一条戻橋の説明として、「晴明は人形を作りて、識人《しきじん》と名づけ、常にめしつかひけるに真の人のごとし。昼は動きはたらき、夜はうち倒けるを、晴明が妻おそろしがりける故に、此人形を夜は戻橋のしたに置たれば、性念つきて、内裏の宮女に行かよひ、子を生みけり。名も氏もなし。ただ捨てられて後は、死《しし》たる牛馬を食《しき》として子孫漸々《ぜんぜん》おほくなり。人も牛馬を剥《はぎ》くらふ川原の者として、穢多の先祖なりといふ」とある。

図17のイメージをもつ識(式)神は、江戸時代になると人形とみられ、識人になっている。谷川士清も『倭訓栞《わくんかん》』で、式神を「人形の蠱物《こぶつ》」とし、まじない(卜占)用の人形とみているが、人形(式神・識人)と宮女の間に生まれたのが「川原の者」「穢多」の先祖だという伝承について、村山修一は、戻橋の下に人形を置いたというのは、「戻橋のたもとに多数の川原者が住んで、通行人を相手に卜占の業をいとなんでいた」ためとみて、「戻るとは占を求めて低徊するの意であったらしい」と書く。また、こうした伝承は、「川(河)原者」「穢多」といわれた、「蠱物による巫術を業とした下層陰陽師達が、晴明とのつながりを強調して、職業の権威づけをはかった結果」によるものとみている。[119]

小松和彦も『出来斎京土産』の記事を引用し、彼らが「鬼の末裔」として、「河原や橋の下などのような水界との境目に位置している」のは、彼ら都市の陰陽師たちが、鬼の末裔を称する「山の修験者たちとちがって」、川の近くに住んでいたからだとみる。[120] 異界としての山に住む鬼だけでなく、都市の境界、逢魔の場としての橋に鬼があらわれるようになったころ、「もの」は「おに」に転じたのであろう。そして、山人が畏怖以外に蔑視・差別の対象となったように、橋の下の川原者も、一般人からは蔑視・差別の対象とみられ、「おに」といわれたのである。

川原者らの「川原」は、田畠が作られない、村や町の境界にあった。こうした場所は、中世になると「散所《さんしょ》」といわれるが、林屋辰三郎は、これら「散所民」「河原者」が「鬼の観念というものに重ね合わされていった」とみる。そして、「源氏物語などの作者の目からは、一般の商人も『鬼のような者』というふうに映じていた」と書いている。(121) 橋の下の川原には「市」が立ち、商人が集まり、商人の多くは漂泊の物売りだったからである。

惟喬親王を始祖とする木地屋も、轆轤《ろくろ》を使って作った食器類や器物を里の市で売っていた。彼らは、定着農耕民や都市の人々からみれば裏・影・闇の存在であり、陰・隠のイメージであった。「もの」から「おに」への変化には、このような陰・隠のイメージをもつ被差別者を「鬼のようなもの」とみる考えも、影響していたであろう。しかし、「川原者」といわれた芸能者たちが、謡曲・狂言・浄瑠璃などで彼らなりの「鬼」のイメージを作ったように(第七章参照)、「鬼のようなもの」たちといわれた人々も、「鬼」を使ってしたたかに自己主張をおこなっていた。

その主張は鬼の子孫と称する比叡山麓の八瀬《やせ》村や、吉野山中の前鬼村の人々に、今も残っている。

第九章　鬼と童子と天皇

——八瀬《やせ》童子《どうじ》をめぐって——

鬼と童《わらわ》と禿《かむろ》

染殿の后《きさき》を犯した鬼の姿を、十世紀初頭に書かれた『善家秘記』は、「ハタカニシテ頭カフロナリ」と書く。この記述をそのまま採ったのが十二世紀前半の『今昔物語集』（巻二十・第七）であり、染殿の后を犯した鬼について、「其形《ソノカタチ》、身《ミ》裸《ハダカ》ニシテ、頭《カシラ》ハ禿也《カブロナリ》」と書く。「禿」は、髪の末を切りそろえ、結ばないで垂らしておく、おかっぱのような髪型をいう。

大江山の酒呑童子も、渋川版には、「色うす赤く、せい高く、髪はかぶろに押し乱し」とあるが、麻生太賀吉氏蔵本には、「丈七尺あまりにて、そのころ四十ばかりにやあらん。髪はかぶろに切り、色白く、肥えふとり、容顔ことに美麗なり」とある。伊吹山の酒呑童子も、大東急文庫蔵本に、「丈一丈ばかり、髪はかぶろに、色白くして肥えふとり、容顔美麗にして、年は四十ばかりに見えけり」とあり、岩瀬文庫蔵本の『酒顚童子絵詞』も同じ文を載せている。

このように酒呑童子は四十になっても頭は禿《かぶろ》だから（図13・図15の渋川版『御伽草子』の酒呑童子の絵参照）、四十になっても「童子」なのである。

黒田日出男は、「『童』と『翁』――日本中世の老人と子どもをめぐって」において、図19を示し、童は「〃一人前〃とはみなされなかった。そのことの第一の意味は、『童』は大人＝『人』ではないということである。成人することすなわち『人』となるということは、『男』と『女』になることであったが、それに対して『童』というのは、まだ『男』にも『女』にもなっていない。基本（原理）的には無性ないし中性の存在であった」と書き、さらに、「『人』とはみなされないことの第二の意味は、『童』が神に近い存在であるということである。最近の子ども論でもしばしば引用されるものであるが、大藤ゆき氏『児やらい』（岩崎美術社、一九六八年）によれば、民俗では『七つまでは神の子』とされているという。七歳までの子どもは、神のよりまし的な存在として位置づけられたりもしていたのである」と書いている。[122]

また、「中世では、七歳以前に亡くなった子どもは、葬礼も仏事もなされず、袋に納められて山野に捨てられるのが普通の例であったという（『古事類苑』礼式部葬礼四）」と述べ、「七歳は、神と人との境界ともいうべき重要な節目」であったから、「七歳になると、『童』は、働かされるように」もなり、七歳を越えると、「『童』は『童』なりに、中世的な労働と儀礼を習得しはじめる。そして、成人年齢としての一五歳に向って成長していくのである」とも書く。[122]

この七歳・十五歳は数え年だが、十五歳の元服が成人式であり、その後は髪形は禿でなくなる。しかし、終生、髪形が禿であったのが酒呑童子である。

酒呑童子は源頼光らに、「それがしが召し使ふ茨木童子といふ鬼」が、都の七条堀河で渡辺綱とわたりあって、片腕を斬られた話をしているが（渋川版『酒呑童子』）、『御伽草子』の諸本には、酒呑童子の手下には、茨木童子以外に星熊童子・熊童子・虎熊童子・金熊童子という鬼がいたとある。

これらの鬼も「童子」名であることからみて、やはり髪型は禿であったろう。黒田のいう「童は人ではない」から、鬼の呼称は童名であり、髪型は童形なのである。

こうした禿姿の童名の鬼たちを大江山で討つ、源頼光の四天王の一人の坂田金時は、昔話の金太郎である。天和元年（一六八一）ころに書かれた『前太平記』では、頼光は足柄山の山中で、「面ざしは二十歳計《ばか》りにもやあるらんか、いまだ童形なる」金太郎に会っている。このように坂田金時が成人になっても禿姿なのは、酒呑童子と同じである。金太郎は熊を手下にしているが、これは酒呑童子の手下の熊のつく童子と共通する。また、「鉞《まさかり》かついだ金太郎」と歌にもうたわれているが、図15の酒呑童子は、鉞《まさかり》を杖にしている。

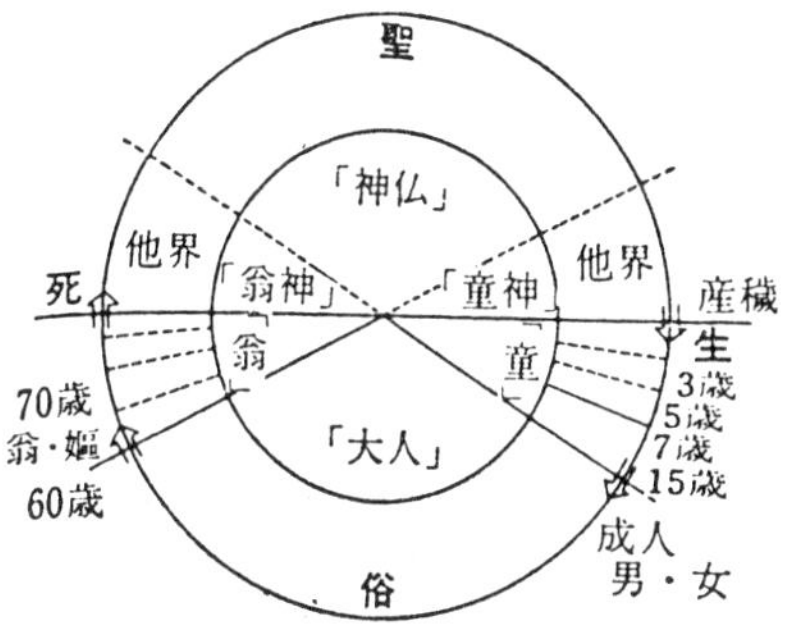

図19　童と翁の位置（黒田日出男『境界の中央・象徴の中世』東大出版会より）

このように、鬼を討つ側にも「人ではないもの」がいるが、桃太郎も桃から生まれた童子で、「人ではないもの」であり、鬼（童子）が鬼（童子）を討つ話といえる。頼光も雷公と書かれていることは前述（二一五頁）したが、『日本書紀』は雷を鬼とみている。

鬼（人でないもの）を討つのは、やはり常人以上の強い力をもつ者（人でないもの）でなければならなかった。そのような力をもつのが「童子」なのである。

一寸法師と小子部

『御伽草子』の「一寸法師」には、

一寸法師は、鬼に呑まれては、目より出《い》でて飛び歩きければ、鬼もおぢをののきて、「これはただ者ならず、ただ地獄に乱こそ出で来たれ。ただ逃げよ」と言ふままに、打出の小槌、杖、しもつ（笞《むち》のこと——引用者注）、何に至るまでうち捨てて、極楽浄土の乾《いぬゐ》の、いかにも暗き所へ、ややうやう逃げにけり。

とあり、鬼は地獄に反乱がおきたと思い、鬼は大事な持物を捨てて、極楽の暗い所へ逃げている。これと似た昔話に、「一寸太郎」「拇指太郎《おやゆび》」「五分次郎」などがあり、いずれも鬼ヶ島に鬼征伐に行って鬼に呑まれ、鬼の腹のなかで、一寸法師と同じように針を使ってあばれている。

「太郎」「次郎」という呼称は、「金太郎」「桃太郎」と同じく「童子」をいう。「一寸法師」は成人後も、「一寸」しかない小男であった。鬼である酒呑童子は、「せい高く」（渋川版）、「その丈二丈ばかり」（慶応大学蔵本）「丈七尺あまり」（麻生太賀吉氏蔵本）などとあるように大男だが、髪型で童子であることを示しており、やはり成人になっても「大人《おとな》」になりきれない「童《わらわ》」である。だから、一寸法師が鬼を退治する話は、雷公（頼光）が鬼を討つ話や、少子部雷《ちいさこべのいかづち》が三諸岳《みもろのおか》の雷《かみ》を捕える『日本書紀』雄略紀の話と共通する。

雄略紀は神・蛇・雷を同じとみているが、『日本霊異記』の雷の子の「童子」も、「児の頭《かしら》は、蛇を二遍纏《ふためぐりまと》ひ、首・尾を後に垂れて生る」とある。そして、このおそろしい神（大蛇・雷神）を捉えるのは、小（少）子部氏である（小子部氏は童子を管掌する氏族）。このように、「小さ子」「童子」は、「人でない鬼《もの》」「神に近い人」であった。

童形・牛飼童・八瀬童子

「大人しい」という言葉があるが、「童子」は「大人しくない」「人でない鬼《もの》」とみられていた。

網野善彦は「童形・鹿杖・門前」と題する論考で、検非違使《けびいし》別当藤原宗忠の日記『中右記』が記す永久二年（一一一四）の事件のなかで「童《わらわ》の関わりを持った件数はかなりの数に及んでいる」と述べ、具体例をあげているが、その一例として、六月八日に「院領伏見殿の下人と日吉社大津神人《じにん》との飛礫《つぶて》などによる闘乱に関連して捕えられた下手人は童鬼丸であり、十六日には小院丸が下手人とされている」と書く(123)（傍点引用者）。

下人に「童が多い」ことから、網野は「大人たちの統制」から外れた童たちの「闘乱」とみるが、下手人が「童鬼丸」ということからも、童と鬼の重なりがうかがえる。彼らは、今の「暴走族」みたいなものであろう。

『平家物語』（巻第一）の「禿髪《かぶろ》」には、こうした「暴走族」を、清盛が利用した話が載る。

十四五六の童部《わらんべ》を、三百人そろへて、髪をかぶろにきりまはし、赤き直垂《ひたたれ》を着せて、召しつかはれけるが、京中にみちみちて、往反《わうへん》しけり。おのづから平家の事あしざまに申す者あれば、一人《いちにん》聞き出《いだ》さぬほどこそありけれ、余党に触れ廻《めぐら》して、其家に乱入し、資財雑具《ざふぐ》を追捕《ついふく》し、其奴《そのやつ》を搦《から》めとッて、六波羅へゐて参る。されば目に見、心に知るといへど、詞《ことば》にあらはれて申す者なし。六波羅殿の禿《かぶろ》といひてンしかば、道を過ぎる馬車《むまくるま》もよぎてぞとほりける。

「六波羅殿の禿」は数え年「十四五六」の「童部」で、大人《おとな》になれば禿姿をやめて大人しくなる。だが、鬼といわれる酒呑童子たちは、四十過ぎても禿姿である。このような禿姿を一生していたのが、牛飼童《うしかいわらわ》・堂童子《どうどうじ》・八瀬童子《やせどうじ》らである。

牛飼童について網野は、具体例をあげ、「文字通り枚挙に遑《いとま》ないほどに闘乱をひきおこしている」と書き、「平安後期から文献にみえる牛飼童は、まことに荒々しく、童部《わらべ》の如く自由奔放であった」とも書く。そして、一生禿姿だったのは、中世の絵巻に、牛は「獰猛な動物」として描かれているから、このような動物を「統御する上で、童の持つ呪的な力が期待されたとも考えられるのではなかろうか」と書くが(123)、牛鬼といわれる牛と禿姿の牛飼童の関係は、禿の鬼（坂田金時）が同じ禿の鬼（酒呑童子）を討つ関係と重なる。

みずから鬼の子孫と称する八瀬童子について、黒川道祐の『雍州府志』（天和二年〔一六八二〕成立）は、

予思斯処在㆓叡山麓㆒自㆓伝教大師㆒以後被㆑聴㆓牛車㆒之僧使㆘㆓此土人㆒蔵㆑車飼㆖㆑牛其僧乗㆑車入㆑洛日則㆘㆓土人㆒為㆗牛童㆖

と書き、同じ道祐の『北肉魚山行記』は、八瀬村に関して、

伝教繁昌の時、牛車を聴さる。此時此村に駕車牛を飼しめ、舎人を置く。

と書く。伝教大師（最澄、七六六〜八二二）のときという記述に確証はないが、八瀬童子が、比叡山延暦寺の僧のための牛飼童であったことは、この記述から確かめられる（八瀬は地名で、十一世紀初頭までは山城国愛宕郡小野郷八瀬村。中世には八瀬庄、近世は愛宕郡八瀬村といい、慶応四年から京都府愛宕郡八瀬村、昭和二十四年からは京都市左京区八瀬）。

『華頂要略』門主伝第七の寛元三年（一二四五）一月十八日条に、延暦寺の門主《もんず》（座主《ざす》）の駕輿丁《かよちょう》として、「八瀬童子二十人許り参会、頗《すこぶ》る力を付し畢《おわ》んぬ」とあり、鎌倉時代には駕輿丁であったことは確かだが、貴人を運ぶ牛車・駕輿の関係からみて、そのころから八瀬には、駕輿丁と牛飼童が居たとみられる。

池田昭によれば、八瀬の人々は、駕輿丁奉仕のほかに、「二戸の特定の家の人々が牛飼童として牛車を扱っていた」という(124)。

室町時代の末、天台宗の僧侶が書いた『蹇驢嘶餘《けんろしよ》』に、

門跡御輿舁　八瀬童子也。従二閻魔王宮一皈ル時輿ヲ舁タル鬼ノ子孫也。十二人ヲ一結ト云也。是ハ浄衣ヲ着シテ、髪ヲ唐輪ニワゲル也。長一人ハ浄衣ニテ、髪ヲサゲテ、御輿ノ前ニ行ク也。（後略）

とある。「唐輪ニワゲル」とは、髻《たぶさ》から上を二つに分け、頂で二つの輪に作るもので、鎌倉時代の武家の若党や元服前の近侍の童子の髪型であり、「髪ヲサゲテ」は禿の髪型である。

江戸時代の書籍には、八瀬の人々について、

・頭に油を用ゐず、惣髪にして人相言語に類せず（『山城名跡巡行誌』）

・此所ノモノ、各々髪ヲ長クシ丸ク結ヒ、カリソメニ見トキハ、男女ノ差別見分難シ（『北肉魚山行

記』）

・八瀬の里人は、比叡の童子の末なれば、今も四方髪に鉄漿《かね》つけ（『出来斎京土産』）

・惣髪にて曲を結はず、髪をくくりて巻立て公卿の冠下に同じく、歯は鉄漿を黒々と染め（『皇都午睡』）

・その古風にて惣髪にて歯をそむるも有とぞ。其のかみも下さまの者は頭髪を童の如く束ねたるも多かるべし。されば京わらんべと云う（『嬉遊笑覧』）

・此一村に限り、惣髪にして前髪を剃らず、粗琉球人の首髪に似たり（『思ひの儘の記』）

・当村ノ男女トモニ強気ハゲシ、男モ女ノゴトク髪ヲ巻（『京師巡覧集』）

などと書かれている。『近畿歴覧記』によれば、中古以前は、髪を結ばず、長髪で首を被っていたというが、近世でも、普通は「惣髪」（長髪）で、時によって男も「丸ク結ヒ」（唐輪）、そのため、男女の区別がつかなかったのである（唐輪は天正年間（一五七三～一五九二）以降、女性の髪型になった）。

このように、髪型が童形でありながら、「男女トモニ強気ハゲシ」かったのは、中世の牛飼童などの性格を、近世になっても受けついだためであろう。

八瀬童子はなぜ鬼の子孫か

正徳六年（一七一五）に、八瀬の村民九四名が連署した文書『八瀬記』の末尾に、

鬼洞在八瀬村西山腹

羅山文集云、洞在八瀬川西山中、俗号曰鬼洞、口狭中闊、高二丈強深三丈有奇也、称酒顚童子云々。

塞驢嘶餘云門跡御輿舁事八瀬童子也。
従閻魔王宮帰時輿舁《タル》鬼子孫也。

鬼洞の事如此相見へ候へ共、当村申つたへ候《ハ》、先祖鬼の子孫ゆへ今に至り毎年七月十五日鬼洞の前にて念仏供養申候、代々申伝候、酒顚童子と申事大成誤《イルニ》而候、後代のため事志るし置者也。

とある。

柳田国男も「鬼の子孫」に、「此村には正徳六年の六月に村民九十余人の連署を以て筆録した八瀬記と云ふ記録がある。自分は前年此地を訪うた際に頼んで写して貰ったものを持って居る」と書き、この『八瀬記』と同じ内容は、「黒川道祐の雍州府志及び其誌料と見るべき近畿歴覧記中の北肉魚山行記、北村季吟の次嶺《つぎね》経《ふ》、其他名所都鳥等」にも載ると書いている。そして、『出来斎京土産』（五）には、「鬼ヶ洞の一名を酒顚童子の洞と云ひ、酒顚童子比叡山より追はれて大江山に入る迄の間、此洞に栖んで洞内の鬼石と云ふ岩の上に起臥して居た」とも書く[125]。

また柳田は、鬼の子孫といっても、酒呑(顚)童子の子孫とする「此説は八瀬の人がどうしても承知をせぬのは無理もない」として、『塞驢嘶餘』や『山城名勝志（十五）』が記す、「八瀬の民は叡山御門跡が閻魔王宮から帰らるゝ時、輿を舁いで来た鬼の子孫で、今でも八瀬童子と称して門跡の御輿舁きだとある」伝承を、八瀬の村民は採用していると書く。しかし、村民が主張する「地獄からの帰化人と云ふことは、何分にも信じにくい話である」とも書いている[125]。

『八瀬記』が「鬼」でなく「鬼」と表記しているのは、「角の生えた鬼の酒顚童子ではない」ことを強調したいがためだと池田昭はみるが、(126) 江戸時代の中頃に書かれた『華頂要略』は、『蹇驢嘶餘』の記述をさらにくわしく説明している。

その記述によれば、「八瀬本坊」という大智院には、寛仁(一〇一七〜一〇二一)年間に座主院源僧正が住んでいたが、閻羅王(閻魔《えんま》王のこと)が座主を「陰府に請ふて、法華を講読せしめ」、また、「法華十万部の供養の導師」にした。そして、陰府(地獄)から座主が帰るときに、閻羅王は「鬼卒二人を発し」たので、「護送の二鬼、乃《すなは》ち輿を舁《かつぎ》て」八瀬本坊まで座主とともに来た。「その二鬼は山下に留りて、遂に孫子を生む」。よって、「八瀬の奴童、皆その種」だというのである。

「八瀬の本坊」は現在の八瀬の人々の檀那寺の妙伝寺だが、池田昭によると、「閻魔王宮から帰るときではなく、逆に行くときの従者」伝承もあるという。

池田昭は、こうした伝承が生まれたのは、八瀬村の人たちが、延暦寺の座主ないし門跡が「法華会で追善供養をするさいに駕輿丁奉仕をし、鬼役を果した」ためとみて、「鬼の子孫と云われた吉野の前鬼の人々の社会的事実から」も、そのことが裏づけられるとし、次のように書く。

彼らは、社会的には八瀬童子のように童子を名乗らなくても聖護院に属し、この元祖増誉僧正、門跡、白河法皇や多くの先達などの入峰にさいし、丹生谷哲一氏の指摘するように(『検非違使』二四四〜二四六頁、平凡社、一九八八)、童子同様の警固衆として供奉する駕輿丁役を果していた。宗教的には、聖護院の元祖増誉僧正らが入峰することは、延暦寺の座主ないしは門跡が法華会に行く意味、追善供養と同様に、和多昭夫氏の指摘のように(「護法童子」「密教文化」一〇四号)、

「死者の国、祖霊の集会する異境の地」という冥府で死霊供養を行うことであった。そのさい、前鬼の人々は呪的カリスマをもち、聖護院の元祖増誉僧正らの浄めと同時に、恭順の鬼役を果した。

このようにみてくると、八瀬童子は、延暦寺の寺院権力の被支配者として、宗教的には呪的カリスマをもち、制吒迦《せいたか》童子の浄め＝護衛の役割を演じ、同時に矜羯羅《こんから》童子の恭順の役割を果し、鬼の子孫のイデオロギーをもつことになったのである。(127)

池田は「入峰」を「死霊供養」とみているが、池田のように解せば、柳田のいう「地獄からの帰化人と云ふこと」も、「何分にも信じにくい話」ではなくなる。

鬼の子孫を称する八瀬と吉野の人々の役割が同じであるとする見解は、すでに高取正男が「信仰の風土――天川弁才天を中心に」で述べている。

「天川弁才天」（奈良県吉野郡天川村大字坪内の天河神社）の社家について、高取は、「現在、社家のなかで井頭氏と交代で宮司に任ずる柿坂氏では、大峯修験開祖の役小角に仕えた五鬼のうち、前鬼鬼童の子孫と伝えている。（中略）上北山村前鬼の、前金山金林寺での五鬼熊（不動坊）、五鬼童（行者坊）、五鬼上《じよう》（中之坊）、五鬼継《つぐ》（森本坊）、五鬼助《すけ》（小仲坊）の家と、おなじ伝承である。役小角の供には前鬼と後鬼があり、前鬼が上北山村前鬼、後鬼が天川村の洞川《どろがわ》を開いたという（後略）」と書き、「京都の東北郊、比叡山西南麓にあたる八瀬の村も、鬼の子孫として知られている。伝承によると、むかし天台座主が、法華八講や法華懺法のために比叡山に登るとき、北野天満宮に寺務が発向するとき、山内の大会に勅使の参向するときなど、八瀬の村から駕輿丁《かよちよう》が出て、奉仕したという。天川の人たちが、聖護院、三宝院の宮門跡入峯にあたり、行列の供奉、警護、峯中案内を勤仕して一代の面目としてきたのと、おなじような役目である」と述べている。[128]

『今昔物語集』（巻十三・第三十六）には、法華経を信受した源兼澄の娘に、浄土で釈迦如来があらわれ、「汝ヂ法花（華）経ヲ読誦《ドクジュ》スルニ依テ、我ガ身ヲ汝ニ見セ、声ヲ令聞《キカシ》ム。汝ヂ速《スミヤカ》ニ本国ニ返《カヘリ》テ、尚吉《ヨ》ク法花経ヲ可読誦《ドクジュスベ》シ」といい、「天童二人ヲ副《ソ》ヘテ、送リ給フ」とある。この話と八瀬の伝承は、浄土と地獄、釈迦如来と閻魔王、「天童二人」と「鬼卒二人」のちがいはあるが、法華経にかかわっている点で同じである。八瀬童子の場合、『華頂要略』には、閻魔王が座主を「陰府」（地獄）に招いて法華を「講読」させ、法華十万部供養の「導師」にしたとある。

このように、八瀬の場合は法華会の関係から冥府（地獄）とかかわる伝承をもつという点が、吉野の鬼の子孫とちがうが、八瀬童子がおこなっていた役目は、吉野の前鬼・後鬼の人々と同じである。ただし、吉野には役の行者の伝承があるから前鬼・後鬼になっているが、和多昭夫は、「役の小角の護法も必ずしも前鬼・後鬼の二人とは限定されておらず、矜伽羅・制多迦の二童子」でもあると、『箕面山寺縁起』などの史料にもとづいて述べている。[129]

黒川道祐の『遠碧軒記』には、「慧心の生身にて冥途へ参られし時、こんがらせいたかの二天童現じて供奉」とあり、二童子が供奉している。

この護法童子は、第八章で述べたように護法鬼神といわれ、鬼とみられていた。八瀬は、法華会とのかかわりから冥府との関係が強く、比叡山の山麓にあることから、仏教の護法童子の鬼として「八瀬童子」を名乗り、吉野は役の行者の修験道の影響から、前鬼・後鬼の後裔となったのである。

護法童子・堂童子・八瀬童子

中野千鶴は、「護法童子の性格を活動空間によって検討すると、①特定の高僧験者に随従し、各地の霊場を巡廻するタイプと、②特定の聖域（霊場・寺院境内・堂塔）に生棲し、境域や堂塔の警固、行者守護、仏への奉仕、聖域間の往還にあたるタイプに大別できる」と書いているが、終世、禿姿だった人々としては、牛飼童以外に堂童子がいる。この堂童子について中野は、「②のタイプの護法童子と等しく観念される存在であった」と書く(130)。

八瀬童子や吉野の前鬼・後鬼など、鬼の子孫と称する人々は、護法童子の②のタイプ、つまり堂童子の役割を荷っている。特に八瀬童子の駕輿丁・牛飼童の伝承からみても、往還の警固・守護・嚮導などにかかわっていたとみられる。

八瀬童子が皇室と関係をもつようになった近世の記録を記す『谷北文書』には、「天皇の御駕籠本陣へ御出入り時には必ず先棒の一人が右手を頭上にあげ前指しつつ進行す。これを魔除《まよ》けと称す」とある。記・紀で天孫降臨の先導（道案内）をした猿田彦が魔除けの神であることからみても、駕輿丁は単なる「カゴカツギ」ではない。

また、童子は行列（行道）の守護・警蹕《けいひつ》もおこなうが、高志養浩の『蕪葭堂記』（宝暦十一年〔一七六一〕）には、

舎人ノコト御車ノ先ニ立、但七歳ヨリ十五歳マデノモノナリ。又十五歳以上ノ者ハ牛ノカザリナ

ドヲシ又御車ノアトニ立、是ヲ大舎人ト云。尤装束ヲスルナリ。右ハ八瀬ノ者ニテ仙納丸・弥《イヤ》一丸ト云フ、二軒ノ家アリ、是ヨリ勤ム

とある。天皇の御車の前と後ろにつくが、前は七歳から十五歳までの八瀬の「童《わらわ》」であり、後ろも禿姿の八瀬童子である。

第八章で、式神を「前立て」「後立て」にして前後の警護にあたらせるのは、役《えん》の行者が前鬼・後鬼を「前立て」「後立て」にするのと同じだと書いたが（一七四頁）、天皇の車の前後に立つ八瀬童子（仙納丸・弥一丸）も、「前立て」「後立て」の前鬼・後鬼である。

仙納丸・弥一丸については、「年始ニハ玉座ニコトブキヲ賀シ奉ルヨシ」とあるが、折口信夫は「翁の発生」で、『古今集』（巻二十）に載る「まきもくの　穴師の山の　山人と　人も見るかに　山かづらせよ」の歌を、穴師の山人が正月のことほぎに山かづらをして宮廷に参上したのを詠んだ歌とみて、穴師の山人と同じなのが、「日吉の山の山人」である八瀬の村人だとみている。[131]

折口は、八瀬の村人が鬼の子孫といわれる理由を、「信太妻の話」で次のように書く。[107]

> 八瀬の村は、比叡の地主とも見るべき神の子孫と考へたもので、其祖先を鬼としたものであらう。この村は延暦寺に対して、寺奴とも言ふべき関係を続けて居た。大寺の奴隷の部落を、童子村と言ふ。寺役に使われる場合、村人を童子と言ふからである。八幡の神宮寺などにも、童子村の大きいのがあった。開山の法力に屈服して、駆使せられたおにの子孫だと言はぬ童子村にも、高僧の手で使はしめの如くせられた地主神の後と言ふ考へはあったらうと思はれる。童子が仏法の為に、力役に任ずる奴隷の意味に使はれたところから、殿上人の法会に立ちはたらく時の名を

『堂童子《ダウドウジ》』と言うた。童子と言ふのは、寺奴の頭のかっかうから出た称《とな》へである。

折口が使う「奴隷」という用語は、アメリカの黒人奴隷のような意味ではなく、寺奴《てらつこ》・神奴《かみつこ》の意味の「奴《ぬ》」である。「ヌ」を「コ」と訓ませていることからも、「童子」は折口流にいえば「奴隷」なのである。

『明匠略伝』（建治元年〔一二七五〕成立）の性空上人伝には、乙丸・若丸の護法童子は、性空上人に「給仕昼夜不レ離、是鬼類也」とある。鬼としての護法童子は、「給仕」とあるように「使はしめ」であり、折口のいう「奴隷」である。常に性空上人に給仕として「随従」し、一日に数十里の遠くまで「随遂」し、その日のうちに帰るという。このような「飛行自在」の話は八瀬童子にはないが、護法童子の乙丸・若丸が「是鬼類也」と書かれるように、鬼の子孫と称する人々も、同じような役目の童子であったのだろう。

堂童子と尸童《しどう》と荒魂

『今昔物語集』（巻十一・第十八）には、大和国の薬師寺について、

其《ソノ》寺ノ内ニハ止事無《ヤムゴトナ》キ僧ナレドモ入《イ》ル事無シ。只《タダ》、堂童子トテ俗ナム入《イリ》テ仏供《ブツク》灯明《トウミヤウ》奉《タテマツ》ル

とあり、巻十二の第二十には、

此ノ寺ノ金堂ニハ昔ヨリ内陣ニ入ル事無シ。只、堂ノ預《アヅカリ》ノ俗三人、清浄ニシテ旬ヲ替テ各十日ノ間入ル。其ノ外《ホカ》ニハ一生不犯ノ僧ナレドモ入ル事無シ。昔シ浄行ノ僧有テ、「我レ此ノ三業ニ犯

セル所無シ。何ゾ不入《イラ》ザラム」ト思テ入ケレバ、俄ニ戸閉《トヂ》テ入ル事ヲ不得《エ》ズシテ返出《カヘリイデ》ニケリ

とある。「堂ノ預ノ俗」とは堂童子のことで、一生涯、戒律を破ったことのない清浄な僧でも入れない所へ、堂童子は入れるのである。

『七大寺巡礼私記』には、

古老伝口伝云、去治安三年十月之比、大相国入道殿下御修行之次、令レ参二詣当時一給、被レ仰云、如二伝聞一当番童子之他人取不二入堂一云々、而至レ我者依二前世持戒一、今生為二摂録之大臣一、如レ道二巻天下一如レ草二靡万人一、而及三老耄永脱二俗一、偏帰二仏佗一、仍入二堂中一、恣拝乱、起座臨門之時、猛風忽吹閇レ扉矣、仍為レ恐令二退出一御云、是則薬師寺之霊験云々

とある。「大相国入道殿下」とは、摂政・太政大臣藤原道長のことだが、道長は治安三年（一〇二三）十月十七日から十一月一日まで、南都七大寺、飛鳥諸寺、高野山、四天王寺などを巡拝しているから（『元亨釈書』）、そのとき薬師寺でおきたことを記したのであろう。「当番童子」とは堂童子のことだが、この堂童子以外は金堂という禁忌空間（「おそろし所」といわれる場所）に入れなかったのを、権威をふりかざして道長は入ろうとした。すると、突然猛風が吹いて扉を閉ざし、彼も退出せざるをえなかったというのである。

このような話からみても、聖空間に参入できる彼らは、俗界の最高権力者以上の存在であった。だから「人にあらざる」鬼であり、童《わらわ》なのである。そのことを示すのが、終生童形の髪型である。鎌倉時代中期の成立といわれる『倭姫命世記』に、「大若子命、弟若子命、同ジク殿ノ内ニ侍《サムラ》ヒテ、善ク防グ護リ然シテ、国家ヲ祈リ奉ラバ……」（傍点引用者）とあるが、この大若子命・弟若子命は、

堂童子と同じであろう。だから、神殿の「内ニ侍ヒテ」居ることができるのだが、「善ク防グ護リ」の役は、護法童子と同じである。また、性空上人の乙（弟）丸・若丸と似た名であることは、中世の神仏習合の時代の神殿・金堂などの聖空間が、若子（童子）のみ出入りできるところとみられていたからであろう。

折口信夫は、「八瀬《やせ》」の語意について、

「やす」といふ語根は、神の降り留る義で、八十といふ語には、その聯想が伴ふのである。其から、神事の人々の数を数へるのに使ふ。崇神紀の八十伴緒・八十物部・八十神などが古い。神の来てゐる間の、接待者の状態を言ふ様になっては、痩すとなり、やせうからの転のせがれが、やつがれとも、せがれともなる。

八瀬の里人は、このやせの語意から考へられたらしい。地方神事に「おやせ」といふのが出るのも、此だ。やつる・やつすのやつも、此転音である。やつこも、家つ子と言ふより、此やす子かも知れぬ。痩男の細男と、聯想のあるのも此だ。やしよめも、八瀬女でなければ、やせよめである。神事に与る善女《ヨメ》であって、桂あたりの販婦である。

と述べている。「やせ」が、折口の書くように「やす」の転だとすれば、「八瀬」そのものが「神人」の意味をもち、「童子」と重なる。

童子が神人であることは、『延喜式』の伊勢大神宮の条が示している。大神宮の神職「物忌《ものいみ》九人」は童男一人、童女八人で、この童子たちは二十年ごとの式年遷宮の木本《このもと》祭・心柱《しんのみはしら》祭において、忌斧を木に当てたり、聖地を掃き浄めたり、心柱の穴を掘るなど、重要な役割を荷なっている。

『皇大神宮儀式帳』の「大物忌」は、四・五歳から成女になるまでの童女《をとめ》だが、神宮の宮域内から出ることを禁じられていた。彼女ら「大物忌」の日々の職務は、神宮正殿に参内して神の御声を聞くことにあった。この「大物忌」の代表は「斎宮《いつきのみや》・斉王《いつきのみこ》」と呼ばれる皇女だが、彼女らは成人になっても童女とみられていた。

大嘗祭の造殿行事の一つの杣山《そまやま》行事でも、最初に童女が斧で樹を伐る。また大嘗祭の地鎮祭では、まず童女が火を鑽《き》り、童男が松明《たいまつ》を捧げて斎場に立ち、童女が柱の穴を掘りはじめる。

このような童男・童女の役目からみても、鬼や鬼の子孫の童子名は、深い意味をもっている。

神霊が依りつき、その言葉を伝える人を、「ヨリマシ」というが、中山太郎は、修験道の「徒が好んで行うた呪術は、俗に『憑《ヨ》リ祈禱《キタウ》』と称するものであって、一名の男女（又は子供）を、憑座《ヨリマシ》（仲《ナカ》座《ザ》、御幣持《ゴヘイモチ》、尸童《ヨリワラ》、乗童《ノリワラ》、おこうさま、一ッ者、護法実《ゴハウダネ》、護法付《ゴハウツキ》、護因坊《ゴインボウ》、古年童《コネンドウ》などとも云ふ）と定め、これに神を祈り著《つ》けて、その者の口より、神の意として、善悪吉凶等を語らせる方法である」と書いている[133]。「護法実、護法付、護因坊」は護法童子とかかわるが、「古年童」は堂童子の統率者である。修験道は神仏習合の行道だから、両方の用語が入っているが、これらの「ヨリマシ」は尸童《シドウ》・乗童《ノリワラ》・降《オリ》童《ワラ》・憑子《ツキコ》とも呼ばれ、童名である。

『寺社雑事記』延徳三年（一四九一）十一月二十日条に、興福寺の堂童子が、祭礼や行事の折には水屋川で禊《みそぎ》をおこなったとあり、宇佐神宮寺の修正会には、御杖人が堂童子を勤めている（「宇佐神宮祭会式」）。御杖人も「ヨリマシ」であり、霊媒である。中野千鶴は、柳田国男が「奈良の堂童子・承仕が祈禱に携っていた」と述べていることから、「堂童子に、トランスによって神と同一の連続性を帯

びる尸童（霊媒）の性格を見出せる」と書いている。(130)

以上のような諸例からみても、「八瀬童子」は、神事にかかわる「やせ」に、仏教の護法童子・堂童子の「童子」がついた呼称であろう。

黒田日出男の図19の分類でもわかるように、童と翁は神に近い存在である。ただし、童と翁の二つの姿で表現されているのは、神が荒魂《あらたま》・和魂《にぎたま》で表現されるのと対応するが、童は神の荒魂と重なる。「アラタマ」は新魂とも書かれるが、荒・新・若・童には、共通する要素がある。荒（新）魂・和魂は、生魂《いく》・足魂《たり》ともいわれる。充足する以前の状態、つまりに大人・成人にならない魂が生魂である。鬼と童が重なるのも、荒（新）魂・生魂の持主だからであろう。

「童男」としてのヤマトタケルと雄略天皇

ヤマトタケルは、「まつろわぬ鬼《もの》」どもを討ちに東国に向かうが、彼は「日本童男《やまとをぐな》」といい（『日本書紀』）、「武《たける》」と「童男《をぐな》」が重なっている。

雄略天皇は、「大泊瀬若武天皇」（『日本書紀』）、「大長谷若建命」（『古事記』）と書く。「大泊瀬《はつせ》（長谷）」の「ハッセ」は大和の地名であり、天皇の呼称は「若武《わかたけ》（建）」である。

ヤマトタケルは熊襲に「日本童男《やまとをぐな》」と名乗り、雄略天皇は葛城の神に「幼武尊《わかたけのみこと》」（紀）と名乗る。みずから童子・若・幼と名乗る例は、この二人だけである。

『日本書紀』において、他に「童」の字で表現されるのは、神か神人・神女である。

神代紀に、「海神たちを生みて、少童命《わだつみのみこと》と申す」「母を玉依姫といい、海童《わだつみ》の少女《をとめ》なり」とある「少童」「海童」は海神のことをいい、応神記に、「その神石《いし》、美麗《かほよ》き童女《をとめ》となりぬ」とある「童女」は、比売許曽《ひめこそ》神社の女神になったと書かれている。

皇極紀三年条に、大和国菟田郡の押坂直《おしさかのあたい》が、「童子」の採ってきた雪の上に「生ふる」紫色の茸を、人々が毒茸だというのに、童子と二人で煮て食べたとある。食べたあと、病気もせず長命になったので、それは「芝草《しそう》」という仙薬だろうと、『日本書紀』の編者は付記している。

この記事について吉井巌は、「童子は常人とは思えず、神仙が童形をとってあらわれた感がある」として、「大蛇退治条にみえるクシイナダヒメ（記紀）、大彦命の前に出現して歌いかけ、たちまちに姿を消す和珥《わに》坂の少女が、童女と語られているが（崇神紀）、これらもまた常人ではない。雄略天皇に召されて、一夜にして孕《はら》む和珥臣深目の女も童女または童女君とよばれており（紀）、この女性の姿はやや常人に近いが、やはり一夜妻の残映があって、その本質に神女の性格が推定される」と書き、『童』の文字で語られるものが、すべて神異の存在としての色彩をもつことから」、ヤマトタケルの「日本童男」は、「ただの少年ということではなく、やはり他の人々と同様に、神秘的能力をもつが故に、年少の形をとって語られ、そのために童男と表現されたのではないかと思われる」と書く(134)。

「日本童男」を『古事記』は、「小碓《をうす》命、亦《また》の名を倭男具那《やまとをぐな》命」というと書く。小碓命は「倭建《やまとたける》命《のみこと》」（記）のことだが、景行天皇は、小碓命の兄の大碓命が遅参して来ないので、小碓命に呼びに行かせたところ、小碓命は五日たって一人で戻って来た。そこで天皇は遅参の理由を小碓命に聞くと、兄が朝、便所に入っているところを、「搤《つか》み批《ひし》ぎて、枝（手足のこと——引用者注）を引き闕《か》きて、薦《こも》につつみて投げ棄《う》てた」と答えた。この報告から、天皇は「御子の建《たけ》く荒き情《こころ》」を知って、熊襲を討つことを命じている。

このように、童男は荒々しい性格、つまり荒魂の持主である。

『古事記』は、大長谷若建命が即位する前の話として、兄の安康天皇が目弱《まよわ》王に殺されたとき、兄の黒日子王・白日子王に仇を討とうと相談するが応じないので、黒日子王の「衿《ころものくび》を握《と》りて控《ひ》き出して、刀を抜きて打ち殺し」、白日子王を、「其の衿を握《と》りて引き率《ゐ》て来て、小治田《をはりだ》に到りて、穴を掘りて立ち随《なが》らに埋めしかば、腰を埋む時に至りて、両《ふた》つ目走り抜けて死にき」と書いている。

『古事記』はこの記述の冒頭で、特に、「大長谷王子、当時童男《そのかみをぐな》なりき」と「童男」を強調しているが、この「童男」の行為は、「日本童子」が兄を殺した行動と共通する。

この「童男」の荒々しい行動を記す発想が、中世の「童」にも及び、鬼は「童子」と書かれたのである。

長髪と童子と童女

『日本書紀』天武天皇十三年（六八四）四月五日条に、男女の服装・髪型を定めた記事があるが、そのなかに、「別《こと》に、巫 祝《かむなぎはふり》の類《たぐひ》は、髪結《た》く例《かぎり》に在《あ》らず」とある。『続日本紀』慶雲二年（七〇五）十二月十九日条には、「天下の婦女をして、神部《かむべ》、斎 宮《いつきのみや》の宮人《くうにん》と老嫗《おみな》とに非《あ》らぬよりは、皆、髪を髻《あげ》しむ。語《こと》は前《さき》の紀《き》に在り。是《ここ》に至りて重ねて制《せい》す」とある。「前の紀」とは、『日本書紀』の天武天皇十三年四月五日の条の記事である。『続日本紀』は「婦女」に限定して述べているが、『日本書紀』の記述からして、神事にかかわる人々は、男女を問わず、髪を結わずに長髪のままで、のちの禿姿であった。これが神人の髪型なのである。

『古事記』のヤマトタケルも、クマソタケルを討つとき、「童女《をとめ》の髪の如《ごと》、其の結《ゆ》はせる御髪を梳《けづ》り垂れ」ている。「童女の髪」とは、巫祝の髪型、禿姿である。

　このヤマトタケルと同じイメージで記・紀に書かれているスサノヲについて、山口昌男は、「素戔嗚尊に現われた構造的パターンは日本武尊の説話に再現される」と書いているが[135]、前述した小碓命（ヤマトタケル）の荒々しい行動はスサノヲ的である。また、『古事記』はスサノヲについて、「八《や》拳須《つかひげ》心前《むなさき》に至るまで、啼《な》きいさちき」と書く。「八《や》拳須《つかひげ》（長いひげ）」が胸に至るまで泣いていたというが、ひげがのびるのは、大人になったことを示している。にもかかわらず泣くのは、成人で禿姿の「日本童男」と同じ表現である。『日本書紀』（垂仁天皇二十三年九月二日条）は、垂仁天皇の皇子ホムツワケは「八《や》掬髯鬚《つかひげ》むすまでに猶泣《なおいさ》つること、児《わかご》の如し」であったと書いている。ヤマトタケルも伊勢の斎宮ヤマトヒメの前で、さめざめと泣いたと『古事記』は書く。この泣くヤマトタケルも、「児の如し」を表わすものであろう。

「ヒゲ」は男、長い「カミ」は女を表示している。ヤマトタケルも「童女《をとめ》」の姿になるため、「結はせる御髪を梳り垂れ」ている。そのとき必要なのは櫛《くし》である。スサノヲ神話では、スサノヲはクシイナダヒメを櫛に化身させて御髻《みづら》にさしたとあり、ヤマトタケルの物語では、オトタチバナヒメが荒れる海に投身してヤマトタケルの生命を助け、櫛のみが海岸に漂着したとあり、どちらも櫛が登場する。

『日本書紀』は奇稲田姫《くしいなだひめ》（本文）について、真《ま》髪触奇《かみふるくし》稲田姫（一書の二）とも書く。『古事記』は櫛名《くしな》田比売《だひめ》と書く。「真髪触」とあるように、「奇《くし》」は「櫛」でもある。

記・紀が共に記す、応神天皇が求めた日向の髪長姫は、太子（大鷦鷯尊《おほささぎ》）の強い希望で太子の妃となるが、「髪長媛と既に得交《まぐはひ》することと」ができたとき、太子は次の一首を詠んでいる。

道の後《しり》　こはだ嬢女《をとめ》を　かみ（記は「加微」、紀は「加未」）の如　聞えしかども　相枕枕《あいまくらま》く

記・紀は「かみ」に、「神」「雷」の字をあてている。この歌の「かみ」に「神」をあてる場合は、「かみの如」は「おそろしいほど美しい」と解されており、「雷」とあてる場合は、鳴神（雷）のように美女の評判がひびきわたっていた、と解されている。

しかし、クシナダヒメ・クシイナダヒメの「クシ」が「櫛」「奇」と書かれ、髪長姫の「髪」が「神」に通じることからみて、この「かみ」は「神」と解すべきだろう。髪長姫という名のとおりの（古代は髪の長いことが美女の条件であった）評判の美女と相枕して寝ることができた、というのが歌の意であろう。

神女・神妻は美女から選ばれていたが、巫祝が髪を結わず長髪のままなのも、髪を自然のままにしておくのが、神人つまり奇《くし》き人を示す髪型だったからであろう。日向の髪長姫、出雲の真髪触奇稲田姫（櫛稲田姫）も神妻であり、一時上臈・一夜女郎の性格をもつ存在と考えられる。

馬場あき子は、「扮装において古式を尊んだ芸能、能の舞台に登場する神は、神の本体を示現するという形で登場するときかならず長髪を垂れており、神事神楽の神がみもまたすべて長髪であることは、八瀬童子の長髪とも深くかかわっている」と、『鬼の研究』で述べているが(136)、童子・童女はもっ

とも神に近い存在である。成人しても童子・童女の霊力をもつ存在であることを示すのが、長髪の禿姿であった。だから、能では神の示現を長髪で表現する。巫祝（神人）も「髪結く例《かぎり》に在《あ》らず」（天武紀）であったのは、巫祝が神の依り憑く人であり、神の託宣を述べる人だったからである。

八瀬童子は、こうした古代からの巫祝としての性格をもっていたから、「年始ニハ玉座ニコトブキヲ賀シ奉ルヨシ」（『蒹葭堂記』）なのであり、この性格が仏教の堂童子・護法童子と重なって、鬼の子孫の伝承を作ったのである。彼らは、この伝承を主張することで、彼らと天皇家との間の特権を擁護しようとしたのであり、そうした特権を維持するために、長髪の禿姿を改めなかったのであろう。

八瀬童子と天皇

明治以降の八瀬童子と天皇家の関係については、猪瀬直樹が『天皇の影法師』『ミカドの肖像』などで述べている[137]。池田昭は、猪瀬が、「八瀬童子が少なくとも江戸期に皇室の葬儀に参与していたことが『新政府にも認知された』」とみているのを批判して[138]、いくつかの具体的な事例をあげ、「皇室の葬祭に関与することになった」のは、明治十四年（一八八一）の淑子内親王の葬儀からのことと書く。そして、それまでは「皇室関係の行事と行啓の供奉という『輿丁』役」をつとめていたとみる[139]。

八瀬童子は、延暦寺の座主・門跡に仕え、のちに天皇に仕えている。その時期について、『八瀬記』は、後醍醐天皇のとき八瀬童子に課役免除の綸旨が発給されたと記しているから、南北朝以降とみられているが、田辺美和子は、天皇の代替りごとに綸旨が発給されるのは十六世紀以降だから、

「確実に八瀬童子が天皇家と関係をもつようになったのは、戦国期であろう」とみる。(140)

たぶん、織田信長の叡山焼打ちのあと、八瀬童子は、その堂童子としての奉仕を、延暦寺から皇室へ切り替えたのであろう。しかし、延暦寺とまったく縁が切れていたわけではない。宝永七年（一七一〇）の境界事件で延暦寺と対立したことによって、彼らは徳川幕府の裁定で全面的に皇室御用となった。その時点で延暦寺との縁が完全に切れたのである。

天皇制支配の視点から八瀬童子の存在をみる見方を否定はしないが、八瀬の歴史からみると、八瀬の人々は、自からの生存権を守るために天皇の権力を利用した面が強い。猪瀬が『ミカドの肖像』で書く八瀬村村長長谷川半兵衛も、古くからの八瀬童子の権力利用法を用いて、明治政府から特権を獲得している。

彼らは、みずからを鬼の子孫と称し、一般の公民たちから畏怖と蔑視の目でみられるのを承知で、したたかに自分たちの特権を守ってきたのである。彼らと同じく、生涯禿姿でいた童子の末裔も他にいたであろうが、ほとんどは髪型を普通人に変えてしまった。そのなかで、八瀬の人々は、強制されることによって近世まで禿姿でいたのではなく、自分たちの特権維持のため、自主的に普通人と区別する髪型をし、みずから鬼の子孫の童子であることを主張していたのである。

子供は大人から弱いものに見られがちだが、日本人の子供(童子)観はちがう。

明治政府によって招聘されたE・S・モースが、『日本その日その日』(石川欣一訳)で、

いろいろな事柄の中で外国人の筆者達が一人残らず一致する事がある。それは日本が子供達の天国だということである。この国の子供達は親切に取扱われるばかりでなく、他のいずれの国の

子供達よりも多くの自由を持ち、その自由を濫用することはより少く、気持ちのよい経験の、より多くの変化を持っている。赤坊時代にはしょっ中お母さんなり、他の人々なりの背に乗っている。刑罰もなく、咎めることもなく、叱られることもなく、五月蠅《うるさ》く愚図愚図いわれることもない。

と書くのも[14]、日本人の古くからの童子観（「七歳までは神の子」）が、モースにこのように書かせたのであろう。八瀬の人々の「鬼」と「童子」の主張も、こうした童子観によっている。

それにしても、地域の人間のすべてを「童子」と呼び、常人でない（鬼の子孫）ことを主張していた八瀬村と八瀬童子の存在は、貴重であり重要である。

第十章　鬼・まれびと・荒魂

中国の鬼神と穴師兵主神

成人は髪は結うものと、古代から近世まできめられていた。髪を結わないのは子供のときだけであり、成人になっても長髪の禿姿の人は、常人ではなかった。酒呑童子が禿姿なのは、常人でないことを示しており、八瀬童子の長髪もそれを示している。長髪は古代の鬼神のイメージであった。

図20　楽浪出土銅盤の鬼神像

鬼神像について、戦前から五十年来研究している小杉一雄は、秦・漢以前のさまざまな形態をした雑神のなかから、次第に一定の鬼神像が成立したが、現存する最古の例は、楽浪出土銅盤の一世紀代の鬼神像（**図20**）だとみる。(142)

この鬼神像は人の形だが、手足の指は二本または三本で、尾があるから、人間と鳥獣とが合体した初期の鬼神のイメージである。髪は長髪だが、これは動物のたてがみからの連想かもしれない。一方、頭の髪の毛は逆髪である。

図21は、香川県観音寺市の母神山《はがみやま》古墳群（六世紀）出土の円頭大刀の柄頭に、金銀で象眼された六世紀前半のものとみられる、わが国最古の鬼面である。この鬼面も、図20の鬼神像と同じ逆髪である。これらの系統を引くのが、図22・23の六朝時代（二二二〜五八九）の辟邪《へきじゃ》の鬼神である。

一方、図24・25・26の武器を持つ鬼神像がある。図26は奈良県斑鳩町の藤ノ木古墳出土の鞍金具後輪中央の把手の下にある鬼神像だが、武器を持っている点で、図24・25の系譜である。この鬼神は、秦時代に祀られた兵主《ひょうず》神（別名蚩尤《しゆう》神）である。

蚩尤について貝塚茂樹は、「秦漢以後の伝説によると、彼の両鬢は逆立ち、剣の切先のように鋭く、頭のまん中には角が生えていた。これで頭突きをかませるのが彼の得意であった」と書いているが[143]（傍点引用者）、わが国の鬼も角があり（二本角の鬼は牛鬼のイメージ）、鉞《まさかり》や金棒を持つのは、蚩尤的鬼神の影響であろう。

この鬼神は兵主神としてわが国でも祀られている。『延喜式』の神名帳によれば、兵主神社は十九社あるが、その代表的神社が大和国城上郡の穴師坐《あなしにます》兵主《ひょうず》神社である。この社名は、古来の穴師神と外来の兵主神が一体化したものである。穴師神を祀る穴師神社も、『延喜式』には四社載る。穴師神社が採鉱・金属精錬にかかわることは、拙著『神社と古代民間祭祀』の穴師神社の項で詳述した[144]。

柿本人麻呂は、この「アナシ」を『万葉集』で、「痛足《あなし》川」（巻七・一〇八七）、「纏向の痛足」（巻七・一一〇〇）と表記している。『今昔物語集』（巻二十・第三十）は、和泉国和泉郡の「痛脚《あなし》村」の男の話を載せているが、この地には「泉穴師神社」がある。なぜ、「アナシ」を「痛足」「痛脚」と書く

図 21　大刀に象眼された鬼面
(母神山古墳群)

図 22　六朝時代の辟邪の鬼面

図 23　同上

図 24　武器を持つ鬼神像

図 25　同上

図 26　同上（奈良県・藤ノ木古墳）

のだろうか。

「痛足（脚）」の意味について、吉野祐は「足《ア》ダタラ踏みがビッコをひくような姿態をとったこと」から、「製鉄従事者は杖をもつ跛者と考えられ」、「痛足」と書かれたとみる。(145) 谷川健一も、「痛足」を「穴師にかぎって」つかうのは、「たたらを踏む人たちはなにかと足のわづらいになやまされたことによる」とみて、一つ目・一本足の山の怪物は、たたら師の目と足の疾患による姿から連想されたとみている。(146)

山の妖怪が一つ目・一本足であることは、柳田国男をはじめ多くの民俗研究家が指摘している。天目一箇神は金属精錬にかかわる人々の神であるが、穴師の兵主神も金属精錬や採鉱の山師の祀る神社であることは、拙著（『神社と古代民間祭祀』の「穴師神社」「兵主神社」の項）で述べた。『出雲国風土記』の「目一つの鬼」が出た所も鉱山のある地だから、この「目一つ鬼」も一本足だったかもしれない。

貝塚茂樹は蚩尤《しゆう》について、「その食生活は一風変っていた。世の常の人の食べるような穀物・野菜・魚肉はいっさい食べないで、ただ砂と石、ある説によると鉄石をくっていたという。いったいどんな歯と胃腸とをもった鉄人、いや鉄獣であったのだろうか。どんな事実をもとにして、こんな荒無稽な伝説を語ったのであろうか。中国の古代の系譜集である『世本』のなかには『蚩尤が兵つまり武器を創造した』と書いている。盛んに新鋭の武器を製造し、その武力によって中国を制覇したともいわれる。たぶんこの砂を食物にしたという伝説は、彼らの部族が砂鉄を材料とし、これを精錬して兵器を鍛造するのを職業にしていたことを擬人化したのであろう」と書き、さらに、「風を支配してきた蚩尤は、またふいご技術によって青銅兵器の製造を行なった部族の代表者であり、この技術の発明者であり、古代において神秘的なふいごの用法、青銅器鋳造の秘密を知っている巫師の祖先と仰がれる人物であった」とも書く[143]。このように、蚩尤神は、金属精錬や巫師にかかわっている。鬼神の蚩尤にこうした性格があることは、山・鍛冶・巫覡とかかわる鬼の性格を解く一つの鍵になる。

鬼のイメージの矮小化

貝塚茂樹は、「秦漢の頃には、物凄い形相をした蚩尤の肖像画が、五月の節句にかける鐘馗《しょうき》の掛物のように民間に普及していた。蚩尤は鬼を退治した鐘馗と同様、悪魔をはらう守護神と観念されてい

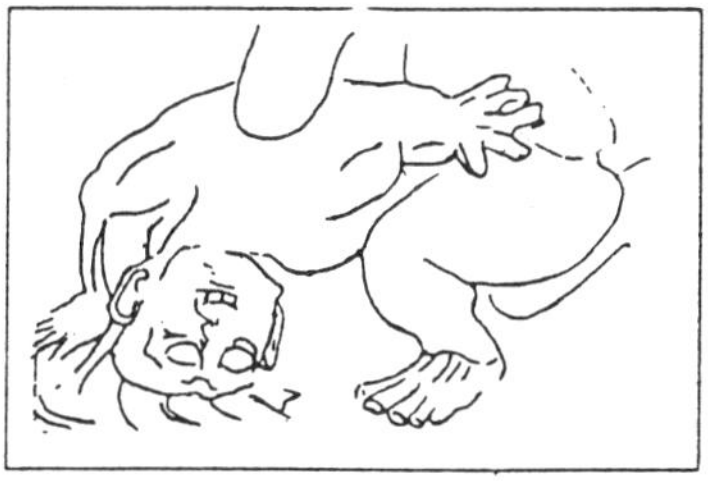

図 27　敦煌莫高窟壁画の邪鬼

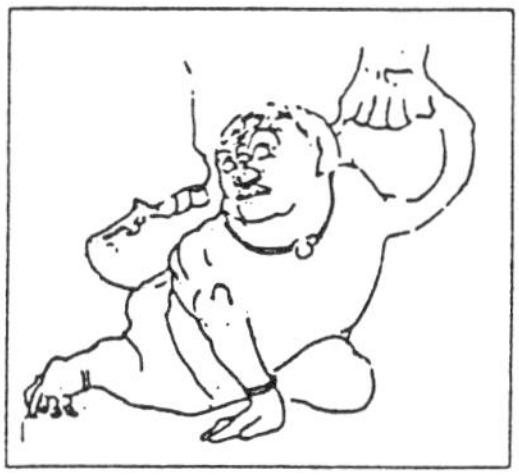

図 28　竜門石窟壁画の邪鬼

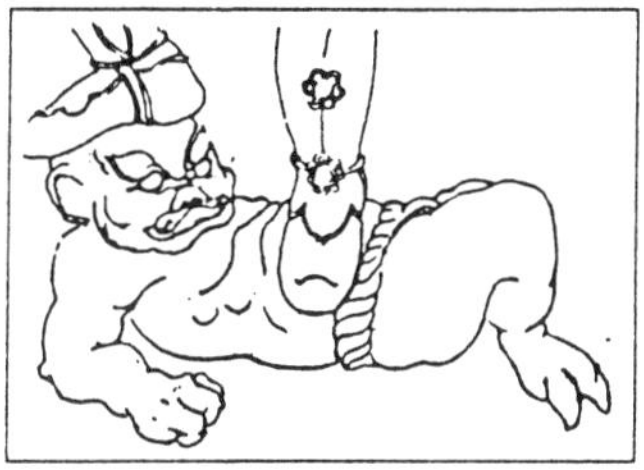

図 29　東大寺戒壇院増長木像の邪鬼

たのであろう」と書いているが、このように鬼神は辟邪神である。藤の木古墳出土の鞍金具の蚩尤（図26）も辟邪のためのものであり、母神山古墳出土の剣の柄頭の鬼面も（図21）、同じ意味で象眼されている。このような意図は鬼瓦の鬼面にもあり、図22・23の鬼神も辟邪神として描かれている。

ところが図**27**・**28**・**29**などの鬼は、仏の眷属に足で踏みつけられる邪鬼になっている。わが国の「鬼《もの》」が「鬼《おに》」と呼ばれるようになったのも、こうした仏教の影響が考えられる。役小角が「行者」「優婆塞《うばそく》」として鬼神を使役しているのも、仏教的鬼神観による。『日本書紀』の「鬼神《かみ》」や「鬼《もの》」は、使役される例はなく、討たれる場合も、神や人と対等とみられている。これは中国の本来の鬼神観でもあった。それが『続日本紀』になると、使役される鬼神が記されるのは、仏教的視点で鬼神をみる傾向が強くなったからであろう。

仏教的視点では、従来の鬼神を邪鬼にし、護法の十二神将などを、その邪鬼のもたらす災厄を防ぐ護法鬼神とした。鬼が鬼を討つ発想を、仏教に都合のいいように解釈したのである。節分の夜、法隆寺西円堂では、修二会のあとの追儺《ついな》行事で、黒鬼（父鬼）・青鬼（母鬼）・赤鬼（子鬼）が暴れまわり、この鬼を毘沙門天が追いはらう。

追儺（鬼やらい・鬼追い）は、秦の時代から中国でおこなわれていた疫鬼を追う行事だが、大江匡房（九五二～一〇一二）の『江家《ごうけ》次《し》第《だい》』は、宮中の追儺の儀式について、「大晦日の夜に群臣が内裏の中庭に立ち、亥の刻に陰陽寮が儺の祭をおこなう。終って方相氏《ほうそうし》が大声を出して戈で盾を三度打つ。群臣はこれに呼応して桃の弓・葦の矢・桃の杖をもって鬼を追う。鬼は内裏の四方の門である宣陽・承明・陰明・玄輝の各門を回り、清涼殿東北の滝口の戸から逃げ出すが、方相氏は終始先頭になってこれを追う」と書く（この文章は、九二七年成立の『延喜式』大舎人寮の追儺の条からの引用である）。

わが国の宮中の追儺は、唐朝の宮廷行事を受け入れたといわれているが、この「方相氏」を法隆寺では毘沙門天にしているように、仏教的視点からの邪鬼観が影響して、鬼は次第に邪鬼的イメージを強めていく。

『政事要略』（惟宗允亮著、一〇〇八年ころ成立）に、追儺の方相氏と鬼の絵が載る（図30）。方相氏は図20から図26の鬼のイメージに近く、鬼は図27から図29の鬼に近い。『周礼』によれば、熊の皮をかぶり、四つ目の面をつけ、黒衣に朱の裳をつけ、矛と盾を持ち、疫鬼を追い出す呪師の役を方相氏という。わが国の宮廷行事の方相氏は、熊の皮はかぶらないが、それ以外は『周礼』の服装と同じであり、大舎人長がなっている。

図30　追儺の方相氏と鬼（『政事要略』）

『伊呂波字類抄』（橘忠兼著、一一四四年成立）には、「方相氏、鬼名也」とある。図30は、宮中の追儺行事の方相氏と鬼の絵だが、方相氏は写生、鬼は想像図である。このように鬼は目に見えない存在である。中国の追儺行事でも、大声をあげて目に見えない鬼を追っている。そのため、方相氏の異様な扮装から、方相氏そのものが鬼とみられるようになったのである。『建武年中行事』（御醍醐天皇撰、一三三四年成立）には、「大舎人寮、鬼をつとむ。上卿これを追ふ」とあり、大舎人がなる方相氏を、「鬼をつとむ」と書いている。

このように、討つものが討たれるものにみられているのは、その異様な姿による。中国の鬼神像や鬼瓦の鬼面は、目に見えない鬼を追い払うため、おそろしい顔・形を表現しているが、一方、その表現によって、邪鬼そのものに見立てられている。この邪鬼的イメージが強くなるにつれて、鬼のイメージは次第に矮小化していくのである。

幸福をもたらす鬼・まれびと

邪鬼的イメージが仏教的な鬼の見方によることは、仏教の鬼神像（図27・28・29）で明らかだが、鬼神は本来、災厄を排除する辟邪神であることは、図20から図26までの鬼神像が示している。奈良県吉野町の修験本宗本山金峰山寺の節分におこなわれる行事からも、そのことはいえる。鈴木棠三はこの行事について、「節分会の大護摩供を厳修し、法煙天に沖する中を、三匹の鬼が歓喜して踊り狂い、まさに大法要が終わろうとする時、柵外に待ち受けた年男たちがいっせいになだれこみ、鬼の手に持つ大松明から自分の火縄に火を取ろうとし、鬼は取らすまいとして逃げ廻る。一番先に火を取った者は、その年の災厄からのがれるという。開山役行者が生駒山中で修行中、五子を有する夫婦の鬼が、しきりに村里へ出て人の子をとらえて食い、里人を苦しめたのを、大説法によって悔悟させたという故事に基づいて、自分の醜い心を鬼によって払ってもらう。すなわち鬼に厄を払い除けてもらう目的の行事であると説明されている」と述べている。(147)

災厄をもたらす鬼もいるが、その鬼を討つ辟邪の鬼もいる。辟邪の鬼は、悪・不幸をなくし幸福をもたらす鬼である。だから、辟邪という行為をぬきにして、ストレートに幸福をもたらす善鬼もいる。仏教的な鬼のイメージの普及から、邪鬼・悪鬼的な鬼が一般に鬼のイメージとして強くなったが、善鬼のイメージが消えたわけではない。

折口信夫は、「まれびとなる鬼」は幸福をもたらす鬼であると、「鬼の話」で書いている。[108] また、「春立つ鬼」と題する文章では、[148] 幸福をもたらす鬼の例として、狂言の「節分」をあげている。[148]

節分の夜、亭主が出雲大社へ年を取りに行った留守に、女房ばかり内悦びをしようとしてゐると、「是は蓬莱の鬼で御座る」と言ひ乍ら鬼が出て来て案内を乞ふ。女房が門を開けるけれども、鬼は隠れ蓑・隠れ笠を著てゐるので見えない。鬼が蓑笠を脱ぐと、女房は恐しがって、「あっちへ行け」と言ふ。鬼は、身どもはこはい者でないと言ひながら内へ這入って来て、喰ふ物を所望する。するうちに鬼は女房を口説き出す。女房は思案して、まこと思うてゐるなら宝を呉れと言ふと、鬼は早速隠れ蓑・隠れ笠・打ち出の小槌等を取らせる。そして、「是から此処の亭主ぢゃ。是へ寄って腰を打ってお呉りやれ」と言ふ。その時、女房は節分の豆を取り出して、「福は内、鬼は外」と囃すと、鬼ははう〳〵の体で逃げる、といふ筋である。節分の晩に、家の中へ這入らない筈の鬼が這入って来るのは、狂言綺語と言へばそれ迄だが、この狂言では、鬼は、蓬莱の島から宝を持って来ることになってゐる。（中略）鬼が怖いだけなら、宝を持って来たりする訳がない。お伽草子を見てもさうだが、鬼は元来、めでたい性質を持ってゐるのである。後世になると、段々鬼の居所が訳らなくなって来るが、この狂言では、明かに蓬莱の島からやって来るやうになって居るのだ。

折口はあげていないが、石垣島川平のマユンガナシは、海の彼方から旧暦九月の戊戌《つちのえいぬ》の日に来訪し、作物の豊穣、牛馬の繁殖などの幸福をもたらす神口《かんふつ》（神の言葉）を唱えながら、家々を訪れ、家の繁栄を祝福し、家人の接待をうけて去って行く。このマユンガナシになる人は、白い布で頬かぶりして笠をかぶり、蓑を着て顔・体を隠している。鹿児島県甑《こしき》島のトシドン（歳神）は、同じように蓑を着ているが、鬼の面をかぶってあらわれる。このトシドンは、天から高い山を伝っておとずれるといわれるが、家々にトシダマ（餅）を配って歩く。トシダマは幸福をもたらすものだが、姿は異形の折口のいう「まれびと（稀人・客人・異人）」である。

折口は、海から寄り来る「まれびと」が、山から降り来る「まれびと」に次第に変わっていったとみて、秋田県の男鹿半島の鬼について、「鬼の名を『なまはぎ』と言ってゐる。それらは災ひを払ふためではなく、元々幸福のためにやって来たのである。さういふ者に、穢れを持って行って貰ふのであるが、後には、豆や銭を持って行って貰ふことになった」と書いている(148)。「なまはぎ」は「なまはげ」ともいうが、真山《しんざん》という高い山から正月に訪れる客人《まれびと》であり、鬼面をしている異人《まれびと》でもある。この「なまはぎ（げ）」も蓑を着ている。このように、狂言「節分」や民俗例の鬼は蓑笠を着ているが、『日本書紀』の朝倉山の「鬼《もの》」が大笠をかぶっているのも、同じイメージによる。

折口は、狂言の「節分」の鬼の話を紹介したあと、「鬼が出て来る晩は、大抵、冬春の替り目、即、節分・大年・十四日年越しの晩などである。蓑笠ですっかり体を隠すのは、昔は鬼の資格と考へられていた。（中略）『枕草子』に蓑虫は鬼の子で、秋風が吹くと『父よ父よ』と言って泣くとある。子供の感じさうな哀れさを持った言慣はしであるが、元はやはり鬼と蓑との聯想である。又、蛍狩りの時の子供の唄に、『蓑著て笠著て来るものは鬼よ』と言ふ」と書いている。[148]

蓑笠を着た鬼は、大寺院でおこなわれる追儺の鬼とはちがう。この追儺の鬼は、仏教的鬼神観によるものだから、蓑笠を着ていない。また中国的鬼神観にも、辟邪の思想にもとづく善鬼観はあっても、折口が書くような「まれびと」観はない。蓑笠を着た鬼の発想は、わが国独自のものである（蓑笠と鬼については第十一章で詳述する）。

海にかこまれたわが国の祖先たちは、まれな人（者）や神は海の彼方から蓑笠を着て訪れ、歓待すれば幸福をもたらすが、歓待しなければ災厄をもたらすと考えていた。この訪れるものを「鬼《もの》」と表記したことによって、折口のいう「まれびととなる鬼」が生まれたのである。折口はこうした鬼を、「春来る鬼[149]」「春立つ鬼[148]」といっている。

沖縄先島の「まや神」と「マナ」

折口は、「翁の発生」で、沖縄の「先島《サキジマ》の中には、まやの国といふ彼岸の聖地から、まやの神及びともまやと称する神が来るとしてゐるものもあって、此は、蒲葵《クバ》の蓑笠を被った異形神であります。同じく、先島諸島の多く、あかまた・くろまたなど言ふ風に、仮面の色から名づけた二体の巨人が、蔓草を身に被り、畏《おそろ》しい形相の面を被って出ます。処によっては、青またと言ふのが、代って出る事もあって、洞穴又は村里離れた岬などから出るのです。此は、鬼と言ふべきものです」(傍点引用者)と書くが[131]、この赤また・黒また・青または、「まや」という異形神の転化したものであろう。石垣島のマユンガナシも蓑笠を着たまや神であり、この神が甑島《こしき》ではトシドン(歳神)になっている。

まや神は、沖縄のもっとも南に位置する八重山諸島(本島の人は「先島」という)にあらわれるが、折口は「鬼の話」で、「春の初めの清明節には、まやの神と言ふ神が現れる。此は台湾の蕃人が持ってゐる信仰である」と述べている[108]。

私は第二章で、メラネシア地方の宗教の根本的要素の「マナ」を日本語の「もの」と同義とみる、若森栄樹・村山七郎の説を紹介したが(三四頁)、先島や台湾などメラネシアに近い地域に、まや神信仰があることからみて、「マヤ」は「マナ」の転であろう。

まや神の来る原郷を、沖縄ではニライカナイというが、それは死者の行く浄土である。折口は、「先島列島に行くと、此浄土の名をまやの国といふ」と書き、この国(ニライカナイ、まやの国)は沖縄の「本島では浄土化されてゐるが、先島では神の国ながら、畏怖の念を多く交へてゐる。全体を通じて、幸福を持ち来す神の国でもあるが、禍ひの本地とも考へて居るのである」と書く[150]。

「マナ」は「様々な仕方で善い作用と悪い作用を惹起する」(コトリントン『メラネシア人』)という両義性をもっているが、「まやの国」も、幸福と不幸、善と悪をもたらす国と考えられていた。このことからみて、「マヤ」は「マナ」の転であり、「モノ」もまた同様であろう。

若森栄樹は、言語学者の村山七郎の mono-mana とみる説に注目して、「『もの』は日本語のシステムにおいて、マナと全く同じ運動をしている」とみるが、「マナ」の「力《パワー》」は「言語の運動」としてあらわれるとも書く。[25] 折口信夫は、まや神について、「楽土から船で渡って来て、蒲葵《クバ》笠に顔を隠し、蓑を著、杖をついて、家々を訪れて、今年の農作関係の事、其他家人の心をひき立てる様な詞を陳べて廻る。つまり、祝言を唱へるのである」と書いている。[150] 石垣島のマユンガナシの「神口《かんふつ》」も、まや神の祝言である。

蓑笠を着ておとずれる「まれびとなる鬼」は、「まや神」といってもよかろう。

「魂《たま》」と「神《かみ》」と「鬼《もの》」

記・紀に、三輪山の神（大物主神）は海を照らして依り来る神だとあるが、この神は大己貴神《おおあなむち》（大国主神）の幸魂奇魂《さきみたまくしみたま》であると『日本書紀』は書く。依り来る「もの」の主の神は幸福をもたらすが、来訪を歓待しない場合は逆転して奇魂となる。まや神（マナ神・もの神）は異形のおそろしい姿であらわれるが、大物主神も、異形のおそろしい神として雄略天皇の前にあらわれている。

「もの」は「まな・まや」の転とみられるから、この異形の来訪神で「物主」という「幸魂奇魂」は、「マナ」といえるだろう。

「幸魂奇魂」について、原田敏明は「古代人の民族信仰」で、「幸というのも奇というのも、みな魂、そのものをほめ称《たた》えたのに過ぎない」（傍点引用者）と書くが、[151] 折口信夫は、「霊魂の話」で、「たまに善悪の二方面があると考へるやうになって、人間から見ての善い部分が『神』になり、邪悪の方面が

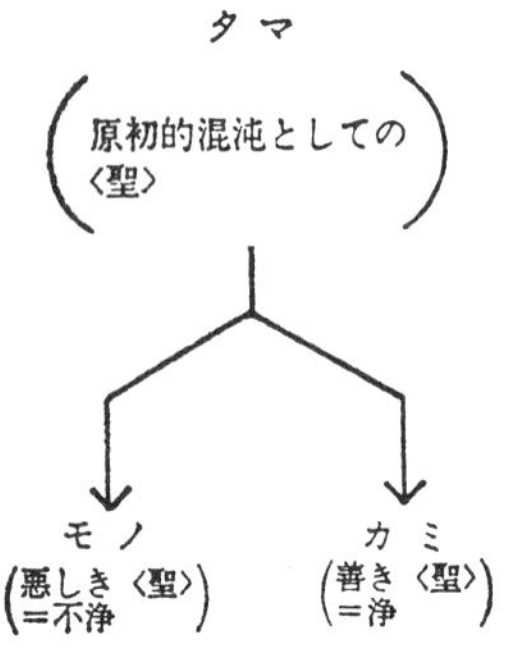

図31　日本の〈聖なるもの〉の系譜（赤坂憲雄『異人論序説』砂子屋書房より）

『もの』として考へられる様になった」と書いている。[152]

この折口説にもとづいて赤坂憲雄は、「日本的な〈聖なるもの〉の系譜」として、図31を示す。そして、天皇制に代表される「カミ」の系譜の「対極には、天皇制的秩序から排斥されて彷徨するモノ（鬼・御霊）の鎮送にあたる聖や山伏、モノ鎮めの語り、歌舞を生業《なりわい》とした芸能民、あるいは〈聖なるもの〉の源泉である天皇に穢れがおよぶことをふせぐために、河原や畿内の周縁部に配されたキヨメ人＝非人といった人々が、民衆の世界におろされた知と救済の回路をなし、風雨に掻き消されがちな非連続の時間をモノの系譜として刻んでいる」と書く。[153]

赤坂が「もの」を鬼・御霊に限定しているのは、折口が、魂《たま》の分化したものとして、「もの」を「かみ」と対比しているからである。しかし、一般に「もの」にあてる漢字は物・者である。また「かみ」にしても、記紀神話や『風土記』の神をみても、「善い部分」だけが「神」といわれているのではなく、「邪悪な方面」の「神」も多く登場する。「魂《たま》」も同様である。「たま」「かみ」「もの」はすべて、善い部分と邪悪な部分をもっている。『日本書紀』の景行天皇四十年七月条にも、「山に邪《あ》しき神《かみ》あり、郊《のら》に姦《かだま》しき鬼《もの》あり」とある。だから、折口説や折口説にもとづく赤坂の図示には賛成できない（ただし、赤坂が「モノ〈鬼・御霊〉」に限定して「もの」の系譜について述べた見解には同調する）。

折口の「霊魂の話」は、昭和四年の「民俗学」（第一巻第三号）に掲載されたものだが、折口が没年

（昭和二十八年）に近い昭和二十五年十月に神宮司庁で講演し、没後の昭和二十九年に「瑞垣」（第十六号）に載った「神々と民俗」で折口は、神の観念には「非常に尊い存在としての神」と「我々にとって迷惑な存在、気の知れないもの、或る恐しい霊物、と考へられる一種の神もあることは事実です」と書き、「善い意味の神」を「大きい神」といい、そうでない「神」を「小さい神」といって、やはり「神」にも「邪《あ》しき神」のあることを認めている[154]。

そして、「小さい神をば、以前は何と言ったか。それこそ確かに、神と明らかに区別する語があったのです。物部《モノノベ》・もの丶ふ・物怪《モノノケ》・物代・大物主・ものしりびとなどといふ語に――その語の出来た時代や、用ゐられた個々の歴史によって、意味に多少変化があるが――、それに共通する精霊・霊物といふ様な意味があります。即これらの古語に通じてゐるものといふ語で、神に対して、庶物の精霊並びに神とそれが並行して来る間に、意味の感染を受けて変化して来た」と書く。つまり、もの（庶物の精霊）と神が「並行して来る間に、意味の感染を受けて」、「もの」が「神」に変化したというのである。こうした神を、折口は「小さい神」といい、「我々を苦しめる小さい神――もの」と書く[154]。

この折口の新しい分類を、赤坂の図31にあてはめれば、右の「カミ」が「大きい神」、左の「モノ」が「小さい神」となる。しかし、「もの」を一方的に、折口のいう「迷惑な存在」「恐しい霊物」「我々を苦しめる小さい神」とすることはできない。折口は、「もののけ」の「もの」を「鬼《もの》」とみて、このような解釈をするが、幸福をもたらす「鬼《もの》」がいることを、折口自身が狂言「節分」の鬼のなかで例示している（二一三頁）。

このように、「もの」も「神」と同じく両義性・二面性をもつ。「神《かみ》」に対する「鬼神《かみ》」表記と同じ意味で、「物《もの》（者）」に対する「鬼《もの》」表記が用いられているのも、そのことを示している。図示すると、図32となる。

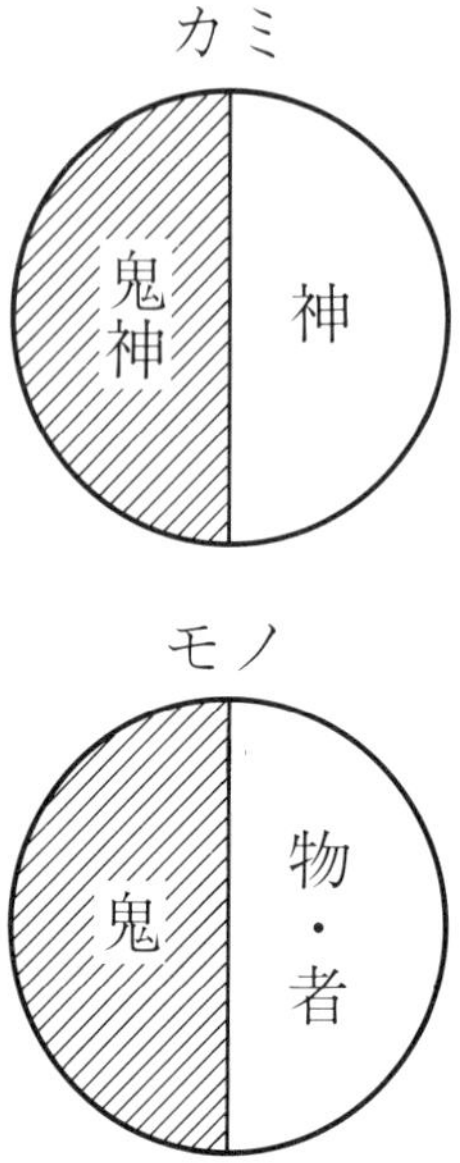

図32　「かみ」と「もの」

第二・第三章で述べたように、「鬼《か》神《み》」「鬼《もの》」表記を『古事記』は用いておらず、『日本書紀』は用いている。それは正史という立場から、皇祖神《すめらみかみ》・天皇《すめらみこと》の側の「かみ」「もの」と、まつろわぬ邪《あ》しき「かみ」「もの」に、区別する必要があったからであろう。その区別が、「神」「物・者」に対する「鬼神《かみ》」「鬼《もの》」表記となってあらわれたのである。

荒魂と「ミサキ」と鬼

『日本書紀』神功皇后摂政前紀に載る新羅遠征の記事に、神が皇后の出陣にあたり、「和魂《にぎみたま》は王身《みついで》に服《したが》ひて寿命《みいのち》を守らむ。荒魂《あらみたま》は先鋒《さき》として師船《みいくさのふね》を導かむ」と告げたので、依網吾彦男垂見《よさみのあびこをたるみ》が「祭の神主」となり、「荒魂を招《を》ぎたまひて、軍《いくさ》の先鋒《さき》とし、和魂を請《ね》ぎて、王船《みふね》の鎮《しづめ》としたまふ」とある。「招《を》ぎ・請《ね》ぎ」しているのは、神そのものでなく神の和魂・荒魂であり、「たま」は「かみ」から分離して遣わされる存在であるから、折口のいうのとは逆である。

『出雲国風土記』（意宇郡安来郷）は、岬で遊んでいた娘を「和爾《わに》」に食われた語臣猪麻呂《かたりのおみゐまろ》が、その

「和爾」を殺そうとして大神すべてに祈り訴えた招魂の言葉を記している（語部の管掌氏族の語臣の言葉であることに注目したい）。その言葉に、「大神の和魂は静まりて、荒魂は皆悉《ことごと》に猪麻呂が乞《こいの》むところに依り給へ。良《まこと》に神霊《みたま》有らませば、吾に傷《そこな》はしめ給へ。ここを以《も》ちて神霊の神たるを知らむ」（大神の和魂は静かに御鎮りになっていてください。荒魂はすべて猪麻呂がワニを殺そうと祈願しているところへ依って来てください。ほんとうに神霊がいるのなら、私にワニを殺させてください。それによって、神霊が神であることを知りたいのです）とある。この招魂の言葉によって神々の荒魂が猪麻呂に憑き、ワニを殺している。この神の荒魂は、「もののけ」の「け」にあたる（「け」は気配・病気などの「気」で、のちには「怪」とも書かれる）。

　このように、神や物自体が憑くのではなく、神の荒魂、物の気（怪）が憑くのであり、荒魂は「怪《け》」であった。

　柳田国男は「みさき神考」で、「トホリミサキ」という言葉について、「眼に見ることの出来ない、風のやうなものに考へる人が多かった。たとへば山に行き又は野路をあるいてゐて、急にぞく〳〵と寒く鳥肌が立ち、又は頭が痛くなって、帰って来て寝てしまふことがある。さういふのをたゞ『行逢ひ』といふ人も多いが、土地によってはミサキの行逢ひ、ミサキ風、或ひはトホリ神に逢ったなど、各地おほよそ似たやうな言葉を用ゐて、この状態を説明してゐる。つまり今日の『風を引く』、もしくは風邪や感冒も同じで、何か空中の避けられない力が、触れて痛みを起させるやうに思ったので、トホルが通行の意であることはほゞ明らかである」と書いている。[155]

　ところが、「もののけ」について、『蜻蛉日記』（上・応和二年）は、「日ごろ悩ましうて、しはぶきなどせらるるを、もののけにやあらむ」と書き、『狭衣物語』(四)は、「女院、御もののけだちて、いと重う患ひ給へば」と書いているから、「もののけ」は「トホリミサキ」と重なる。

「ミサキ」の「ミ」は「御」で敬称である。「サキ」は幸魂の「サキ」であり、「先鋒《さき》」としての荒魂の「サキ」である。

「幸魂」について、『和名抄』は「俗云佐岐太万《サキタマ》」と記している。本居宣長は、『古事記』の「前玉比売」の「前玉」を幸魂の意とみて、『古事記伝』に、「敏達紀に幸玉《サキタマノ》宮、式に伊豆国《ノ》賀茂郡《ノ》佐伎多《サキタ》麻比咩《マヒメノ》命《ノ》神社、また武蔵国《ノ》埼玉郡前玉《サキタマノ》神社二座あり」と書く。幸魂を前玉とみる宣長の説は、『古事記』の注釈書がほとんど認めるところである。宮地直一・佐伯有義監修『神道大辞典』も、「前玉」は「幸魂」の意と書く。「前《さき》」は「先」である。

柳田のいう「トホリミサキ」の「サキ」は、幸魂よりも前(先)魂、「先鋒」としての荒魂とみたほうがいいが、この「たま」は、本体の神・物(者)から分離して浮遊している。だから、柳田が書くように、「空より近よって来る鳥虫のたぐひに、精霊の依託を想像する伝承がわが国に特に多い」のは、「常は顧みられぬ山の鳥虫」を「ミサキとして一般に重要視」していたためといえよう。

柳田は、鳥を「ミサキ」という例として、

> この方で一ばん著名なのはミサキガラス、安芸の厳島に詣でた人は、誰でもこの話を聞いて来るが、東日本でも茨城・福島の二県などで、正月鍬始めの日、餅の粢《しとぎ》を耕地の祭場に供へると、鳥が飛んで来てそれを咬へて行く、その鳥がすなはちオミサキなのである。よく似た行事は奥羽ほゞ一般に行はれてゐて、どこでも山の神の祭としてゐるから、この日だけは鳥が山神の前駆を

勤めるものとしてゐたので、多くの農村ではその挙動によって、一年の農作の吉凶を卜し、飛んで来てくれぬと非常に気にする。

九州の南の端でも、祭の日に飛んで来て供物を啄んで行く鳥をミサキといふ村々があるが、なほその以外に三光鳥、尾羽のむやみに長く、啼く声が月日星と聞えるといふ小鳥を、やはり御祭の日だけはミサキと呼んでゐる神社もある。（傍点引用者）

と書き、「今日普通に『御使はしめ』といって、ミサキと呼ばなくなった、（中略）男山八幡の鳩とか、熊野の鳥とか」も、もとは「ミサキ」といわれていただろうと書く。また、鳥だけでなく、甲州では野狐のことを「トホリミサキ」という例をあげ、猿もミサキであったろうとみる。[155]

ミサキが神の「前駆」であり「使わしめ」であることは、神の「使わしめ」として荒魂があらわれ、「先鋒《さき》」になること（前述の『日本書紀』『出雲国風土記』の記述）と重なる。

柳田は、このような「ミサキ」以外に、次の例をあげている。[155]

瀬戸内海の周辺の諸県が、現在ではミサキの威力の最も強烈なる地方であるが、この方面でいふところのミサキは、一般に猿や鳥のやうな眼に見える動物でなく、風より他には消息を伝へない怖るべき霊であって、主として、人間の非業の死を遂げて、祀り手もないやうな凶魂を意味する。山ミサキ・川ミサキはおの〳〵その最後の場所近くをさまようて通行の人を悩まし、伊勢・土佐の七人ミサキなどは、一組七人の数を越えないと、故参の一人が成仏することが出来ぬので、いつも新たな仲間入りを狙ってゐるなどと、気味の悪い話ばかり伝はってゐる。同じ一つの言葉がこれほどまで互ひに似もつかぬものゝ名となって、対立してゐるのは大きな不審だが、その代りこれがもし判ると、過去何百年かの久しきにわたり、われ〳〵常民の踏み開いて来た精神生活の進路が、おほよそは見当がつくのである。だからこの研究には力を入れるねうちがある。

「猿や鳥のような眼に見える動物」だけでなく、「風より他には消息を伝へない怖るべき霊」「非業の死を遂げて、祀り手もないやうな凶魂」など「互ひに似もつかぬものの名」が、「同じ一つの言葉」になっている理由を、柳田は「精神生活が複雑化した」ためとみるが、「ミサキ」を神・物（者）から離れた魂（サキタマ・アラタマ）とみれば、「同じ一つの言葉」になるのは「大きな不審」ではない。

「ミサキ」の鳥や猿・狐が神の「先駆」「使はしめ」なのは、神功皇后紀の「先鋒《さき》」としての荒魂や、語部猪麻呂の祈願によって神々から使わされた『出雲国風土記』の荒魂のように、荒魂の具象化だからである。また、「風より他には消息を伝へない怖るべき霊」なのは、『日本書紀私記』（御巫本）が幸魂を「佐支久阿良之尢留《さきくあらのふる》魂《のみたま》」と書くように、幸魂が、幸福をもたらすだけでなく、「荒らぶる魂」だからである。「たま」の「あらぶる」性格は、物（者）の「たま」の場合は「もののけ」と表現されているが、非業の死者の「たま」、柳田のいう「祀り手のないやうな凶魂」は、特に「あらぶる魂」となる。「ミサキ」はこのような荒魂だから、「互ひに似もつかぬものの名」が「同じ一つの言葉」になっているのである。「ミサキ」が一般に「アラミサキ」といわれるのも、「ミサキ」に荒魂の要素があるからであろう。

以上述べたことからも、折口説のように「たま」から「かみ」「もの」が分離したのではなく、「たま」こそが「かみ」「もの」から分離したのである。その「たま」の荒魂の面が、「かみ」の場合は

「鬼神」、「もの」の場合は「鬼」と表記されたのであろう。

ただし、柳田のいう「精神生活の複雑化」も、無視することはできない。

柳田は、「タタリといふ日本語のもとの意味」について、「タタヘ・タトヘ・タッなどと同系の語で、タタリにはもとより罰の心持はなく、ただ『現はれる』といふまでの語だったかと思ふ。現に沖縄語のターリは、こちらでいへば示現であって、これに接する者の難儀までは意味してゐない。しかるにそれがどういふわけか、今日のやうに『怖るべきもの』、どうかして避けたいと思うものだけの名になってしまったか。ここに今まで省みられない固有信仰の変遷が潜んでゐるのではあるまいか」と書いているが、(155)「もの」が「おに」といわれるようになり、荒ぶる魂の面が主に強調されるようになったのは、「タタリ」という言葉と同様に、「精神生活の複雑化」の影響も考えられる。

「精神生活の複雑化」のなかには、外来文化（主に中国文化）の影響がある。しかし、仏教の大衆化と陰陽道・修験道の普及によって一般大衆の「精神生活が複雑化」し、「もの」が「おに」と呼ばれるようになっても、民衆の精神生活の基底には古い固有の霊魂観、「もの」についての見方があった。折口は「まれびとなる鬼」「春来る鬼」「春立つ鬼」という用語で、そのことを強く主張している。

その主張の強さが、「もの」の「鬼」表記を必要以上に強調することになり、そのため、「もの」は「たま」の悪い面で、善い面が「かみ」だというような解釈をしてしまったのである。こうした主張には同調できないが、折口が強調しようとした意図には賛同する。本章では、鬼を「荒魂としてのまれびと」とみる折口の視点から、私見を述べた。

第十一章　鬼・境界・蓑笠・影

鬼と境界

鬼の子孫の八瀬童子について、八瀬村の『谷北文書』には、「天皇の御駕籠本陣へ御出入り時には必ず先棒の一人が右手を頭上にあげ前指しつつ進行す。これを魔除けと称す」とある。

柳田国男は、「ミサキ」の語意について、「行列の前に立つこと、漢語で先鋒などと書くのがそれに相当し、無論軍陣の場合だけに限ってゐない。ミサキのミは多分敬語であらうから、その後に続くのは従者でなく、必ず尊き方々と解せられたことゝ思ふ」と書いている。(155) 八瀬童子は天皇の「ミサキ」である。このことからも、「ミサキ」は、荒魂としての鬼のイメージと重なっている。

石上堅は、猿田彦神を先導神・ミサキ神とみるが、(156) 猿田彦は、天孫ニニギを先導しており、天皇を先導する八瀬童子と同じである。

『日本書紀』は猿田彦神について、

鼻の長さ七咫《ななあた》、背の長さ七尺余り。当《まさ》に七尋《ひろ》と言ふべし。また、口尻明《くちわきあか》り耀《て》れり。眼は八咫鏡《やたのかがみ》の

如《ごと》くして、絶然《てりかがやけること》赤酸醬《あかかがち》に似れり

と書く（「赤酸醬」は「赤いほうずき」のこと）。まさに鬼神的表現である。猿田彦神は、「天八達之衢《あめのやちまた》」に居たと『日本書紀』は書くが、「八《や》」は「八十《やそ》」「八百《やほ》」など多数を示す「や」、「チマタ」は股のように道の分れるところだから、「ヤチマタ」は多くの道が分岐する所をいうが、西郷信綱は、「チマタをたんに股のように道の岐れるところとするだけでは、辞書的な解釈を一歩も出ていないことになろう。それは世界を仕切る境としての辻であったのだ。そして古代ではこの世を他界から仕切る境と、共同体をその外から仕切る境とは相似形としてかさなり、同じ性質の空間と考えられていた」と書く。[157]「ヤチマタ」は「逢魔の辻」である。この「ヤチマタ」を、『古事記』は高天原と葦原中国の境界とするが、猿田毘古（彦）は、その鬼神的描写からみて「逢魔の辻」の魔物、鬼神であり、図20から図26の鬼神像とイメージが重なる。

『日本書紀』は猿田彦を「衢神《ちまたのかみ》」と書くが、衢神は、辻、村境、峠、坂、橋のたもとなどで疫神・悪霊を防障・防塞する神だから、塞の神ともいわれる。さらに、中国の行路・旅の神である道祖神の信仰が入ってくると、猿田彦は道祖神にもなっているが、道祖神に付会されたのは、衢神が先導神だからである。

柳田国男は「石神問答」で、「サカ」「サキ」は同義で、「限境の義」と書く。[158] 猿田彦はこの境に居るが、鬼もこうした境界にあらわれる。熊瀬川恭子は、「鬼の意味とその変遷」で、「歴史上の鬼は非日常に属しながら人間の日常の世界に出現するが、その場所は両界の接点の山中や門・橋・塚穴・辻・廃屋などであることが多い」と書く。[105]

非日常と日常は具体的には、あの世とこの世、死と生、山と里、聖と俗であるが、八瀬の地は、比叡山と京都の境界にある。また八瀬童子は、伝承では冥界から来た鬼の子孫といい（一八五頁）、非日常から日常の世界に出現しており、あの世とこの世を行き来する存在で、境界人《マージナルマン》である。

鬼を「○○童子」というのも、黒田日出男が図19で示しているように、童子が聖と俗、生と死の境界に位置しているからである。境界は周縁である。黒田は、「構造的に（周縁に――引用者注）位置づけられているがゆえに、彼ら（童と翁――引用者注）は神に近い存在とみなされた」と書く。[122] 周縁は「先」であり「岬」である。

鎌田東二は黒田説をうけて、「文化人類学でいう境界人《マージナルマン》や周縁の概念からすれば、たしかに老人と子どもは生と死の境界に位置し、（中略）かれらはみないわゆる『異人的存在』なのであり、神や霊などの目に見えない異界の存在はこうした境界的かつ異人的存在者を媒体《メディア》＝霊媒として、この世の秩序の中に化現し、メッセージを送り込むのである」と書いている。[159]

異人《まれびと》である沖縄のアカマタ・クロマタは、蔓草を身にまとい、おそろしい形相（鬼面）で、村里離れた岬または洞穴からあらわれる。洞穴は沖縄の人々が死者を埋める所であり、死と生、あの世とこの世の境であり、岬は陸地（この世）が海（あの世、沖縄の人のニライカナイ）に入り込んだ境界で、前述した「ミサキ」と重なる。アカマタ・クロマタもミサキ神であり、折口のいう「鬼と言ふべきもの」である。[131]

石垣島のマユンガナシ（二一四頁参照）も鬼というべきものだが、この神は家々を訪れて祝言をいう。これは鬼の子孫の八瀬童子が、「年始ニハ玉座にコトブキヲ賀シ奉ル」（『蒹葭堂記』）のと同じである。ただし、相手が一般の家々でなく天皇家である点はちがうが、八瀬童子は、鎌田のいう「境界的かつ異人的存在者」であることを示すために、「鬼の子孫」と称し、あの世の「メッセージを送り込む」役割を果たしていたのである。

また、この境界人《マージナルマン》としての異人的性格が、天皇の「魔除け」としての「ミサキ」の役を荷なったのである。これは、鬼が鬼を討つ発想による。「魔除け」としての「鬼瓦」が屋根の「ミサキ」の位置にあるのも、鬼の子孫の「ミサキ」役と同じである。

猿田彦も境界人的なミサキ神として、折口のいう「まれびとなる鬼」であった。

鬼と蓑笠

「まれびとなる鬼」が、蓑笠を着ておとずれることと、蓑笠が見えるものを見えなくする呪具であることは、前章で述べた。

小松和彦は「簑笠をめぐるフォークロア」で、「民俗学者たちは、儀礼のなかで簑笠が用いられると、すぐにそれを『マレビト』の表象と解釈してしまう」が、「それは一つの可能性にすぎない」と書き、通過儀礼の蓑笠の諸例から、「簑笠は、社会的境界を越える象徴的な旅の装束であり、それは日常生活から儀礼的に離脱しているしるしである。いわば、簑笠とは日常生活から隠遁し、儀礼的にいないくなった状態をあらわしている。（中略）死者の着る簑笠はその典型であってまさしくこの世から隠れてしまったことを表象している」と書く[160]。

小松は通過儀礼を中心に述べているので、諸例のなかにあげていないが、昔話の隠れ蓑笠伝説は、蓑笠が目に見えるものを見えないものにする呪具であることを、明確に示している。

隠れ蓑笠伝説とは、天狗の隠れ蓑・隠れ笠がほしいため、子供が篩《ふるい》・笊《ざる》・目《め》籠・竹筒などをのぞき、見えはしないのに京が見える大阪が見えるといっていると、天狗が貸せというので、隠れ蓑笠と交換する。天狗はのぞいてみたが見えないので、だまされたと気づき、だました相手（主に子供）を探すが、隠れ蓑笠を着ているので見えない。子供はこの蓑笠を着て盗み食いをし、簞笥《たんす》にしまっておくと、汚い蓑笠が入っているといって、母親が焼いてしまう。子供がその灰を体に塗りつけて酒屋で酒を飲んでいると、口のまわりがはげて発見され、川へ飛び込んで正体があらわれる、といった類の話である。

隠れ蓑・隠れ笠については、

へだてたりつる御屏風もおしあけつれば、かいまみの人、かくれみのの取られたるここちして、あかずわびしければ　（『枕草子』一〇四）

かくれみのかくれ笠をもえてしがなきたりと人に知られざるべく　（『拾遺集』雑賀）

かくれみののぬぎたらん心地して、まばゆく、かたはらいたくのみ思さるれば　（『夜の寝覚』五）

昔まさしく鬼神なりし時は、かくれみの、かくれがさ、うかびぐつ、しづみぐつ、剣などといふ宝ありけり　（『保元物語　下』為朝鬼が島に渡る事）

ためとも鬼が島へ渡り、力くらべをせられて勝《かた》れて、その恩賞に、隠れ蓑隠れ笠をくれたり（狂言『隠笠』）

ほうらいの島なる、鬼のもった財《たから》は、隠れ蓑に隠れ笠、打出のこづち　（狂言『宝の槌』）

隠れ蓑隠れ笠を着たによって、え見なんだものぢゃ　（狂言「節分」）

かくれ蓑、かくれ笠といふものは、鬼が島に有とかや　（『町人嚢』一）

などと書かれているが、『枕草子』『拾遺集』『夜の寝覚』では、隠れていた自分や隠していた心が人に見られ知られたことを、隠れ蓑・隠れ笠に託しているのであり、具体的な隠れ蓑・隠れ笠は、鬼が島、蓬萊の島の鬼の宝物とみられている。

鬼と蓑笠の関係については第十章でも述べたが、図33は御伽草子の「一寸法師」に載る絵である。鬼は狂言『宝の槌』がいう隠れ蓑・隠れ笠・打出の小槌を置いて逃げている。

図33　御伽草子の一寸法師

このように蓑笠が鬼の宝物なのは、小松がいうとおり、「見えなくなる」「隠れる」呪具だからである。死は隠れることだから、死者は蓑笠を着る。しかし、単に隠れるためだけでなく、第十章でも述べたように、あらわれるときにも蓑笠をつける。折口は、こうした寄り来る「まれびと」の蓑笠の視点に立って、蓑笠を「著ることは神格を得る所以だ」（「国文学の発生・第三稿[161]」）、「蓑笠を著けると、その人は、素性の違った性質を帯びる」（「春立つ鬼[148]」）と書く。

蓑笠は、かくれる・あらわれるの両義性を持っている。蓑笠を「まれびと」の表象と見る視点は、「あらわれる」に重点があり、小松の視点は「かくれる」に重点がある。この

「かくれる」「あらわれる」も、あらわれるために隠れるのであって、両者はたがいに結びついている。この相矛盾する二つの行動を結びつけているのが蓑笠である。蓑笠を著けることで「神格を得る」「素性の違った性質を帯びる」というのは、蓑笠によって、いままでの自分を「かくし」（消失、死滅）、蓑笠姿という異体に変わって（変身）「あらわれる」（出現・再生）からである。

鬼が隠れ蓑・隠れ笠を持つのも、「もの」が「おん（隠・陰）」「おに」に転じたように、隠れる存在だからである。しかし、隠れていて突然あらわれるのが鬼である。「かくれる」と「あらわれる」の両義性をもっている点で、鬼と蓑笠はイコールである。

鬼の着ける蓑笠の境界性

網野善彦は「蓑笠と柿帷」で、蓑笠について、「折口によれば、蓑笠は古代人にとって『一つの変相服装』であり、神、『まれびと』の衣裳であった。そしてそのような蓑笠姿の『まれびと』は、ときとともに、一方では妖怪になり、他方ではその姿は祝言職から乞食のものとなった、と折口はいい、さらに隼人も外を歩くときは蓑笠をつけているが、日本の古い信仰で蓑笠を着ているのは鬼であり、『隼人は鬼である』、また『百姓が蓑笠を着るのは、わけのあることで、本当は田植えのときだけである』などと指摘しているのである。これはまことに的確であり、蓑笠の衣裳は、本来、人ならぬもの、聖なるもののつけるべきものであったことは明らかであろう」と書き、江戸時代の百姓一揆の人々が蓑笠を着けたのも、「人ならぬもの、聖なるもの」の象徴である蓑笠を着けることによって、「不退転の決意をもって権力と立向う」ためであったと書く。[162]

こうした網野の見解を、もっとはっきり述べているのが勝俣鎮夫である。勝俣は『一揆』で、江戸時代の百姓一揆衆が蓑笠姿である理由について、同じく折口の「まれびと」説に依拠しつつ、次のように書く。「この（折口説のこと——引用者注）蓑笠の観念が、江戸時代の農民たちになお継承されているとするならば、百姓一揆の蓑笠姿、非人姿、乞食姿は、みずから神または鬼へ変身させる目的でおこなわれたことになり、幕制国家の価値体系に反抗する、または打破する正当性を得るために、みずからを神や鬼にしたてたという積極性をそこに認めなければならない。[163]」

こうした網野・勝俣の見解に対して、小松和彦は、前述（二二九頁）のように蓑笠は隠れるためのものとみる視点から、「簑笠をつけた一揆衆の意識にあったのは、簑笠をつけることで農民身分もしくはその社会生活からの離脱を示そうとしたことにあったように思われる。さらにいえば、簑笠は死者のイメージつまり死出の旅に立った死者の旅装束と重なっているかにみえる。一揆に立った百姓衆は、そのときすでに死を覚悟し、それゆえに死装束としての簑笠をつけたのではなかったか。時を定めて人々を祝福しに来るマレビトたる神や鬼を意識するよりも（神と鬼についての民衆の意識の相違をまったく配慮していないのも問題であろう）、簑笠をつけて死出の旅に旅立っていく死者に自らを擬したとする方が、より日常の百姓の生活に根ざした観念であったと私には思われてならない」と、網野・勝俣説を批判している。[160]

蓑笠は葬送儀礼だけでなく、雨乞い儀礼や、虫送り・厄病神送り儀礼にも用いられる。小松は、これらの儀礼は、「なかには年中行事化したものもあるが、共同体全体が危機に瀕したとき、あるいは瀬することを避けるために行なわれる臨時の儀礼」だから、「村落共同体の危機を克服するための儀礼の一種である雨乞い儀礼の延長上に百姓一揆があったと考えることも、それほど的はずれな解釈ではないであろう」と書いている(160)。

しかし、一揆のときの蓑笠を死装束として着けたという見解は、隠れ蓑・隠れ笠としての蓑笠の象徴的意味と結びつくが、雨乞い儀礼の蓑笠の延長上で一揆の蓑笠を解釈しようとすると、隠れ蓑・隠れ笠では説明できない。そこで小松は、「簑笠の象徴的意味とは何だったか、となると容易には答えられない」と書く。だが、答えられないことはない。

蓑笠の象徴的意味は、「かくれる」と「あらわれる」の両義性にあり、この両義性がキーワードである。

葬送儀礼の蓑笠は、「あらわれていた」ものが「かくれた」ことを示すためのものであり、鬼の蓑笠は、「かくれた」ものが「あらわれる」ためのものである。雨乞いの蓑笠は「かくれた」雨を「あらわす」ためのものであり、虫送り・厄病神送りの簑笠は、「あらわれた」害虫・厄病神に「かくれて」もらうためのものである。小松は、「婚礼儀礼にも簑笠もしくはそれに類するものが登場する」と書き、「婚姻儀礼における簑笠は、娘から嫁への社会境界を越えるための道具であり、社会構造からの一時的隔離、儀礼的な死と再生を示すしるしである」と書くが(160)、要するに、娘は「かくれ」、嫁として「あらわれる」のである。

一揆という叛逆は「かくれ」の行為だが、「かくれ」は「あらわれ」を内包しているのだから、一揆の蓑笠は、小松のいう死装束の意味もあるが、同時に産衣でもある。一揆を「世直し」という理由である。

婚姻儀礼の蓑笠を「儀礼的な死と再生を示すしるし」とする小松の見解は、一揆の蓑笠についてもあてはまる。しかし小松は、蓑笠の「かくれる」面にとらわれたため、蓑笠の「儀礼的な死」にこだわりすぎて、「再生を示すしるし」を軽視した。その逆が、折口の「まれびと」説の蓑笠である。

折口は、死霊・祖霊が「まれびと」として蓑笠を着て来訪すると説く。つまり、「あらわれ」の面だけを主張する。その折口説を受けて、網野は、一揆のとき蓑笠を着けることで「人ならぬもの、聖なるもの」として現われたと書き[162]、勝俣は、「みずからを神や鬼にしたてた」と書く[163]。

この網野・勝俣説を、小松は「かくれ」を重視する視点で批判するが、この説は、小松のいう「再生」の視点でみれば、批判することはない。死と再生、変身・転生という「かくれ」「あらわれ」をキーワードにして解せば、網野・勝俣説もうなずける。ただ、小松も批判するように、網野・勝俣説には「かくれ」の意識がないから、「変身」とはみても「再生」の視点が薄い。

いずれにせよ、蓑笠は「かくれ」と「あらわれ」の境界の衣裳であり、境界を行き来するパスポートである。

葬送儀礼における蓑笠は、この世からあの世への境界を越えて行くための呪着だが、あの世からこの世へ境界を越えて来るための服装でもある。この蓑笠が鬼の持物なのは、鬼が境界的存在であることを明示している。

赤坂憲雄は、異界には目に見えない「観念的異界」と、現世との境界にあって妖怪や魔が出没する「地上的異界」があるとみて、図34を示す。[164] 熊瀬川恭子は鬼の境界性を、図35のように図示する。[105] 赤坂の「観念的異界」が熊瀬川の「非日常」にあたるが、熊瀬川はユングの「影《シヤドウ》」を図の鬼に重ね、鬼を「個人的および社会的な影」と結論し、「影」も境界的存在とみる。しかし、わが国の「かげ」は、「シャドウ」だけでは解釈できぬ多様な意味をもっている。その一つが、「かげ」を「たま」に重ねていることである。

折口信夫は、「魂が遊離した状態にある人を、かげのわづらひと言ってゐますが、つまり古人が考へた離魂病です。今日では、誰も信じる人が無いから、そんな病気も、自然流行しません。併し、沖縄などでは、まだ之が信じられています。魂の事を沖縄ではまぶいと言ひ、子供などがちょっとびっくりすると、まぶい落しといふ状態になります。此は、ゆたといふ呪術を行ふ巫女にまぶいを籠める呪をしてもらふと、又魂が這入って直る。素人でも、まぶいこめをする人が沢山居ます。かうした魂の信仰は、日本でも随分久しい間信じられてゐました」と書き[165]、「かげのわづらひ」の「かげ」を魂とみて、「常習的に魂の離脱する病」を「かげのわづらひ」とみている。[152]

「かげのわづらひ」は、主として江戸時代の文芸に記されている。竹田出雲の『芦屋道満大内鑑』(享保十九年〔一七三四〕)は、離魂病について、「俗に影の煩ひといひ、形を二つに分る」「時々形を合す」と書き、体から魂が離れたり一緒になったりする病気とみている。
大林太良も、影は「魂を表わす言葉」と書き、その例として「影の煩ひ」をあげ、他に「影が薄い(死に近い)」「影膳(旅行などで不在の人のために留守のものが毎朝供える食事の膳)」などをあげている。そして、「死んだ人の霊を『影』と呼ぶことは『源氏物語』(須磨)にも例がある」とも述べている。[166]
『和名抄』は、「霊」を「美太萬《ミタマ》、一云美加介《ミカゲ》」と書いており、御魂・御影を同義としているが、松

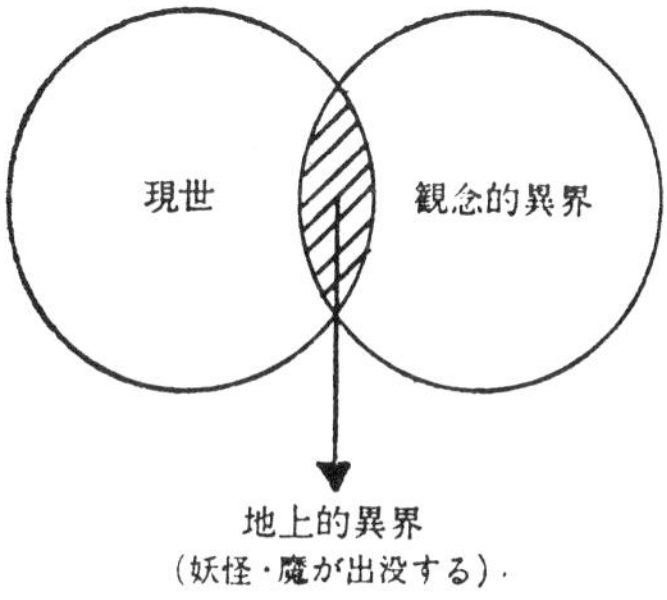

図34　赤坂憲雄『異人論序説』砂子屋書房より

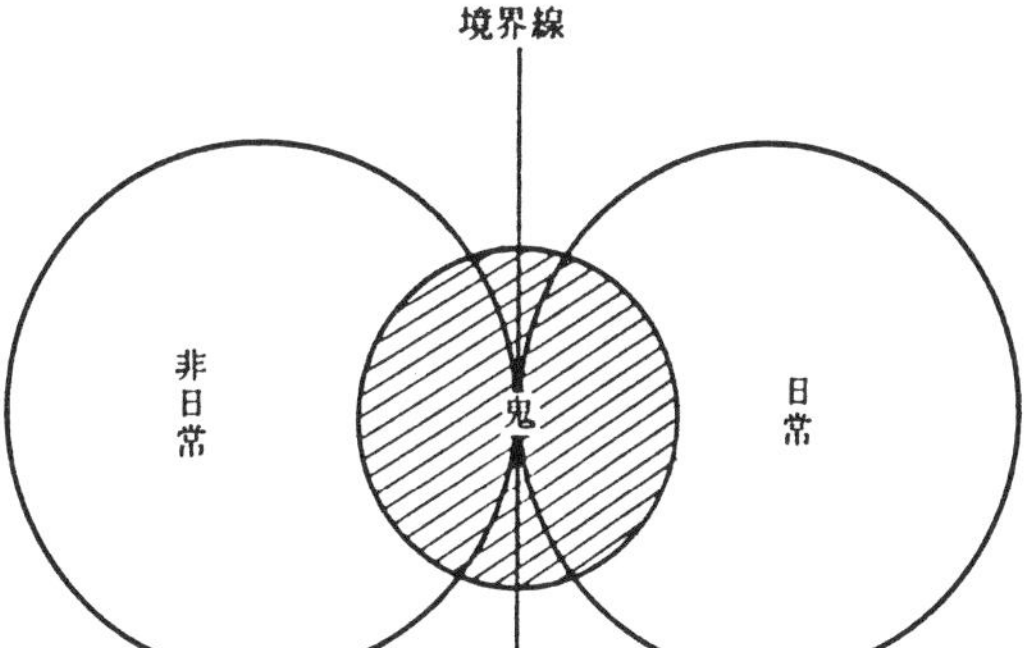

図35　熊瀬川恭子「鬼の意味とその変遷」季刊人類学20巻4号より.

前健は、「古代人は影を魂の現われと信じて居り、影を呑まれるか取られるかすると死ぬと考えていた」と書き、各地にある「影取池の伝説は、これを物語っている」と書いている。[167]

柳田国男は、野州足利在の水使神社《みずし》（元の名は「影取山水使大権現」）に伝わる縁起に、「中古五十部《いよべ》村の領主余部小太郎の家に、七歳の娘を持った召仕の女があった。農事の季節に田に居る者へ昼飯を運んで行ったあとで、其小娘が主人の籠の小鳥を逃がし、折檻を受けて死んでしまったのを、田圃から還る路で聞き知って悲しみ且つ恨み、忽ち傍の淵に飛込んで母も自殺した。其以後霊魂が此水に止住し、杓子椀具などを水面に浮かせて通行の人を誘ひ、之《これ》を水底に引入れて殺したので、其池を影取淵とは名づけた。それが後に或念仏上人に済度せられ、終には権現として崇め祀らるゝに至ったと書いてある。影取と云ふのは本来水に居る怪物の名であって、往来の人の影を取ると、其人はやがて死ぬと信ぜられたからの名であった」と述べている。[168]

この影取淵の話は、山・川などでの事故死、他殺・自殺など、非業の死を遂げた「凶魂」が、その場所を通る人を悩ませたり死に誘ったりする、山ミサキ・川ミサキ・七人ミサキの話とよく似ている。影取の亡霊も「凶魂」であり、「ミサキ」である。この亡霊が影を取るというが、大林も例示しているように、[166]『源氏物語』（須磨）は亡霊・死霊を「影」と書いている。影を取る側も影なのである。

生者の影を死者（影）が取るのが、山ミサキ・川ミサキ・七人ミサキ・影取淵の話であるが、生者は肉体と魂が一体になった存在で、死は肉体の活動の停止（魂が肉体から離れて戻ってこない状態）をいう。しかし、肉体は消滅しても魂だけは残る。それが亡霊・死霊・祖霊といわれるものである。この魂は、第十章で述べたように、「凶魂」であるだけでなく「幸魂《さきみたま》」でもあり、両義性をもっているが、非業の死を遂げた人の魂は「ミサキ」としての「荒魂」「凶魂」になり、生者の影を取る。

ところで、影は見えるが魂は見えない。この点、魂と影をストレートに重ねるわけにはいかない。魂は、見えない存在としては図34の「観念的異界」と重なるが、それに対して影は、図34の鬼や魔物や妖怪があらわれる「地上的異界」に重なる。この「地上的異界」が、熊瀬川の図35の「鬼」の世界とも重なるのは、影・鬼が境界的存在だからである。

河合隼雄は、ユングの「影」の理論にもとづいて『影の現象学』を書いているが、河合は図36を示して、「自我とアニマとの間に影が介在する」と書き[169]、ユングの「アニマとはまさに『たましい』である」と書いている[170]。図36からみても、影はアニマ（魂）と自我の境界に位置する。鬼は、この境界にあらわれる人と神の影としての「もの」である。

真済創建の寺を「影現寺」というのは（一四八頁）、死んで紺青鬼となってあらわれた真済（第七章で詳述）を、「影現」とみての寺名である。ここでも影と鬼は重なっている。

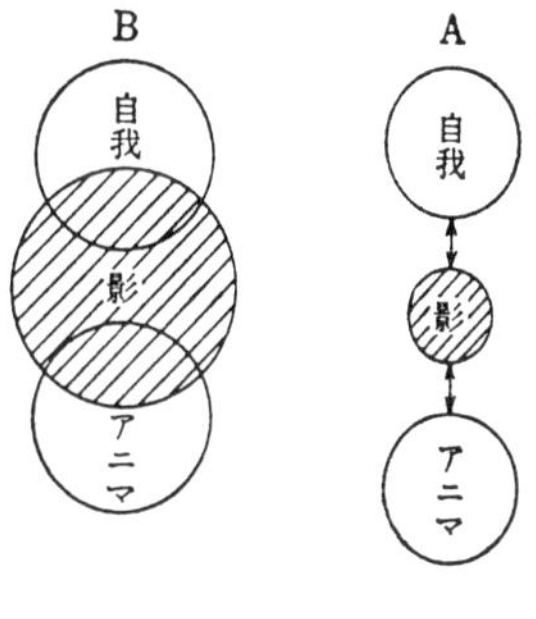

図36　自我―影―アニマ（河合隼雄『影の現象学』思索社より）

「影法師」をめぐって

久世光彦は、猪瀬直樹の『天皇と影法師』の文庫本（新潮文庫）の解説で、「〈影〉をシャドウと英訳することはできても、〈影法師〉を英語に移し変えることはできない。無理すればシルエットだろうが、これでは単なる〈人影〉になってしまう。〈法師〉の無気味さ、おぞましさがない。法師は、実体そのものが既にモノクロームの世界である。法師頭巾《ずきん》をかぶり、墨染の衣を纏ってうっそりと立っている。〈影法師〉は更にその影である」と書いて、[171]「法師」の「影」を「影法師」と見ている。だが、これはおかしい。

『日本国語大辞典（2）』は、「かげぼうし」について、「（影を擬人化したいい方）①『かげえ（影絵）②③』に同じ。②光をさえぎったため、地上や障子、壁などにその人の形が黒く映ったもの。かげぼう。かげぼし。かげんぼし。③（影の人の意）演劇や映画などで、ある人物の替え玉となる人。吹き替え。スタンドイン。④想像によって目の前に描き出す、人物や物事。⑤（直接には関係しないで、陰で働くところから）いかさま賭博で、見張役をいう、詐欺師仲間の隠語」の五例をあげる。

影絵の②には、「人物、動物などの形を切り抜いた物の影、またはガラス板に描いた絵を、燈火によって障子、壁などに映して見せる遊びや芸。また、その絵。かげぼうし」とあり、影絵の③には、「かげにんぎょう（影人形）と同じ」とある。影人形とは、手などで人や鳥獣の形や影を、障子や壁などに映し出す遊びである。

このように、いくつかの事例があげられているが、「法師」の「影」を「影法師」とする例は見あたらない。

とすると、「影を擬人化したいい方」をなぜ「法師」というかが問題になる。『日本国語大辞典（9）』の「ほうし（法師）」をみると、「①仏語。出家して仏道を修行し、仏法に精通して、衆生を正しく導く師となる者。②僧侶。出家。③（昔、男の子は頭髪をそっていたところからいう）男の子。坊（ぼう）。④俗人の法体した者。特に琴、三味線の師匠をし、また遊興の相手などする座頭。⑤「ほうしむしゃ（法師武者）」の略。⑥ある語に添えて「人」の意を表わす語。多く「ぼうし」と濁る。「一寸法師」「影法師」など」とある。

⑥の説明では、「影の人」が「影法師」で、「一寸法師」は「一寸の人」の意になる。だが、なぜ影の人や一寸の小人を「法師」というのだろうか。

延暦寺の僧を「山法師」、園城寺の僧を「寺法師」、興福寺の僧を「奈良法師」という。これらの法師は「荒法師」「法師武者」ともいわれ、俗人の法体した者も入っていた。これらの法師は、中世には法外の乱暴者とみられていたが、そうした法師と共に、男の子の童《わらわ》も、乱暴者とみられていたことは、第九章で述べた（一八四頁）。彼ら「童子」も「法師」といわれたのは、一般大衆にとって、「法師」といわれる存在が普通人ではなかったからである。「法師」は、聖と俗の境界人《マージナルマン》とみられていたのである。

影も境界的であることは前述したが、「影」に「法師」がついたのは、両方にある明と暗、聖と俗の境界性による。久世光彦が法師に見る「無気味さ、おぞましさ」は、この境界性にある。影もその意味でやはり無気味であり、おぞましい。「影法師」はその意味で鬼のイメージと通い合う。

境界人《マージナルマン》としての鬼と天皇

童子・小さ子が境界人であることは、図19で明らかだが、鬼が童子名なのは、鬼も境界人だからである。一寸法師も鬼である。『御伽草子集』の一寸法師譚も鬼が鬼を討つ話だと書いたが（一八二頁）、酒呑童子譚やその他の鬼退治の話も同じである。

ただし、第六章で述べたように、鬼退治のときには、「土も木も我が大君の国なれば、いづくか鬼のすみかなるべき」という歌か、それに類する歌が、必ず登場する。

天皇は聖と俗の境界人《マージナルマン》、神と人の境界の現人神《あらひとがみ》である。天皇権力も鬼と見られていることは、第六章と第七章で述べた。この「天皇」という名の鬼の命令で、源頼光や坂田金時は鬼退治をしている。彼らが鬼のイメージをもつのは、鬼としての天皇の影法師だからであろう。

まつろわぬ鬼《もの》（蝦夷ら）を討つよう、景行天皇はヤマトタケルに命じている。鬼退治をするヤマトタケルも天皇の影法師である。ヤマトタケルの別名を『日本書紀』は「日本童男」と書く。童子という名が、のちに鬼の呼称になっていることからみても、天皇の影法師としてまつろわぬ鬼を討つヤマトタケルは、鬼のイメージをもつ。

河合隼雄は、影は「日常の世界と非日常の世界に出没するトリックスター」であると書く[172]。影絵や影人形の影法師もトリックスターだが、トリックスターは境界的存在であり、鬼もヤマトタケルもトリックスターである。

山口昌男は、王権の影としてのトリックスター（王子）と王権の関係を、次のように整理する[173]。

王権（天照大神＝景行天皇）	**王子**（素戔嗚尊、日本武尊）
主権	補佐
首都（高天原）	辺境（根の国）
静的な中心	動的な辺境

平和的（秩序）	暴力的（混沌）
定着	放浪
聖性の保持	侵犯・瀆聖
司祭	贖罪山羊

この分類で、「天照大神＝景行天皇」としているのは問題である。ある面ではイコールの関係だが、天皇もアマテラスの子孫として、王子（トリックスター）的である。ワカタケル（雄略）天皇がスサノヲ的・ヤマトタケル的な性格をもっていることは前述した（この性格は皇子のとき特に強いが、天皇になっても同じ性格を維持している）。『日本書紀』では景行天皇も九州征討に赴き、『古事記』では九州でヤマトタケルが詠んだとする歌を詠んでおり、ヤマトタケルと重なっている。

天皇を「現人神《あらひとがみ》」というが、神であり人である存在をいうこの言葉は、天皇が境界人であることを的確に表現している。たしかに、景行天皇はある面ではアマテラスと同じ神であるが、「天皇《すめらみこと》」というように、皇祖《すめら》（天照大神）の命《みこともち》としての人でもあり、アマテラスとイコールではない。王権としては主権者だが、皇祖神との関係では補佐役である。高天原と葦原中国の関係でいえば、葦原中国では中心的存在であっても、高天原との関係では境界に位置する境界人である。

王殺しの例（七〇頁）からみても、王もまた贖罪山羊《スケープゴート》であり、トリックスターである。日本の王（天皇）も例外ではない。そのことは、大林太良の論文「新嘗に出現する王者・殺される王者」からもうかがえる[174]。

葦原中国は「邪《あ》しき鬼《もの》」「順《まつろ》わぬ鬼神《かみ》」の居る地であると、正史『日本書紀』はみている。これは高天原の皇祖神の視点である。皇祖神の子孫は、この鬼・鬼神を討つことによって国の主権者になった。この子孫は、高天原の主権者を代弁する「すめらみこと」である。高天原の王権（アマテラス）にとって、「すめらみこと」としての皇孫は、山口の分類の「王子」である。その点ではスサノヲと重なる。スサノヲは高天原と葦原中国を行き来するが、こうした仲介役は、高天原の皇祖神が人としてあらわれた「現人神」の役でもあった。

「天皇《すめらみこと》」は、高天原と葦原中国の境界人として、皇祖《すめら》の命《みこと》を伝える役として存在する。この境界人は、葦原中国では主権者として、高天原の主権者のアメノミナカヌシやアマテラスと同じく中心に位置する。その点では、アマテラス＝景行天皇である。

このように天皇は、高天原と葦原中国の関係において、主権と補佐の二重性をもっている。だから景行天皇は、まつろわぬ鬼《もの》をみずから征討すると共に、まつろわぬ鬼を討つよう皇子に命令する。みずからの出陣は、皇祖神の命により葦原中国の「邪しき鬼」「順わぬ鬼神」を討つ行為であり、皇子に討たせるのは、葦原中国の主権者としてである。ヤマトタケルは、天皇の「命持《みこともち》」として鬼退治にむかう。

天皇は皇祖神の影法師であり、皇子は天皇の影法師である。ヤマトタケルは二重の影法師（天皇および皇祖神の「みこともち」）だから、皇祖神の伊勢神宮へ参拝しているのである。

スサノヲも、皇祖神アマテラスを和魂とすれば、皇祖神の荒魂であり、皇祖神の影の部分である。この影は、高天原から追放されるとき「青草を結束《ゆ》ひて、笠蓑として」いる（『日本書紀』）。葬送儀礼のときの死者の蓑笠と同じく、蓑笠を着て高天原を去るのは死を意味しているが、蓑笠を着ることによってスサノヲは、皇祖神の影になって葦原中国の出雲にあらわれる。

鬼が蓑笠を着けるのは隠れるためだが、『隋書』が倭王について、「天未《いま》だ明けざる時に出でて政《まつりごと》を聴き、跏趺《かふ》（あぐら）して坐《ざ》し、日出づればすなわち理務を停《と》め、我が弟に委せむと云う」と記しているのは、『宇治拾遺物語』の「鬼に瘤取らるる事」に、「暁に鳥など鳴きぬれば、鬼ども帰りぬ」とあるのと同じであり、天皇と鬼はイコールである。ただし、皇祖神アマテラスの影としてのスサノヲに鬼神のイメージがあるように、鬼は天皇の影のイメージをもつ。

「護国の鬼」になるといって、私の学友たちは特攻隊員になって死んでいった。彼ら「護国の鬼」たちの「天皇陛下万才！」は、いったいなんだったか。彼らもまた天皇の影法師だったのか。ヤマトタケルだったのか。

『古事記』のヤマトタケルは、天皇は「吾に死ねと思ほす」といって天皇を恨み、泣いた。「護国の鬼」たちはどうだったのか。私にとって、「鬼」という言葉には、「吾、護国の鬼たらん」という青春時代の言葉がいつも重なる。「護国の鬼」とは、「鬼畜米英」という「まつろわぬ鬼」を討つ鬼である。

こうした言葉を用いた時代を生きた故に、私は鬼の問題を「鬼と天皇」というテーマで書いた。そのことを、結びとしてつけ加えておく。

あとがき——隠れるということ

「かくれんぼう」という遊びは、子供のころに誰でもやっている。鬼は目をつぶって後ろ向きになり、「もういいかい」という。それに答えて子供たちは、隠れおわるまで「まあだだよう」といい、最後に隠れおわった子の「もういいよ」の声で、鬼は隠れた子たちを探しまわり、隠れ場所を最初に見つけられた子が、次の鬼になる。

「鬼《おに》」の語義について、平安時代の中期に書かれた『和名抄』は、「隠の字の音『於尒《おに》』が訛れる也」と書き、「鬼は物に隠れ、形を顕わすのを欲せず。故に俗に呼んで隠と曰《い》う也」と書く。鎌倉時代初頭に成立した『宇治拾遺物語』のなかの「鬼に瘤《こぶ》取らるる事」には、「暁に鳥など鳴きぬれば、鬼ども帰りぬ」とある。鬼は夜の闇のなかにあらわれ、いつも隠れているから、「かくれんぼう」の隠れた子供たちもまた鬼である。だから、「かくれんぼう」は、鬼が鬼を探す遊びでもある。

この遊びが示唆するように、鬼は隠れているだけでは、なんの存在価値もない。出現することで鬼は鬼たりうる。このように、鬼は「隠」「顕（現）」という相矛盾する両義性をもっている。

『日本書紀』（斉明紀）は、筑紫の朝倉山の山頂に、「大笠を着《つ》けた」鬼があらわれたと書いているが、「笠」は「蓑」と共に、身を隠すためのものである。鬼や天狗の蓑笠をつけると姿が見えなくなるという「隠れ蓑笠」の昔話があるように、大笠をかぶった鬼は、「隠」「顕」の両義性を示している。

鬼のこのような両義性は、天皇にもある。中国の正史の『隋書』には、開皇二十年（六〇〇年、日本の推古天皇八年）に長安へ来た倭王の使者に、倭国の風俗を尋ねた記事が載っている。倭王の使者は、「倭王は夜明け前にまつりごとをおこない、日が出れば仕事を弟にまかせてしまう」といったので、隋の文帝は、「これは大変おかしなことだ」といって、教えて改めさせたとある。

天皇は「まつりごと」を夜おこない、日が出れば退場してしまうというのは、「暁に鳥など鳴きぬれば、鬼ども帰りぬ」と同じである。『隋書』は、天皇の「まつりごと」を「政」と表記するが、夜の「まつりごと」は「祭」であり、朝になって弟にまかせたのは「政」のほうである。隋の文帝は、「祭」を「政」と解したから、「おかしい」といったのである。

魏の正史『魏志』によれば、「鬼道」をおこなう卑弥呼も普段は身を隠しており、「男子一人」が卑弥呼に飲食を給し、その言葉を人々に伝えるため、「居処に出入す」とある。また、「男弟」が国を治めるのをたすけたとも書かれているが、「男子一人」とは、この「男弟」のことであろう。彼のみが、鬼道つまり「祭」をおこなう卑弥呼のところに出入し、託宣を聞き、それを「政」として実行に移したのである。

このように、隠れている卑弥呼は『隋書』の倭王（推古女帝）にあたる。この倭王の「祭」は、中国側からみれば「鬼道」である。こうした倭王の「隠れもの」としての性格が、後世の天皇を御簾《みす》で隠し、御簾の奥から天皇が話すという風習を生んだのである。南北朝時代に書かれた『増鏡』（一〇「老のなみ」）に、「両院内の上の御簾のやく、関白さぶらひ給ふ」とあるが、上皇・法皇が院政をおこなう院内の「上（上皇）」の御簾を巻き上げるのは関白の役目だというのは、関白が『魏志』や『隋書』の倭王の「弟」にあたるからである。

しかし、「隠れもの」としての天皇（上皇・法皇）は、一方では「日の御子」と呼ばれる。「あらわれる」ことによって鬼が鬼でありうるように、天皇も顕（日常・昼）と隠（非日常・夜）の両義性をもっているからである。ただし、天皇の「まつりごと」の中心は夜の祭事である。大嘗祭が真夜中の行事なのも、「祭」の核になる時間が真夜中だからである。

「政治」といわれる昼の「まつりごと」は、『魏志』や『隋書』の「弟」または『増鏡』の関白がおこなうのであり、天皇も鬼も、あまり明るいところへは出て来ない。「隠れもの」であることによって、天皇は「聖」であり、鬼は「おそろしい」。それ故に、どちらも神に近いのである。「現人神《あらひとがみ》」「鬼神《かみ》」という表現が、そのことを示している。

鬼は天皇の影法師であり、天皇権力は鬼のイメージと重なっている。天皇の命で鬼を討つ酒呑童子譚やその他の鬼退治物語は、鬼が鬼を討つ話である。そのことは本文でくりかえし述べたが、天皇に「まつろわぬ鬼」といわれる側からみれば、天皇こそ鬼であった。

「かくれんぼう」では、鬼に最初に見つかった子供が、次の鬼になる。酒呑童子も、鬼に見つかって鬼にされたのである。見つけて討手をさしむけた天皇は、かくれんぼうに喩えるなら、ジャンケンで最初にきめられた鬼である。

「かくれんぼう」の鬼は、隠れたものをすべて探し出さなくてはならない。言いかえれば、隠れていることを許さない。鬼退治の物語に、「土も木も我が大君の国なれば、いづくか鬼の宿とさだめん」という歌、またはこの歌の主旨にもとづく言葉が出てくるのは、鬼の隠れる場所（「鬼の宿」）はどこにもないといって、「隠れもの」は天皇だけだということを主張しているのである。

『続日本紀』（七九七年成立）によれば、山林に亡命することを禁じる法令がしばしば出されている。人民は隠れてはいけないのである。隠れることは、まつろわぬ鬼になることで、こうした「隠れもの」は、同じ「隠れもの」としての天皇に討たれる存在であった。だから鬼が鬼を討つと本文に書いたが、それは隠れた鬼を鬼が探し出す「かくれんぼう」と同じである。「隠れもの」は天皇一人でいいから、「隠れもの」の「鬼の宿」は、この国にはないというのである。この発想も、天皇が鬼であることを示唆している。

本書は、天皇も鬼であり鬼は天皇の影であるという視点に立って、鬼の問題を考えてみた。まだ試論にすぎないので、批判・教示をいただければ幸いである。今回も、編集部の関川幹郎氏に大変お世話になった。

大和岩雄

注

第一章

1 松本清張「奇怪な斉明紀」朝日新聞・東京版、一九八一年七月二十日朝刊。
2 柳田国男「山島民譚集」『柳田国男集・二十七巻』所収　一九七〇年　筑摩書房
3 知切光歳『鬼の研究』一一六頁　一九七八年　大陸書房
4 日本思想大系『日本書紀・下』三四九頁〜三五〇頁　一九六五年　岩波書店
5 白川静『字訓』一八六頁　一九八九年　平凡社
6 知切光歳　注3前掲書　二四三頁
7 諸橋轍次『大漢和辞典・巻七』五二三頁　一九五八年　大修館書店
8 馬場あき子『鬼の研究』二三二頁〜二三四頁　一九七一年　三一書房
9 諸橋轍次　注7前掲書　六七七頁
10 藤堂明保『漢和大字典』一五二一頁　一九七八年　学習研究社
11 貝塚茂樹・藤野岩友・小野忍『漢和中辞典』一二三三頁　一九五九年　角川書店
12 永沢要二『鬼神の原義とその演進』一九四頁　一九七七年　飯塚書店
13 注4前掲書　九八頁〜九九頁
14 中田祝夫・和田利政・北原保雄『古語大辞典』九九頁　一九八三年　小学館

第二章

15 大野晋・佐竹昭広・前田金五郎『岩波古語辞典』二二八頁　一九七四年　岩波書店

16 注14前掲書　二七五頁
17 小杉一雄『中国美術史』二〇三頁　一九八六年　南雲堂
18 大和岩雄『古事記成立考』一九七五年　大和書房
19 西郷信綱『古事記注釈・第一巻』一八三頁　一九七五年　平凡社
20 諸橋轍次『大漢和辞典・十二巻』六七六頁　一九五九年　大修館書店
21 折口信夫「国文学（第三章源氏物語）」『折口信夫全集・第十四巻』所収　一九六六年　中央公論社
22 大野晋「『もの』という言葉」『講座「古代学」』所収　一九七六年　中央公論社
23 大野晋『日本語をさかのぼる』三〇頁～三一頁　一九七四年　岩波書店
24 藤井貞和「物の語り――モノは『霊魂』か『物象』か」「iichiko」三号　一九八七年
25 若林栄樹「マナと法」「DOLMEN」五号　一九九一年
26 荒俣宏・小松和彦『妖怪草紙』三〇二頁～三〇五頁　一九八七年　工作舎
27 大野晋　注23前掲書　三三頁
28 注15前掲書　一二八三頁
29 大野晋　注23前掲書　三三頁～三四頁

第三章

30 大和岩雄『神社と古代王権祭祀』『神社と古代民間祭祀』一九九一年　白水社
31 西宮一民「神名の釈義」新潮日本古典集成『古事記』所収　一九七九年　新潮社
32 注4前掲書　四七〇頁

第四章

33 柳田国男「目一つ五郎考」『柳田国男集・第五巻』所収　一九六八年　筑摩書房
34 柳田国男「妖怪談義」『柳田国男集・第四巻』所収　一九六八年　筑摩書房
35 大護八郎『山の神の像と祭り』六九頁　一九八四年　国書刊行会
36 若尾五雄『鬼伝説の研究――金工史の視点から』一九八一年　大和書房。『金属・鬼・人柱その他』一九

八五年　堺屋図書
37 倉本四郎『鬼の宇宙誌』四九頁　一九九一年　講談社
38 柳田国男「一目小僧」注33前掲書所収
39 鈴木棠三『日本年中行事辞典』六七七頁　一九八三年　角川書店
40 折口信夫「年中行事」『折口信夫全集・第十五巻』所収　一九六七年
41 井上通泰『播磨国風土記新考』三一六頁　一九三一年　大岡山書店
42 中山太郎「動物犠牲考」『日本民俗学・神事篇』所収　一九三〇年　大岡山書店
43 西郷信綱「イケニヘ考」「現代思想」一九七三年十月号
44 赤坂憲雄「人身御供譚への序章」『物語・差別・天皇制』所収　一九八五年　五月社
45 堀一郎『民間信仰史の諸問題』一一三頁〜一一五頁　一九七一年　未来社
46 津田豊彦「尾張大国霊神社」『日本の神々・10（東海）』所収　一九八六年　白水社
47 堀一郎　注45前掲書　一一六頁
48 宮田登「献身のフォルク」『献身』所収　一九七五年　弘文堂
49 松本清張『清張通史・1』二四二頁〜二五二頁　一九七六年　講談社
50 佐伯有清「邪馬台国の成立と卑弥呼」『倭国の大乱』所収　一九七八年　毎日新聞社
51 西郷信綱『古事記の世界』六二頁〜七二頁　一九六九年　岩波書店
52 水野祐『出雲国風土記論攷』七三六頁〜七三八頁　一九六五年　早稲田大学出版部
53 石田英一郎『マヤ文明』七四頁　一九六七年　中央公論社（図8・9は同書より転載）
54 柳田国男「鹿の耳」注34前掲書所収
55 柳田国男「祭と司祭者」『柳田国男集・第十一巻』所収　一九六九年
56 原田敏明「いけにえ」『日本社会民族辞典』所収　一九六八年
57 藤森栄一『銅鐸』一五五頁　一九六四年　学生社
58 小林吉一「柿本人麻呂のフォークロア――下野の人丸様」「野州国文学」二二号　一九七八年

59　中山太郎「オナリの話」『日本民俗学・随筆篇』所収　一九三〇年　大岡山書店
60　中山太郎「嫁殺し田」『日本民俗学辞典』所収　一九三三年　梧桐書院
61　石塚尊俊「をなりのこと」『鑪と鍛冶』所収　一九七二年　岩崎書店

第五章

62　日本古典文学全集『日本霊異記』二三四頁　一九七五年　小学館
63　鳥越憲三郎『箸と俎』一三一頁　一九八〇年　毎日新聞社
64　注62前掲書　二三二頁
65　図説日本の古典『日本霊異記』七二頁　一九八二年　集英社
66　八木意知男「『南宮』考」「古代文化」三九巻一一号
67　西郷信綱　注19前掲書　三七〇頁
68　諏訪春雄「日本的悲劇の成立と展開——供儀の精神史」『聖と俗のドラマツルギー』所収　一九八八年　学芸書林
69　石田英一郎『石田英一郎全集・7』二九八頁　一九七一年　筑摩書房
70　中山太郎「人身御供」『遺補日本民俗学辞典』所収　一九三五年　梧桐書院
71　柳田国男「祭と司祭者」注33前掲書所収
72　中山太郎「一時女郎借小袖」注70前掲書所収
73　喜田貞吉「人身御供」「歴史と民族」第七巻第四・五号　一九二二年
74　馬場あき子　注8前掲書　一二八頁
75　日本古典文学全集『御伽草子集』四五三頁　一九七四年　小学館

第六章

76　目崎徳衛『在原業平・小野小町』五八頁〜六一頁　一九七〇年　筑摩書房
77　角田文衛「陽成天皇の退位について」「日本歴史」一九六八年八月号・九月号。「藤原高子の生涯」『王朝の映像』所収　一九七〇年　東京堂出版

78 小松和彦　注26前掲書　二一八頁
79 喜田貞吉「北野神社鎮座の由来管見」「国学院雑誌」二〇巻五号
80 近藤喜博『日本の鬼』一七二頁　一九六六年　桜楓社
81 『長野県史民俗編・第五巻』八四四頁　一九九一年　長野県史刊行会
82 山本左右吉「坂田金時」『日本架空伝承人名辞典』所収　一九八六年　平凡社
83 高崎正秀「金太郎誕生縁起」『金太郎誕生譚』所収　一九七一年　桜楓社
84 『日本古典文学大辞典』九一六頁　一九八六年　岩波書店
85 佐竹昭広『酒呑童子異聞』一二二頁　一九七七年　平凡社
86 馬場あき子　注8前掲書　一五〇頁
87 岡見正雄「近古小説のかたち」「国語と国文」二十二巻十号。「絵解と絵巻・絵草子」「国語と国文」二十三巻八号
88 大島建彦　日本古典文学全集『御伽草子集』解説　一九七四年　小学館

第七章

89 飯沢匡「鬼の真相」「国文学」一九七二年九月号
90 今野達「善家秘記と真言伝所引散佚物語」「国語と国文学」一九五八年一一月号
91 目崎徳衛「惟喬・惟仁親王の位争い」「日本歴史」一九六六年一月号
92 蔵中進「惟喬・惟仁皇位争い説話に関する一考察」「甲南大学文学会論集」三二号　一九六五年
93 目崎徳衛『平安文化史論』一九三頁〜一九四頁　一九六八年　桜楓社
94 佐伯有清『伴善男』一四一頁〜一四二頁　一九七〇年　吉川弘文館
95 坂本太郎「藤原良房と基経」「歴史と人物」一九六四年一一月号
96 目崎徳衛　注93前掲書　一九五頁
97 神野志隆光「紺青鬼攷」「国語と国文学」一九七三年一月号
98 大和岩雄『人麻呂伝説』九〇頁〜九二頁　一九九一年　白水社

99 小峯和明『説話の森』三三頁　一九九一年　大修館書店
100 大和岩雄　注98前掲書　二四七頁〜二五二頁
101 大和岩雄　注98前掲書　二五一頁〜二五二頁
102 小林茂美「紀氏流・小野流神人の地方拡散の一動向」『神々の間奏曲』所収　一九八五年　桜楓社
103 小松和彦『鬼の玉手箱』一九六頁　一九八六年　青玄社

第八章

104 馬場あき子　注8前掲書　三五頁
105 熊瀬川恭子「鬼の意味とその変遷」「季刊人類学」二〇巻四号　一九八九年
106 『日本国語大辞典・第二巻』六九四頁　一九七三年　小学館
107 折口信夫「信太妻の話」『折口信夫全集・第二巻』所収。「日本芸能史ノート」『折口信夫全集ノート編・第五巻』所収。
108 折口信夫「鬼の話」『折口信夫全集・第三巻』所収
109 折口信夫「鬼と山人」『折口信夫全集・第十七巻』所収
110 注14前掲書　二七五頁
111 注15前掲書　二二八頁
112 注15前掲書　二六〇頁
113 小松和彦　注26前掲書　七頁
114 小松和彦「式神と呪い」『憑霊信仰論』所収　一九八四年　ありな書房
115 小松和彦「護法信仰論覚書」　注114前掲書所収
116 村山修一『日本陰陽道史話』一七四頁　一九八七年　大阪書籍
117 佐竹昭広　注85前掲書　四一頁
118 村山修一　注116前掲書　一一八頁
119 村山修一　注116前掲書　一三八頁

120 小松和彦　注26前掲書　六八頁
121 林屋辰三郎『日本芸能の世界』一三三頁　一九七三年　日本放送出版協会

第九章

122 黒田日出男「『童』と『翁』——日本中世の老人と子どもをめぐって」『境界の中世・象徴の中世』所収　一九八六年　東京大学出版会
123 網野善彦「童形・鹿杖・門前」『異形の王権』所収　一九八六年　平凡社
124 池田昭『八瀬童子と天皇制』六五頁　一九九一年　東方出版
125 柳田国男「鬼の子孫」『柳田国男集・第九巻』所収
126 池田昭　注124前掲書　三〇頁
127 池田昭　注124前掲書　三〇頁〜三一頁
128 高取正男「信仰の風土——天川弁才天を中心に」『天川』所収　一九七六年　駸々堂出版
129 和多昭夫「護法童子」「密教文化」一〇四号　一九七三年
130 中野千鶴「護法童子と堂童子」「仏教史学研究」二七巻一号　一九八四年
131 折口信夫「翁の発生」『折口信夫全集・第二巻』所収
132 折口信夫「小栗判官論の計画」　注108前掲書所収
133 中山太郎『日本巫女史』四二六頁　一九二九年（一九七五年、八木書店復刻）
134 吉井巌『ヤマトタケル』五六頁〜五七頁　一九七七年　学生社
135 山口昌男『知の遠近法』三六二頁　一九七六年　岩波書店
136 馬場あき子　注8前掲書　一二二頁〜一二三頁
137 猪瀬直樹『天皇の影法師』一九八三年　朝日新聞社。『ミカドの肖像』一九八六年　小学館
138 猪瀬直樹『天皇の影法師』一二七頁〜一二八頁
139 池田昭　注124前掲書　一二一頁〜一二二頁
140 田辺美和子「中世の『童子』について」「年報中世史研究」九号　一九八四年

141　Ｅ・Ｓ・モース（石川欣一訳）『日本その日その日』　三七頁〜三八頁　一九七〇年　平凡社

第十章

142　小杉一雄「藤ノ木古墳の蚩尤神とその年代」「学苑」五九一号　一九八九年
143　貝塚茂樹「風の神の発見」『神々の誕生』所収　一九六三年　中央公論社
144　大和岩雄「穴師神社」「兵主神社」『神社と古代民間祭祀』所収
145　吉野裕『風土記世界と鉄王神話』一三五頁　一九七一年　三一書房
146　谷川健一『青銅の神の足跡』一三三頁　一九七九年　小学館
147　鈴木棠三『日本年中行事事典』三三一頁〜三三二頁　一九七七年　角川書店
148　折口信夫「春立つ鬼」　注40前掲書所収
149　折口信夫「春来る鬼」　注40前掲書所収
150　折口信夫「古代生活の研究」　注131前掲書所収
151　原田敏明「古代人の民族信仰」『日本古代思想』所収　一九七二年　中央公論社
152　折口信夫「霊魂の話」　注108前掲書所収
153　赤坂憲雄『異人論序説』一六七頁　一九八五年　砂子屋書房
154　折口信夫「神々と民俗」『折口信夫全集・第二十巻』所収
155　柳田国男「みさき神考」『柳田国男集・第三十巻』所収

第十一章

156　石上堅『日本民俗学辞典』一二五五頁　一九八三年　桜楓社
157　西郷信綱「市と歌垣」『古代の声』所収　一九八五年　朝日新聞社
158　柳田国男「石神問答」『柳田国男集・第十二巻』所収
159　鎌田東二『翁童論』一七四頁　一九八八年　新曜社
160　小松和彦「蓑笠をめぐるフォクロア」『異人論』所収　一九八五年　青土社
161　折口信夫「国文学の発生（第三稿）」『折口信夫全集・第一巻』所収

162 網野善彦「蓑笠と柿帷」注123前掲書所収
163 勝俣鎮夫『一揆』一二三頁　一九八二年　岩波書店
164 赤坂憲雄　注153前掲書　二三七頁
165 折口信夫「鳥の声」『折口信夫全集・第十七巻』所収
166 大林太良「古代日本人の霊魂観」「仏教」一六号　一九九一年　法蔵館
167 松前健『日本神話の新研究』一五八頁　一九六九年　桜楓社
168 柳田国男「念仏水由来」『柳田国男全集・第九巻』所収
169 河合隼雄『影の現象学』二四九頁　一九七六年　思索社
170 河合隼雄　注169前掲書　三四頁
171 久世光彦　猪瀬直樹『天皇の影法師』(新潮文庫)解説　一九八七年　新潮社
172 河合隼雄　注169前掲書　二四八頁
173 山口昌男「天皇制の深層構造」『知の遠近法』所収　一九七八年　岩波書店
174 大林太良「新嘗に出現する王者・殺される王者」『東アジアの王権神話』所収　一九八四年　弘文堂

著者略歴

一九二八年長野県生まれ。

長野師範学校（現・信州大学教育学部）卒。

主要著書

『古事記成立考』（一九七五年、大和書房）

『日本古代王権試論』（一九八一年、名著出版）

『「日本国」はいつできたか』（一九八五年、六興出版）

『神社と古代王権祭祀』（一九八九年、白水社）

『人麻呂伝説』（一九九一年、白水社）

『遊女と天皇』（一九九三年、白水社）

『秦氏の研究』（一九九三年、大和書房）

『箸墓は卑弥呼の墓か』（二〇〇四年、大和書房）

『新版・古事記成立考』（二〇〇九年、大和書房）

『日本書紀成立考』（二〇一〇年、大和書房）

『神々の考古学』（二〇一一年、大和書房）

『魔女論』（二〇一二年、大和書房）

本書は、一九九二年に初版が小社より刊行された。

鬼と天皇《新装版》

二〇一二年一月二〇日 印刷
二〇一二年二月一〇日 発行

著　者　©　大《おお》和《わ》岩《いわ》雄《お》

装幀者　今　東　淳　雄

発行者　及　川　直　志

印刷所　株式会社　理　想　社

発行所　株式会社　白　水　社

東京都千代田区神田小川町三の二四
電話　営業部〇三（三二九一）七八一一
　　　編集部〇三（三二九一）七八二一
振替　〇〇一九〇-五-三三二二八
郵便番号　一〇一-〇〇五二
http://www.hakusuisha.co.jp

乱丁・落丁本は、送料小社負担にて
お取り替えいたします。

松岳社株式会社青木製本所

ISBN978-4-560-08193-8

● 大和岩雄［著］●

遊女と天皇【新装版】

「遊女＝アソビメ」は豊穣儀礼における巫女であり、神の一夜妻を意味していた。この「アソビメ」と天皇との関係を、民俗事例と対比しつつ検討し、日本人の性観念の根源に迫る。

神社と古代王権祭祀【新装版】

日本の歴史・文化、なかでも天皇制について考えるとき、神社は避けて通れない。『延喜式』に載る約四十の古社を通じて、神々と氏族の関係を分析し、王権祭祀のあり方を浮き彫りにする。

神社と古代民間祭祀【新装版】

従来は異端として顧みられなかった民衆の神々を通して、日本の歴史と文化の裏面を浮き彫りにする画期的試み。古代史的視点から御霊信仰や海神、金属神、秦氏系の神々の実像に迫る。

人麻呂伝説

柿本人麻呂の死の謎は、幾多の伝説を生んだ。一介の宮廷歌人が、庶民の神として敬愛された要因は何か？　人麻呂の終焉歌を手がかりに、古代王朝成立と日本文化史の裏面に肉迫する。

日本にあった朝鮮王国

◎謎の「秦王国」と古代信仰【新装版】

『隋書』倭国伝に載る「秦王国」の記事を手がかりに、古代豊前地方を舞台とした新羅・加羅系渡来人（秦氏）の実態に迫る。特に八幡信仰・修験道の成立と源流に関する論考は圧巻。